Ernst Frey

VIETNAM, MON AMOUR

Ein Wiener Jude im Dienst von Hô Chi Minh

Herausgegeben von Doris Sottopietra

GEGRÜNDET
1999

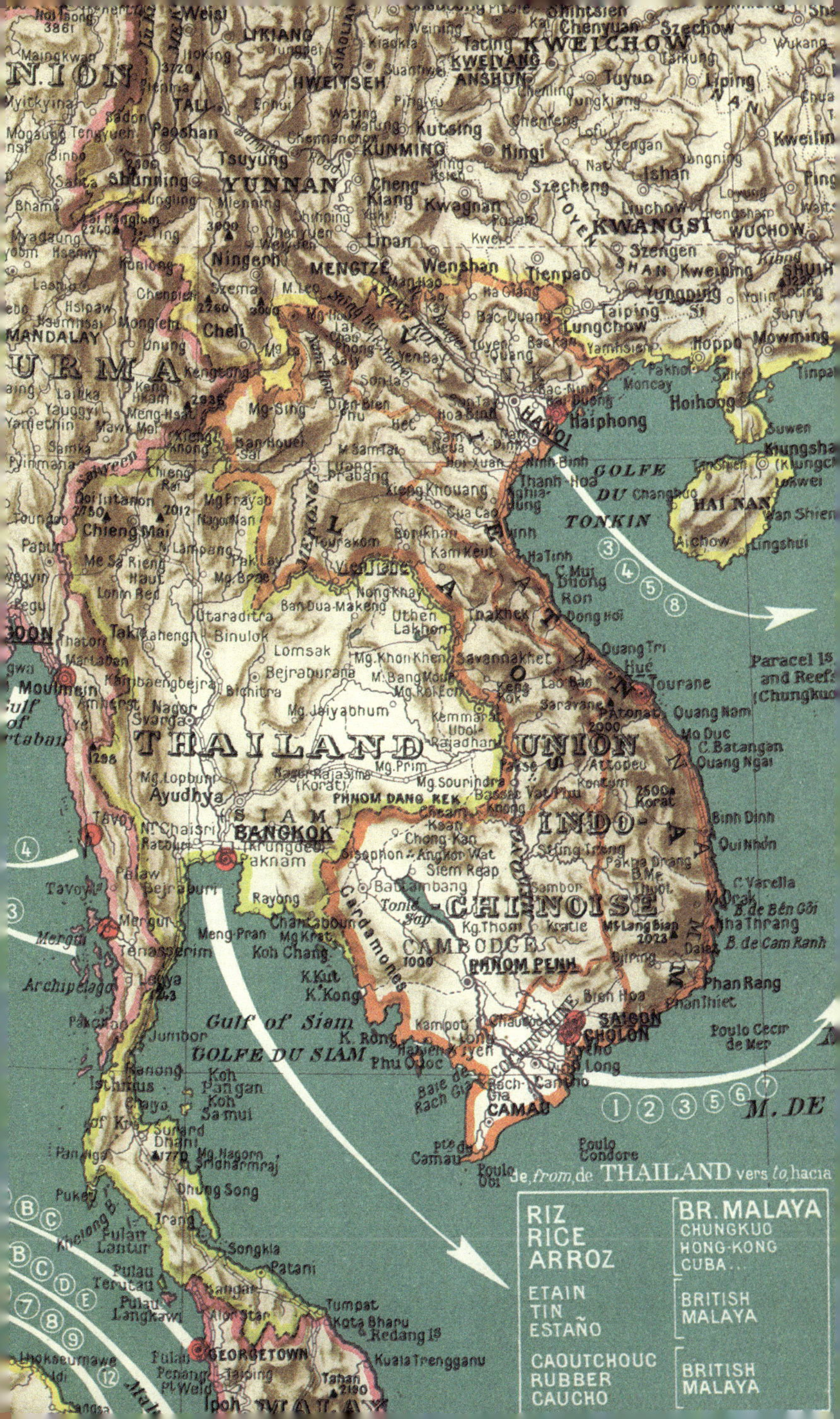

KWEICHOW
KWEIYANG
ANSHUN
HWEITSEH
YUNNAN
KUNMING
Kutsing
Hingi
Cheng-Kiang
Kwagnan
Szecheng
KWANGSI
WUCHOW
Kweilin
Liping
Tuyun
Ishan
Lichow
Szengen
Kweiping
Yungning
Taiping
Lungchow
Hoppo
Mowming
Tienpao
Wenshan
MENGTZE
Linan
Ningerh
Tsuyung
TALI
Paoshan
Shunning
Lukiang
Cheli
Szemao
MANDALAY
URMA
NION
Myitkyina
Bhamo
Lashio
Hsipaw
Kengtung
Tonkin
HANOI
Haiphong
Moncay
Hoihong
GOLFE DU TONKIN
HAI NAN
Kiungshan (Kiungchow)
Lingshui
Aichow
Nam Dinh
Ninh Binh
Thanh-Hoa
Vinh
Ha Tinh
Dong Hoi
Quang Tri
Hué
Tourane
Quang Nam
Mo Duc
C. Batangan
Quang Ngai
Binh Dinh
Quinhon
C. Varella
Nha Thrang
B. de Cam Ranh
Phan Rang
Phan Thiet
Dalat
SAIGON
CHOLON
Poulo Cecir de Mer
Poulo Condore
CAMAU
Vinh Long
Cantho
Rach Gia
Baie de Rach Gia
Phu Quoc
Kampot
Chaudoc
COCHINCHINE
PHNOM PENH
CAMBODGE
Kratie
Kg.Thom
Siem Reap
Angkor Wat
Battambang
Tonle Sap
Sisophon
Cardamones
Chantaboun
Koh Chang
K.Kut
K.Kong
K.Rong
INDO-CHINOISE
UNION
ANNAM
LAOS
Luang Prabang
Xieng Khouang
Vientiane
Nong Khay
Thakhek
Savannakhet
Saravane
Attopeu
Kontum
Pakse
Bassac
Stung Treng
Ubol Rajadhani
Kemmarat
Mg.Khon Khen
Mg.Korat
Mg.Jaiyabhum
Mg.Prim
Mg.Sourindra
Nagor Rajasima (Korat)
PHNOM DANG REK
THAILAND
SIAM
BANGKOK
(Krungdeb)
Paknam
Ayudhya
Mg.Lopburi
Nagor Svarga
Bichitra
Bejraburana
Lomsak
Binuloh
Utaraditra
Lampang
Chieng Mai
Chieng Rai
Mg.Nan
Mg.Prayab
Tak
Rahengh
Kambaengbejra
Moulmein
Martaban
Gulf of Martaban
Tavoy
Mergui
Mergui Archipelago
Tenasserim
Nr.Chaisri
Ratburi
Bejraburi
Rayong
Meng-Pran
Gulf of Siam
GOLFE DU SIAM
Jumbor
Ranong
Isthmus of Kra
Chaiya
Koh Pangan
Koh Samui
Surard Dhani
Mg.Nagora Sridharmraj
Phang Nga
Puket
Dhung Song
Trang
Songkla
Patani
Pulau Terutau
Pulau Langkawi
Alor Star
Kota Bharu
Redang Is
Tumpat
Kuala Trengganu
GEORGETOWN
Pulau Penang
Taiping
Ipoh
MALAY
Paracel Is and Reefs (Chungkuo)
M. DE
de, from, de THAILAND vers, to, hacia
RIZ
RICE
ARROZ
BR. MALAYA
CHUNGKUO
HONG-KONG
CUBA...
ETAIN
TIN
ESTAÑO
BRITISH MALAYA
CAOUTCHOUC
RUBBER
CAUCHO
BRITISH MALAYA

Ernst Frey

VIETNAM, MON AMOUR

Ein Wiener Jude im Dienst von Hô Chi Minh

Herausgegeben von Doris Sottopietra

Czernin Verlag, Wien

Gefördert vom Bundeskanzleramt,
Sektion für Kunstangelegenheiten.

.KUNST

Die Deutsche Bibliothek – CIP-Einheitsaufnahme
Frey, Ernst: Vietnam, mon amour. Ein Wiener Jude im Dienst von Hô Chi Minh/Hg. von Doris Sottopietra/Ernst Frey
Wien: Czernin Verlag, 2001
ISBN 3-7076-0113-7

1. Auflage: Wien, März 2001
2. Auflage: Wien, Mai 2001

Art Direction: Bernhard Kerbl
Cover-Foto: Archiv Irma Schwartz u. Silvia Machto-Frey
Herstellung: Die Druckdenker GmbH, Wien
Druck: Druckerei Theiss GmbH, Wolfsberg
ISBN 3-7076-0113-7

Inhalt

Vorwort

Als ich das erste Mal vom Manuskript Ernst Freys hörte, wusste ich nicht viel mehr, als dass es sich dabei um die Geschichte eines Überlebenden der NS-Verfolgungen handelte. Als ich es dann schließlich in den Händen hielt, war ich doch sehr erstaunt. Aus mehreren Gründen: Die Vorlage bestand aus drei Bänden mit über 1.200 eng beschriebenen Seiten. Die Erzählung selbst war in eine Rahmenhandlung eingebaut, was dem Ganzen den Charakter eines teils fiktiven, teils autobiographischen Romans verleihen sollte. Auch die Namen mancher Personen waren verfälscht, sicherlich deshalb, weil zu der Zeit, als der Autor die Arbeit an seinem Manuskript beendete, viele von ihnen noch lebten. Damit versuchte Ernst Frey wohl zu vermeiden, dass sich die Auseinandersetzung, die eine Veröffentlichung seines Buches Mitte der siebziger Jahre hervorgerufen hätte, auf einzelne Personen reduzierte.

Dem Autor ging es ums Ganze, um die Geschichte an sich. Das war die zweite Erkenntnis, zu der ich nach Durchsicht des Manuskripts gelangte. Die minutiöse Darstellung gewisser Ereignisse, die detaillierte Beschreibung von Gegebenheiten, Schauplätzen und Situationen waren nicht geeignet, das Publikum zu „fesseln“, doch sie waren geeignet, den Nachkommen – in diesem Fall vor allem den Töchtern – ein überaus ereignisreiches Leben nahezubringen. Im Vordergrund standen dabei die Erlebnisse und Empfindungen des Autors, den Hintergrund bildete die Weltgeschichte.

Eine Kurzfassung dieser Lebensgeschichte würde lauten: Ernst Frey, zeit seines Lebens nicht nur eine Kämpfernatur, sondern auch ein Suchender, war Zeuge der mörderischen dreißiger Jahre in Österreich, war als Jude und Kommunist doppelt stigmatisiert, wurde einige Male eingesperrt und konnte schließlich 1938 vor den Nazis flüchten. Über Umwege gelangte er nach Vietnam, wo er sich dem Viêt Minh anschloss und für die Unabhängigkeit des Landes kämpfte.

Diese wenigen Zeilen zeigen bereits die Fülle des Erlebten – und damit auch das Problem, das sich mir stellte: Um wie viele Geschichten handelte es sich hier eigentlich? Die Erlebnisse in Österreich, der politische Widerstand gegen das austrofaschistische Regime, das Erstarken der Nazis und schließlich die Flucht – das alles bot genug Stoff für ein eigenes Buch. Doch es ging weiter, es folgten unglaubliche und faszinierende Erzählungen vom Leben im ehemaligen Indochina, von der japanischen Kriegsgefangenschaft, dem Ende des Zweiten Weltkrieges und dem Entschluss, sich dem Kampf der Vietnamesen für die Freiheit des Landes anzuschließen – auch das ausreichend Material für ein eigenes Werk. Es waren also nicht nur zwei eigenständige Bücher, die hier vorlagen, es waren, so schien es anfangs auch, zwei Erzählungen, die sich nur schwer vereinen ließen. Trotzdem: Schlussendlich war es *ein Leben*, und das gab den Ausschlag dafür, die Geschichte in ihrer Gesamtheit darzustellen.

Um dies in einem adäquaten und gleichwohl spannungsreichen Rahmen bewerkstelligen zu können, wurden viele Beschreibungen und Analysen, die der Autor über seine Zeit lieferte, nur zum Teil übernommen, wie auch die ausführlichen Darstellungen der weltpolitischen Ereignisse in den dreißiger bis fünfziger Jahren zu einem guten Teil vorausgesetzt werden müssen. Weiters wurden die Namen aller im Manuskript erwähnten Personen rekonstruiert, was dem vorliegenden Buch das Flair von Fiktion nimmt; mit anderen Worten: „Vietnam, mon amour“ ist die Autobiographie des Österreichers Ernst Frey.

Es sind die „großen Geschichten“, die faszinieren und verzaubern, und es sind die „kleinen Ereignisse“, die weh tun. Wenn Ernst Frey erzählt, dass er, irgendwo im vietnamesischen Dschungel in japanischer Kriegsgefangenschaft, an den Brief der Eltern denkt, die in Wien eifrig Italienisch lernen, um in Abessinien Fuß fassen zu können, dann schmerzt das. Viele Menschen haben die nationalsozialistische Herrschaft nur unter abenteuerlichsten Umständen überlebt, andere wiederum, tausende und abertausende, wurden grausam ermordert. Ein Abessinien gab es nicht. Das ist ein Teil der Lebensgeschichte der Überlebenden des Nationalsozialismus, und es ist auch ein Teil der jüngeren österreichischen Geschichte.

Doris Sottopietra
Wien, im Januar 2001

Wie alles begann

Meine Maschine setzte hart auf dem Rollfeld des Flughafens auf. Inmitten eines Trümmerfeldes rumpelten wir auf einen Holzschuppen zu, vor dem wir langsam ausrollten. Wenn ich nicht gewusst hätte, dass dies Bad Vöslau war – dieser Behelfsflugplatz hätte genauso gut irgendwo in der Sowjetunion sein können. Die spärlichen Aufschriften waren auf Russisch, Sowjetsoldaten bewachten den Hangar. Keine Zivilperson weit und breit, vor allem keine Österreicher. Es gab weder eine österreichische Passkontrolle noch einen österreichischen Zoll oder österreichische Gendarmen. Ich war mitten in Österreich auf sowjetischem Territorium.

Vor 13 Jahren hatte ich Wien verlassen, am Freitag, den 25. Mai 1951, kam ich zurück. Der Kreis hatte sich geschlossen.

Begonnen hatte alles, als ich drei Jahre alt war. Ich lebte mit Mama in einer kleinen, düsteren Wohnung. Die jungen Männer waren im Krieg, auch mein Vater, und ich war froh darüber. Ich brauchte keinen Vater, mir genügte Mama.

Wenn meine Mutter arbeiten ging, musste ich bei Toni, dem Dienstmädchen, bleiben. Toni ging aber nicht mit mir im Park spazieren, sondern traf sich mit einem fremden Mann. Und während sie sich mit ihm in unserer Wohnung einsperrte, musste ich zum Fenster gehen und durfte mich nicht rühren. Tat ich es doch, schlug sie mich. Zwar nicht so hart, dass man Spuren sah, aber doch so fest, dass es weh tat.

Irgendwann bemerkte ich, dass meine Mutter von Tag zu Tag dicker und unruhiger wurde. Sie sagte mir, dass ich bald ein Schwesterchen oder Brüderchen haben würde. Hatte dieses Brüderchen – ich wollte nur einen Bruder – einen Papa? Ja, genau den gleichen wie ich, erklärte mir Mama. Unfassbar, wo ich dieses Wesen doch gar nicht kannte! Mama meinte aber, dass ich meinen Vater schon gesehen hätte, damals, als er auf Fronturlaub bei uns war. „Du kannst dich eben nicht erinnern, weil du noch zu klein warst", sagte Mama. Wie groß musste man sein, um sich erinnern zu können?

Dann, eines Tages, war mein Vater da. Mama umarmte ihn, weinte, lachte und küsste ihn. Der Krieg war vorbei, und meine Welt stürzte ein, eine Welt, in der für immer Krieg war, damit der Vater nicht zu Hause störte und die Mutter in Beschlag nehmen konnte. Mama sah mich mit einem herzerweichenden Blick an und sagte zu dem großen fremden Mann: „Er wird sich schon an dich gewöhnen, alles braucht seine Zeit."

Kurze Zeit später zogen wir um, in einen grüneren und nobleren Stadtteil von Wien. Mama und Papa freuten sich über die neue Wohnung und hörten nicht auf, die Vorteile zu rühmen. Auch meine kleine Schwester Trude fühlte sich dort wohl und machte bald ihre ersten Schritte. Ich aber vermisste mein altes Zuhause, die Aussicht vom Fenster auf den Klosterhof, die ich dank Toni so oft genossen hatte, und die Clementinerinnen, die manchmal geisterähnlich in ihren langen, schwarzen Gewändern im Hof aufgetaucht waren, um dann plötzlich wieder zu verschwinden.

Dieser Vater war nun für immer bei uns. Das war schlimm, vor allem, wenn er sonntags mit mir spazierengehen wollte. Ich trottete dann an seiner Hand dahin und musste Sprechübungen machen. Bei den Zischlauten stieß ich mit der Zunge an, und das passte dem „Stinkeriesen", wie ich ihn insgeheim nannte, gar nicht. Hundertmal ließ er mich das Wort „Ziege" üben: „Sag Ziege, Ziege mit Z, so wie ich's dir vormache." „Tssiege", wiederholte ich. Ich wusste genau, wie man es richtig aussprach, aber ich wollte nicht. Ich hasste diese Sonntagsspaziergänge.

Eines Tages beschloss mein Vater, mit mir auf den Kahlenberg zu wandern. Von Grinzing aus stiegen wir immer höher, durch Weinberge, Wiesen und Wälder. Weit unter uns lag die Stadt, die Häuser waren so klein wie Zündholzschachteln. Wäre der Stinkeriese nicht an meiner Seite gewesen, hätte ich versucht, einen Schmetterling mit der Hand zu fangen. So aber musste ich wieder einmal „Ziege" sagen, weil so ein blödes Vieh an einem Strick angebunden war. „Tssiege" – die Stimmung war dahin, und nicht einmal das knallrote, sacharingesüßte Kracherl, das mein Vater mir im Gasthaus bestellte, konnte daran etwas ändern.

Dann kam der Abstieg. Er ging voran und ich stapfte zwischen Baumstümpfen und Gras hinter ihm her. Ich hatte Angst, ihn aus den Augen zu verlieren, während sich meine Schuhe mehr und mehr mit Steinchen und Sand füllten. Um mich herum waren alle möglichen Käfer und unbekanntes Getier, das mich zwickte, und ein Ameisenhaufen, in den ich aus Versehen getreten war. Aber der Mann drehte sich nicht um, sondern ging einfach weiter. Da stand ich, einsam und verlassen, Tränen kullerten mir über Hemd und Lederhose, und plötzlich flog ich durch die Luft und landete auf den Schultern des Riesen. Ich klammerte mich an seinen Hals und berührte auch seine Wangen, die ich sonst nicht mochte, weil sie so viele stachlige Barthaare hatten. Meine Tränen versiegten, und auch der Tabakgeruch, der von dem Mann ausging, störte mich nicht mehr. Er sagte kein Wort, brachte mich aber sicher ins Tal. Unten angekommen suchte ich einen Ausweg und fand ihn schließlich auch. „Ziege", sagte ich laut und vernehmlich, und der Mann gab mir einen Kuss. Von da an war er nicht mehr nur irgendein Mann, sondern mein Vater.

Als ich sechs Jahre alt war, bekam die Welt wieder einen Riss. Ich lag vor unserem Hausarzt, Dr. Lederer, der mein Glied untersuchte. Er schüttelte den Kopf, machte einige Male „Tsss, tsss, tsss" und zog sich mit meiner Mutter zurück. Was sie beredeten, konnte ich nicht verstehen, doch abends kam mein Vater zu mir und erklärte mir, dass ich operiert werden müsste. An die Operation kann ich mich nicht mehr erinnern, nur daran, dass ich, als ich langsam aus der Narkose erwachte, in einem großen weißen Bett lag. Dr. Lederer war sehr zufrieden mit mir: „Ich hab' das so gemacht, dass er doch kein Jud' ist!", erklärte er meiner Mutter. Damals wusste ich noch nicht, was er damit meinte, aber 18 Jahre später stand ich in St. Gallen vor einem Rebbe, der sich das gute Stück ansah, den Kopf schüttelte und, wie viele Jahre zuvor Dr. Lederer, meinte: „Tsss, Tsss, Tsss. Ich lass' es durchgehen, aber rituelle Beschneidung war duus kaane!"

Dieses „Tsss, Tsss, Tsss" des Arztes hatte mich neugierig gemacht. Was war das, ein Jude? Mama wich meinen Fragen so lange aus, bis ich das Gefühl hatte, dass es etwas ganz Schlimmes sein musste. Wie selten sich Kinder täuschen! Ich kam dahinter, dass meine beiden Freundinnen, die im gleichen Haus im ersten Stock wohnten, auch jüdisch waren, und ich beschloss sie zu fragen. Aber, was mir im Leben noch öfter passieren sollte, ich verpasste den richtigen Zeitpunkt. Am Samstag, unserem Spieltag, stand ich allein in der Gartenecke, wo wir uns unter meiner Anleitung eine Höhle gegraben hatten. Frieda und Ria kamen nicht, weil sie, wie mir mein Vater erklärte, am Vortag mit einem Kindertransport nach Holland gefahren waren. Dort würden sie bei reichen Pflegeeltern wohnen, wo sie es gut hätten, denn dort herrschte kein Mangel. Mangel, das war, wenn man nicht genug zu essen hatte und nur wenig anzuziehen, also fast so wie bei uns. Wir

Ernst Frey im Alter von drei Jahren, 1918

gehörten allerdings zu den so genannten „reicheren" Leuten, denn wir konnten uns die Lebensmittel und Kleidung noch selbst kaufen. Ich war zwar der Meinung, dass meine Freundinnen nach Holland gefahren waren, weil sie Juden waren, doch mein Vater sagte, das wäre Unsinn. Die Holländer nähmen Kinder aus Österreich, weil sie Gutes tun wollten. Es scherte sie überhaupt nicht, ob das Juden oder Christen wären.

Was war der Unterschied zwischen einem Juden und einem Christen? Es gäbe keinen, behauptete mein Vater. Beides wären Menschen und Religionen, und beide glaubten, die Wahrheit gepachtet zu haben. Beide glaubten an einen Gott, den es nicht gäbe; dass es keinen gab, hatte mir mein Vater schon früher erklärt. War ich also ein Jude? Ja und nein, lautete die Antwort; wenn ich in die Schule käme, würde man es mir genau erklären. Ich war also wieder am Ausgangspunkt.

Um die Schule bzw. um meinen Schulbesuch gab es einige Streitigkeiten. Mama war unbedingt dafür, dass ich eine Privatschule besuchte, damit ich nicht mit dem „Proletengesindel" zusammenkäme. Ich wusste zwar nicht, was eine Privatschule war, beim „Proletengesindel" kannte ich mich aber aus. Das waren die Kinder, die immer dreckig und zerrissen herumliefen, sich balgten und im Dialekt sprachen. Das waren diejenigen, mit denen ich weder reden noch spielen durfte – und die übrigens mit mir gar nicht spielen und reden wollten. Dann und wann, wenn ich mich trotz Verbotes auf die Gasse wagte, riefen sie mir unschöne Worte nach, die ich großteils auch entschlüsseln konnte. Ich stand jedenfalls ganz auf Mamas Seite, Papa war aber dagegen. Doch in der großen Auseinandersetzung siegte meine Mutter.

Die Erklärung, was ein Jude war, kam von Mama. Sie erzählte mir zuerst eine biblische Geschichte, dann hörte ich mit Erstaunen das Abenteuer der Heirat meiner Eltern im Jahre 1913, als Österreich nicht so klein gewesen war wie jetzt, sondern eine gewaltige Doppelmonarchie. An der Spitze stand ein uralter Kaiser mit weißem Backenbart, den ich gut kannte, denn auf jeder Briefmarke auf den alten Ansichtskarten war er abgebildet, meistens in grün. Dieser grüne Kaiser herrschte damals über Österreich-Ungarn. Meine Mama war in Wien geboren, doch ihre Eltern stammten aus Ungarn, und mein Papa war erst mit sechs Jahren nach Wien gekommen. Damals, so erzählte Mama, konnte er kein Wort Deutsch. Als er im Krieg zur Honved, der ungarischen Landwehr, eingezogen wurde, hatte er seine ungarische Muttersprache völlig verlernt. Für den alten Kaiser Franz Joseph waren meine beiden Eltern Ungarn, und er war nicht ihr Kaiser, sondern ihr König.

Da der alte Kaiser gestorben war und der junge nur für kurze Zeit regiert hatte, war Österreich jetzt eine Republik. Wien war die Hauptstadt dieser Republik, und Ungarn gehörte nicht mehr dazu. Die Eltern waren keine Ungarn mehr, sondern Österreicher, und ich war auch Österreicher, einer mit jüdischem Geburtszeugnis, während meine Eltern konfessionslose Österreicher waren. Sie waren, sobald dies möglich wurde, aus der Israelitischen Kultusgemeinde ausgetreten. Der alte Kaiser, aber auch der junge, hätte das nicht erlaubt, die Republik erlaubte es. Mit 14 Jahren konnte ich dann selbst entscheiden, was ich sein wollte. Dann, so erklärte mir meine Mutter, könnte ich mich für oder gegen das Judentum entscheiden, doch bis dahin wäre die Gesetzeslage eindeutig. Und es war noch ein langer Weg bis zu meinem 14. Geburtstag.

Ich war acht Jahre alt, als wir in die Steiermark auf Sommerfrische fuhren. Mein Vater und ich wollten den Reichenstein besteigen, den höchsten Berg, den ich bis dahin gesehen hatte. Stundenlang, so schien es, wanderten wir über taufeuchte Wiesen und durch würzig riechenden Wald. Es war herrlich, und der Zauber der Natur erfasste uns beide. Es ging flott voran, und bald erreichten wir den Gipfel. Wir hatten es geschafft, wir standen auf dem schneebedeckten Berg, mitten im Sommer. Unter uns, ganz klein, lag der stufenförmige Erzberg, über uns ein tiefblauer klarer Himmel. Gab es etwas Schöneres?

Ein paar Schritte weiter lag das Schutzhaus, und wir freuten uns schon auf ein Bier bzw. eine Limonade und ein Paar Würstel. An der Vorderfront der Hütte hing ein großes Holzschild, umrahmt von Edelweiß, mit der Aufschrift: „Deutscher Alpenverein – Juden und Hunden ist der Eintritt verboten!" Das Gesicht meines Vaters verfinsterte sich. Ich wollte gerne fragen, warum die etwas gegen Hunde und Juden hatten, wagte es aber nicht. Papa sah aus, als würde er jeden Augenblick explodieren. Ich schlug ihm vor, er sollte allein hineingehen, er war ja kein Jude. Er könnte mir ja etwas zu essen und zu trinken mitbringen. „Die machen keinen Unterschied zwischen dir und mir", sagte er bitter, nahm mich bei der Hand und marschierte zur Tür rein. Wir blieben aber nicht lange, und vor dem Abstieg sah ich mir das Schild noch einmal genau an.

Die Privatschule, die ich besuchte, war im Schloss Schönbrunn untergebracht. Selbstverständlich nicht in den Prunksälen, sondern in einem Nebentrakt, der einst für die Dienerschaft bestimmt war, in einem dieser ebenerdigen Gebäude, die sich bis zum Meidlinger Tor erstreckten.

Ich ging gerne in die Schule, schon um des Weges willen.

Ernst Frey mit seiner Mutter Irma und seiner Schwester Trude, 1919

Er war zwar ein paar Kilometer lang, aber er gefiel mir. Er führte direkt durch die mit alten Kastanien bewachsene Schönbrunnerallee. Links und rechts lagen Getreidefelder, die ich liebte, wenn die junge Saat grünte oder das Korn reifte, aber auch, wenn die Stoppelfelder von hohem Schnee bedeckt waren. Sommers wie winters betrat ich den großen Park durch die kleine, grüne Pforte, die in die kaisergelbe Mauer eingelassen war, und stapfte durch die Allee. Meine Füße bewegten sich automatisch, und fast ebenso mechanisch die Gedanken. Sie kreisten um meine Lehrerin. In ihrer Nähe fühlte ich mich unruhig und aufgeregt zugleich. Sie roch wunderbar, und oft blieb ich nach Unterrichtsschluss noch in der Klasse, um ihren Duft, der noch im Raume haftete, zu spüren. Wenn ich erwachsen war, das wusste ich, würde ich sie heiraten.

So war jeder Schultag ein herrliches Erlebnis. Während des langen Schulweges dachte ich unablässig an sie, und in der Klasse musste ich nicht lange warten, bis sie kam. Die Schüler erhoben sich, sie stellte sich hin und sagte: „Im Namen des Vaters, des Sohnes und des Heiligen Geistes, Amen." Ich wusste nicht, im Namen welches Vaters, Sohnes und schon gar nicht welches Heiligen Geistes. Alle beteten, mit einer einzigen Ausnahme, das war ich. Ich brauchte nicht zu beten, ich gehörte nicht dazu. Mir machte das nichts aus, und neben meiner Leidenschaft für meine Lehrerin lernte ich Schreiben, Lesen und die vier Grundrechnungsarten. Selbstverständlich war ich ein guter Schüler, schon um ihr zu gefallen.

Eines Tages zeigte mir meine Mutter eine Kristallvase und fragte mich, ob sie mir gefallen würde. Es war ein Geschenk für meine Lehrerin, die demnächst heiraten wollte. Mit ungeheurem Getöse stürzte die Welt meiner Träume in mir zusammen, aber kein Ton drang nach außen. Ich war sehr traurig, und der Schulweg verlor für einige Zeit seinen Reiz.

Einer unserer Nachbarn war ein pensionierter Major, mit dessen jüngster Tochter ich oft spielte. Grete hätte eigentlich ein Junge werden sollen, aber daraus war nichts geworden. Für den Offizier war es besonders bitter, nur Töchter zu haben; seine Säbel und Pistolen, wer sollte sie einmal benützen? Mich sah er als eine Art Ersatzsohn, für den er, obwohl sehr beschäftigt, immer Zeit fand.

Major Falk stand spät am Vormittag auf, malte oder ging seine Aufzeichnungen durch. Manchmal studierte er auch eine Theaterrolle ein, denn er spielte in einem Laienensemble mit. Er war Fachmann für das Artilleriewesen, und man hatte ihn gebeten, weiterhin für das Bundesheer zu dienen, was er aber entschieden abgelehnt hatte. Seinen Eid hatte er, wie er betonte, auf den Kaiser und auf die österreichisch-ungarische Monarchie abgelegt und nicht auf die Republik. „Aber die Pension nimmt er von der Republik, dafür ist sie ihm gut genug", meinte mein Vater. Er war der Meinung, dass der Major nur zu faul wäre, eine Arbeit anzunehmen, womit er wahrscheinlich Recht hatte.

Stundenlang hörte ich den Erzählungen meines Vaters und des Majors zu. Dabei ging es meist um den verlorenen Krieg. Der Major erzählte gerne, meistens lustige Geschichten und Erlebnisse, aber auch von seinen vielen Bemühungen, durch eine Modernisierung der Artillerie und eine Verbesserung der Geschosse und Kanonen einen Sieg herbeizuführen. Papa wiederum war stolz darauf, dass es ihm gelungen war, vier Jahre dabei zu sein, ohne jemals direkt an die Front zu kommen. Immer wieder musste ich den Einfallsreichtum meines Vaters bewundern, der imstande gewesen war, dem ganzen Apparat von bösen Stabsärzten und aufsässigen Kompaniekommandanten erfolgreich Widerstand zu leisten.

Nicht nur hinsichtlich ihrer militärischen Pflicht, auch im

Falle Bosnien-Herzegowinas vertraten mein Vater und der Major unterschiedliche Ansichten. Papa war der Meinung, dass die Annexion ein immenser Blödsinn gewesen sei. Er unterlegte das mit seinem Lieblingswitz: Als der alte Kaiser im Jahre 1915, meinem Geburtsjahr, in Schönbrunn am Fenster gestanden und einen Zug von Rotkreuzwagen vorbeiziehen gesehen hatte, fragte er seinen Kammerdiener: „Sagn'S, Ketterl, was sind das für komische Wagen mit den roten Kreuzen, die da so endlos dahinrollen?" „Majestät, das sind Verwundetentransporte." „Verwundetentransporte? War scho wieder ein Eisenbahnunglück? Diese neumodischen Sachen sind scho gefährlich." „Aber nein, Majestät, kein Eisenbahnunglück, Krieg ist, Majestät!" „Ach so, Krieg is. Ja, ja, ich sag's ja immer, die verfluchten Preußen!"

Aber trotz der Verschiedenheit ihrer Ansichten ging der Major bei uns aus und ein. Ich mochte ihn, denn er behandelte mich immer wie einen Erwachsenen. Und er war stets fröhlich, obwohl er große Sorgen hatte. Die Inflation hatte ihn ruiniert. Ich erinnere mich, dass die roten Ein-Kronenscheine, mit denen ich mir früher Süßigkeiten gekauft hatte, nichts mehr wert waren. Für ein schäbiges Bonbon brauchte ich nun plötzlich 100 Kronen, und wenn wir am Samstagabend ins Gasthaus gingen, gab mein Vater für ein Bier und ein Nachtmahl 50.000 Kronen aus. Papa hatte sehr viel Geld, diese großen blauen Scheine, auf denen „1 Million Kronen" stand. Der Major hatte das nicht, und auch das kleine Landgut in Niederösterreich hatte er verkaufen müssen.

Der Major war ein interessanter und an vielem interessierter Mensch, doch seinen Kameraden muss er damals seltsam erschienen sein. Nicht nur, dass dieser k.u.k. Offizier literaturbegeistert war, er zeichnete und malte auch selbst und spielte Theater. Zu all dem kam noch der höchst merkwürdige Umstand, dass er es zustande gebracht hatte, sich – als er als junger Offizier jahrelang in galizischen Garnisonen stationiert gewesen war – bei den dort ansässigen polnischen Juden Anerkennung zu verschaffen. Er hatte ihre Sprache, das Jiddische, erlernt und kannte ihre Sitten und Gebräuche. Meine Mutter konnte nicht Jiddisch, mein Vater vielleicht ein paar Ausdrücke, die er aber nie verwendete; erst der Major lehrte mich „jiddeln", genauer gesagt „mammeluschn", d.h. „sprechen". Ihn als Philosemiten zu bezeichnen, war allerdings unzutreffend. Philosemiten waren Humanisten, die glaubten, dass Juden Menschen mit außergewöhnlichen Eigenschaften und Begabungen seien, was sie für die Kultur ihrer Gastvölker zu einem Gewinn machte. Der Major war kein Philosemit in diesem Sinne, er war schlicht und einfach das, was die Nazis später als „total verjudet" bezeichneten.

Uns ging es also nach wie vor gut, dem Major aber nicht. Er hing noch immer sehr an der Kaiserfamilie, und seine Wohnung war vollgestopft mit Bildern von Franz Joseph in jungen Jahren, Franz Joseph schon etwas älter mit Bart und dann als alter Mann. Elisabeth und Rudolf konnte ich ebenfalls bewundern, jedes Bild wurde mir genau erklärt. Auch Karl hing da und sah genauso aus wie auf den Briefmarken.

Eines Tages im Frühjahr bot sich mir ein erschreckendes Bild. Die gesamte Familie Falk saß, in Tränen aufgelöst, um den Tisch, schluchzte und klagte herzerweichend. Die Frau des Major weinte sowieso leicht, doch nun schluchzte der Major mit ihr um die Wette, und auch Grete bemühte sich redlich mitzuhalten. Was mich über alle Maßen erstaunte, war die Anwesenheit von Frau von Feifalik, der Schwester des Majors, einst Kammerzofe von Kaiserin Elisabeth, von der mein Vater behauptete, dass sie seit dem Tag, an dem die Kaiserin erstochen worden war, nicht mehr gelacht noch gelächelt hätte. Und das war schon sehr, sehr lange her. Mit ihrem Bruder stand sie zwar nicht in offener Feindschaft, aber nahe daran. Meine Eltern vermuteten, dass das etwas mit der Heirat des Majors zu tun hatte, die in den Augen derer von Feifalik nicht standesgemäß gewesen war.

Beim Anblick der weinenden Familie nun war ich sehr verlegen; ich wusste ja nicht, was passiert war. Der Major erklärte mir, von heftigem Weinen geschüttelt: „Unser Kaiser ist auf Madeira gestorben". Darum ging es also, doch so sehr ich den Major liebte und mich bemühte, seine Trauer und sein Leid zu teilen, es ging einfach nicht. Außer bei Briefmarken hatte ich keine Beziehung zu Karl, und nach dem Ende der Monarchie wurden auch keine Marken mehr mit seinem Konterfei gedruckt. Philatelistisch betrachtet – und anders konnte ich es nicht – war er für mich also schon seit Jahren tot. Ich murmelte einige Worte des Bedauerns, dann sauste ich, drei Stufen auf einmal nehmend, die zwei Stockwerke hinunter und berichtete atemlos meinem Vater vom Elend, das die Familie Falk ergriffen hatte. Aber auch dort stieß ich auf kein Mitgefühl: „So, so, er ist also gestorben, mein ehemaliger oberster Kriegsherr. Das trifft mich ungefähr so, wie es den Karl getroffen hätte, wenn ich auf dem Feld der Ehre für Kaiser und Vaterland verreckt wäre!" Trotzdem konnte er die Trauer des Majors und seiner Schwester verstehen. Sie hatten nie aufgehört zu hoffen, dass der Kaiser einmal zurückkehren würde und alles wieder so wäre, wie es früher gewesen war. Mit Karls Tod begruben sie nun auch ihre Hoffnungen.

Zu dieser Zeit hatte mein Vater große Sorgen, die sich alle auf Tante Jetti bezogen. Dass meine Tante irgendjemandem Probleme bereiten könnte, erschien mir unmöglich. Schuld daran war Dr. Engel, ein unsympathischer kleiner Advokat, der mich aus meinem Paradies, dem Haus von Tante Jetti, vertreiben wollte. Ihre große Villa in Rodaun hatte einen riesigen Garten mit Kirschen-, Zwetschken-, Marillen-, Ringlotten- und Kaiserbirnenbäumen. Ich erinnere mich an die Zeit, als die Vorfreude auf Rodaun schon bei der Anreise begann. Von Mauer aus ging's mit der aus zwei uralten Straßenbahnwagen mit offenen Plattformen bestehenden Tram weiter. Das Ganze war eine Mischung aus Straßen- und Eisenbahn und wurde von einer kleinen Dampflokomotive mit einem trichterförmigen, ungeheuer großen Rauchfang gezogen. Vor jedem Straßenübergang pfiff die Lok laut und schrill, keuchte mühsam über kleine Steigungen und rastete oft und gerne vor geschlossenen Signalen. Streckenweise fuhr man durch kleine Wäldchen, und die Bäume waren so nah, dass man, auf den offenen Plattform stehend, die Blätter abreißen konnte. Ich war fast schon neun Jahre alt, als es damit für immer vorbei sein sollte. Die Strecke wurde elektrifiziert, bald würde die Reise nach Rodaun genauso schnell gehen wie mit der Stadtbahn, die auf der Strecke Wiental-Donaukanal-Heiligenstadt-Hütteldorf mit 40 Stundenkilometer dahinraste.

Von der Station Rodaun aus waren es zu Fuß noch gut zehn Minuten, bis man bei der Villa von Tante Jetti ankam. Der Eingang lag auf der Hinterseite, sodass man die ganze gewaltige Länge des Gartens abschreiten musste, um zur Tür zu kommen. Diesen Garten hatte ich tief ins Herz geschlossen, seine Obstbäume, das saftige Gras, die Verstecke hinter den Büschen und Stauden und ganz besonders die Ringlotten und Ribisel, die ich mir frisch herunterpflücken konnte.

Aber es war nicht nur der Garten, sondern auch das Haus, das meine Phantasie beschäftigte. Im ersten Stock wohnte Tante Jetti ganz allein, in einer viel zu großen Wohnung. Auf Schritt und Tritt stieß man auf Andenken an ihren verstorbenen Mann, Onkel Philipp: sein aus Korbweiden geflochtener

Schaukelstuhl, Fotografien und Porträts. Ich hatte keine Erinnerung mehr an diesen Onkel, kannte ihn aber aus den zahlreichen Erzählungen Tante Jettis, meiner Eltern und ganz besonders meiner Großmutter Fanny, deren Bruder dieser sagenhafte Onkel Philipp gewesen war. So um 1890 kamen meine Großmutter mit ihren beiden Kindern und besagter Onkel aus Budapest nach Wien. Sie waren nicht in Budapest beheimatet gewesen; ihre Verwandten saßen irgendwo in der Pusta und waren arme jüdische Bauern, die zum Leben zu wenig und zum Sterben zu viel hatten. Sie folgten dem Gerücht, dass tüchtige Handwerker in der Stadt innerhalb kürzester Zeit nicht nur alle Sorgen los, sondern überdies steinreich würden. Mein Großvater war Schneider, mein Onkel – genau genommen mein Großonkel – Tischler; was konnte also in Budapest schief gehen? Alles! Aber die Familie gab nicht auf. In Wien, so hörten sie, gäbe es ungeahnte Möglichkeiten und das binnen weniger Jahre, also machten sie sich auf nach Westen. Leicht war es nicht; mein Großvater war zwar Schneider, aber ein sehr schlechter, dem die Donaumetropole keine der versprochenen Tauben ins Maul flattern ließ.

Nur besagter Onkel Philipp, der Bruder meiner Großmutter, startete durch, ein geschätzter und fleißiger Tischlergeselle, der gut verdiente und daneben so ehrgeizig war, dass er sich selbst das Lesen und Schreiben beibrachte. Auch meine Großmutter unterwies er in diesen Künsten, damals bei armen ungarischen Juden noch immer ein Privileg der gehobenen Schichten. Onkel Philipp machte sich bald selbständig, gründete eine Leisten- und Rahmenfabrik, heiratete Tante Jetti, die Tante meiner Mutter, und wurde jeden Tag reicher. Er kaufte das Grundstück in Rodaun und ließ sich dort eine Villa bauen. Dem Staat, der ihn groß werden ließ, dankte er auf seine Weise – und wurde zu einem vehementen Patrioten.

Anlässlich meiner Geburt im Jahre 1915 machte er meinen Eltern ein fürstliches Geschenk – 300.000 Kronen Kriegsanleihe, deren Verkauf bis Kriegsende gesperrt war. Mein Vater sagte, dass das damals ein Vermögen gewesen war; jetzt allerdings war diese Anleihe nichts mehr wert.

Mein Vater hatte, als er nach Wien gekommen war, in verblüffend kurzer Zeit Deutsch gelernt. Er war ein überdurchschnittlich guter Schüler, und Onkel Philipp bot ihm an, ein Studium zu finanzieren. Mein Vater lehnte dankend, aber doch ab und machte stattdessen eine Lehre als Buchdrucker. Es war dies die Zeit eines Ernst Petzold, in der sich die Wiener Arbeiterschaft kulturell, politisch und gewerkschaftlich in rasantem Tempo formierte. Dass mein Vater Gewerkschaftsmitglied und Sozialdemokrat wurde, verstand sich von selbst. Religiöse Bindungen hatte er schon vom Elternhaus her keine, und so war es nicht verwunderlich, dass er in dieser Hinsicht ganz mit Marx übereinstimmte. Das war übrigens der einzige Punkt, in dem er mit Onkel Philipp einer Meinung war. Auch der war ein strikter Gegner jedes religiösen Bekenntnisses, befand sich politisch aber auf der anderen Seite der Barrikaden – ein Unternehmer, der sich selbst als liberal und antiklerikal definierte und der festen Überzeugung war, der Kapitalismus sei die beste aller Wirtschaftsformen. Für Onkel Philipp konnte es jeder, der tüchtig und sparsam war, zu etwas bringen, so wie er selbst; die Faulen, Unfähigen und Verschwender hingegen würden Proleten bleiben, so wie mein Großvater eben.

Nach glänzend bestandener Gesellenprüfung trat mein Vater als Schriftsetzer in die renommierte Wiener Buchdruckerei Rollinger ein. Der Beruf machte ihm große Freude; er setzte nicht nur – selbstverständlich im Handsatz –, sondern las und verstand auch alles, was er druckte. Das enzyklopädische Wissen, das er sich in dieser Zeit erwarb, beeindruckte mich stets wieder aufs Neue. Es gab einfach kein Wissensgebiet, auf dem er nicht beschlagen war, und es gab kein Wort, dessen Bedeutung er nicht kannte. In der Druckerei stand ihm das neueste Konversationslexikon zur Verfügung, und dort schlug er die ihm fremden Worte nach, so lange, bis er selbst zum lebenden Lexikon wurde.

Bei der Firma Rollinger war mein Vater eine gefragte und gut bezahlte Arbeitskraft. Mit seinem Verdienst versorgte er mehr oder weniger die gesamte Familie, das heißt meine Großmutter, meinen Großvater und Tante Rosa, seine um zwei Jahre ältere Schwester. Mein Großvater war schon seit jeher kein Freund körperlicher Betätigung gewesen, auch nicht zum Zwecke des Nahrungserwerbs; daher begrüßte er den Geldsegen, den sein männlicher Sprössling in die Familie brachte, von ganzem Herzen. Onkel Philipp hatte es damals nicht leicht, meinen Vater zu überreden, seine gut bezahlte Stellung aufzugeben und als Prokurist in sein Unternehmen einzutreten. Innerhalb kürzester Zeit hatte er sich aber gut eingearbeitet, und der alte Mann übergab ihm mehr und mehr Aufgaben. Nur eine blutjunge, zierliche, rothaarige Kontoristin konnte ihm nichts recht machen, Tante Jettis Nichte Irma. Es war ganz klar, dass Onkel Philipp und Tante Jetti planten, aus den beiden ein Paar zu machen, doch mein Vater und meine Mutter wehrten sich gegen die Kuppelei. Schlussendlich allerdings erfolglos, denn sie verliebten sich wirklich ineinander, und damit war auch der Grundstein für meine zukünftige Existenz gelegt.

Onkel Philipp hatte diese Villa in Rodaun sowie den Grund und Boden erworben. Aber nicht nur das Haus, auch die Bewohner waren für mich Anlass zum Staunen. Mit Tante Jetti wohnten noch zwei Familien dort, die eine hieß Heinl,

Vater Eugen Frey, Soldat der ungarischen Landwehr, 1916/17

die andere, mit der ersten verschwägert, Holzschuh. Herr Heinl war ein Hüne, noch größer als mein Vater und um einiges dicker. Er war Handelsminister; zwar wusste ich nicht, womit er handelte, aber alle versicherten mir, dass er ein sehr bedeutsamer Mann sei. Ich glaubte das auch, denn er wurde täglich von einem großen, schwarzen Auto mit Chauffeur in schmucker Uniform abgeholt. Minister Heinl hatte einen Sohn, Paul, etwas älter als ich und so schlimm, dass ich nicht mit ihm spielen durfte. Wenn wir einander begegneten, streckte er mir die Zunge nach und beschimpfte mich. Manchmal drohte er mir auch, und ich musste bei Tante Jetti Zuflucht suchen.

Und erst die Familie Holzschuh! Herr Holzschuh war sehr beliebt, hatte ein dunkelrotes Gesicht – vom vielen Trinken, sagte mein Papa – und eine wunderschöne Tochter. Sie war das hübscheste Mädchen, das mir je begegnet war, noch viel hübscher als meine Lehrerin. Wann immer ich sie sah, schlug mein Herz lauter. Über sie und ihren Beruf wurde viel Schlechtes gesagt, denn sie wollte Schauspielerin werden, was sie dann auch verwirklichte.

Aber, wie gesagt, schuld an allem war Dr. Engel. Tante Jetti hatte die Villa nach Onkel Philipps Tod nicht mehr halten können und meinem Vater das Angebot gemacht, ihm das Haus und den Garten zu einem erschwinglichen Betrag zu überlassen. Er müsste sich im Gegenzug verpflichten, sie bis zu ihrem Lebensende zu erhalten. Mein Vater konnte das Geld nicht aufbringen – er hatte gerade seine gesamte Barschaft an der Börse angelegt –, deshalb verkaufte Tante Jetti ihr Anwesen um sechs Millionen Kronen inklusive der Zusicherung, dass sie ihre Wohnung und den Garten auf Lebzeit benutzen durfte, an Dr. Engel. Die Hälfte des Geldes hatte sie in Anleihen und Aktien angelegt, die nun nichts mehr wert waren, die zweite Rate, die mitten in der Inflationszeit fällig wurde, hatte Dr. Engel ihr bar bezahlt. Diese drei Millionen Kronen, die sie in den Händen hielt, waren genau 300 Schilling wert. Tante Jetti war also arm, und irgendwer musste sie erhalten, in diesem Fall mein Vater. Das Haus und der Garten allerdings gehörten Dr. Engel.

Tante Jetti wurde mehr und mehr zum festen Bestandteil unseres Familienlebens, kam oft zu Besuch und schlief dann auch bei uns. Eines Tages, während der Osterferien, saßen wir alle um den großen Speisezimmertisch und spielten Tarock. Es war kurz nach dem Nachtmahl, und Trude wollte wieder einmal nicht zu Bett gehen. Sie sah nicht ein, dass ich mit den Erwachsenen tarockieren durfte und sie nicht, doch ich war elf Jahre alt und ging bereits in die Mittelschule. Trude begann mit dem allabendlichen Geplänkel, das wir schon gewöhnt waren. Tante Jetti war gerade dran zu geben, nahm dann ihr eigenes Blatt auf, ordnete die Karten und stammelte plötzlich, dass ihr nicht gut wäre. Wir legten sie behutsam auf die Ottomane. Ihr Zustand wurde immer schlimmer; bald konnte sie nicht mehr sprechen, lallte unverständliches Zeug und verdrehte die Augen. Papa lief aus dem Haus, um den Arzt zu holen, der in der Nähe wohnte. Plötzlich warf Tante Jetti den Kopf zurück und ihre Kinnlade klappte herunter. Da wusste ich, dass sie tot war.

Noch in derselben Nacht brachte Papa uns beide weg, Trude zur reichen Tante Ella, mich zur armen Großmutter. Ich war froh, aus dem Haus zu sein, meilenweit entfernt von unserem Speisezimmer, in dem die tote Tante Jetti lag, mit der ich noch vor ein paar Stunden Karten gespielt hatte. Bevor mich mein Vater bei Großmutter absetzte, meinte er noch, dass ich nicht an der Einäscherung teilnehmen müsste. Tante Jetti war konfessionslos gewesen, deshalb würde es auch keine

Beerdigung geben. Ich war glücklich, nicht dabeisein zu müssen. Vom Tod wollte ich nichts mehr wissen. Ich wollte niemals mehr sehen, wie jemand starb.

Bei Großmutter Fanny war ich gerne, obwohl ihre Wohnung nicht besonders schön war. Sie bestand aus einem einzigen Zimmer und einer langen, dunklen Küche mit Fenster auf den Gang. Von dort musste man auch das Wasser holen. Die Toilette war ebenfalls auf dem Gang und wurde von zehn bis zwölf Parteien benutzt. Im dunklen Stiegenhaus roch es meist nach Kohl, Sauerkraut und Gulasch, sonntags auch nach Wiener Schnitzel. Hier lebte meine Großmutter mit Tante Rosa, der verwitweten Schwester meines Vater. Tante Rosa war einst, genau wie meine Großmutter, eine strahlende Schönheit gewesen. Ich fand sie noch immer schön, und ihr makelloser weißer Teint und ihre großen Brüste beeindruckten mich sehr. Der „alte Frey", mein Großvater, war vor einem Jahr gestorben. Ich hatte ihn sehr gern gehabt, obwohl seine Familie die herzliche Verachtung, die sie ihm – vielleicht nicht ganz zu Unrecht – angedeihen ließ, unverhüllt zum Ausdruck brachte. Daheim führte Großmama ein eisernes Regiment, und da mein Großvater der Arbeit nicht nachlief, schuf er sich ein Stammquartier im Eckcafé Weidinger am Lerchenfelder Gürtel-Gablenzgasse, wo er bald schon zum Inventar gehörte. Da er kein Geld hatte, um selbst zu spielen, betätigte er sich als Kiebitz und genoss dadurch auch eine Reihe von Privilegien. So brachte er zum Beispiel seinen schwarzen Kaffee immer von zu Hause mit; Zucker hatte er vorsorglich in der Tasche, und heißes Wasser zum Verdünnen des Kaffeeextrakts wurde ihm vom Haus spendiert.

Sobald mein Großvater allzu heftigen Hunger verspürte, musste er den Heimweg antreten. Er wusste, dass ihn dort ein eher unfreundlicher Empfang erwartete. Die Vorwürfe, die auf ihn niedergingen, kannte er seit Jahrzehnten, und es gelang ihm, eine wirksame Gegenstrategie zu entwickeln. Nachdem er die Schelte meiner Großmutter vorerst schweigend über sich ergehen ließ, begann er seinerseits, das Ganze lauthals zu replizieren. Das rief innerhalb kürzester Zeit die Nachbarschaft auf den Plan, die stürmisch nach Ruhe verlangte. So war meine Großmutter gezwungen, klein beizugeben und den Hunger des Heimkehrers zu stillen. Sobald dies aber erledigt war, kehrte mein Großvater ins Kaffeehaus zurück, ließ sich dort über die wichtigsten Partien, die in seiner Abwesenheit gespielt worden waren, informieren und setzte seine Kiebitzfunktion mit Ernst und Würde fort. Auch er erlitt während einer Kartenpartie, an der er selbst zwar nicht aktiv, aber immerhin in Gedanken teilgenommen hatte, einen Schlaganfall, doch dürfte dieses Lebensende die einzige Parallele zwischen ihm und Tante Jetti gewesen sein. Und es erübrigt sich auch zu sagen, dass sein Tod für das Kaffeehaus zwar ein ideeller, aber durchaus kein finanzieller Verlust war.

Weil mein Großvater gestorben war und Tante Jetti auch, saß ich nun also im zweiten Stock des Hauses Lerchenfelder Gürtel 1 und war mit der Entwicklung der Dinge nicht unzufrieden. Dass es kein Wasser und natürlich auch kein Klosett in der Wohnung gab, berührte mich nicht, auch nicht, dass man, da kein Badezimmer vorhanden war, keine Vollbäder nehmen konnte. Da Papa nach dem Tod des Schwagers seine Schwester Rosa und nach Großvaters Tod auch seine Mutter erhalten musste, schlug er ihnen vor, gemeinsam in der Wohnung von Tante Rosa zu leben. Anfänglich sträubte sich Großmama, gewöhnte sich dann aber daran. Ich liebte meine Großmutter; schon die Tatsache, dass sie nie eine Schule besucht hatte, wirkte auf mich, der im Gymnasium gerade zur Erkenntnis „Terra rotunda est“ gekommen war, unbegreiflich. Aber diese Frau hatte sich selbst weitergebildet, las mir aus der Zeitung vor, kannte sich in Politik und Wirtschaft aus und prophezeite mit erhobenem Zeigefinger den Untergang von „Restösterreich“: „Was kann scho werdn aus an Staat, wo a Prälat Bundeskanzler is?“, fragte sie mich. Ich wusste es nicht, ich wusste nur, dass ich sie sehr bewunderte.

Hätte ich nicht Tante Jetti so sehr vergöttert, hätte ich mich gefreut, durch ihren Tod zu diesem Urlaub von daheim zu kommen. War ich von der Schule zurück, wurde ich fürstlich bedient, mit einem Menü, das ich am Vortag bestellt hatte, und die lobenden Worte, mit denen ich jedes Essen bedachte, wurden begeistert aufgenommen. Ich nahm huldvoll zur Kenntnis, dass die Gemüsesuppe von Tante Rosa, das Fleisch und die Zuspeise von Großmama und die Mehlspeise von beiden zubereitet worden war. Schamlos stellte ich fest, dass meine eigene Mutter niemals imstande wäre, ein Mittagessen dieser Qualität auf den Tisch zu bringen. „Beim Sacher könnt´s nicht besser sein“, versicherte ich, und da keiner von uns jemals beim Sacher gespeist hatte, blieb die Gültigkeit dieser Behauptung unbestritten. Aber für Großmama war das Sacher gar nicht entscheidend, viel wichtiger erschien ihr der Vergleich mit meiner Mutter: „Die Vata waass, e so wie iach kann se nix kochen die Mamme, aba dos du es ewadde waasst, no dos is ä große Fraad fia mich!“*

Die arme, arme Trude. Sie war nun bei Tante Ella, mitten im Küss-die-Hand-Reich. Wenn ich daran dachte, dass die Villa im XIX. Bezirk auf der Hohen Warte lag, war Latein plötzlich nicht mehr so trocken. „Nomen est omen“, das ver-

* „Dein Vater weiß, dass deine Mutter nicht so kochen kann wie ich, aber dass du es jetzt auch weißt, ist eine große Freude für mich.“

stand ich schon. Auf der Hohen Warte waren unsere reichen Verwandten zu Hause, dort, wo die Luft gut und rein war und sich in grünen Gärten Villa neben Villa reihte. Sie schauten hinunter auf das gemeine Volk, das sie verachteten, und von dem sie lebten, wie mein Vater zu sagen pflegte. Er sagte es aber nicht gehässig, sondern im Gegenteil fast traurig. Tatsächlich war der Unterschied zwischen uns und diesen Verwandten eine ganze Welt.

Meine beiden Cousinen Liselotte und Hanna beneidete ich wahrlich nicht. Von ihrer Mutter hatten sie wenig, da sie ständig krank war, und ihr Vater, Onkel Alfred, ein so genannter Großindustrieller, war ständig beschäftigt. Als Inhaber der Garvenswerke, der größten Pumpenfabrik im Lande, hatte er Geld wie Heu. Sein älterer Bruder Paul war, so wurde gemunkelt, noch reicher. Wir kannten ihn nicht, und er legte keinen Wert darauf, unsere Bekanntschaft zu machen. Onkel Philipp war auch reich gewesen, normal reich, und in der Villa in Rodaun fühlte ich mich wohl. Dieses Haus auf der Hohen Warte aber war nicht zum Wohnen da, sondern stellte nur seinen Reichtum zur Schau.

Jede Woche wartete ich sehnsüchtig auf den Samstagabend, nicht nur, weil meine Eltern dann viel Zeit für mich hatten, sondern vor allem wegen des Besuchs im Hetzendorfer Casino. Bei schönem Wetter konnte man durch den Garten tollen und Verstecken spielen, und war das Wetter nicht danach, saßen die Erwachsenen im Gastzimmer und spielten Karten, während wir Kinder einen Abstecher in den Festsaal machten, um auf der Bühne hinter den staubigen Kulissen herumzuturnen.

Die Gäste im Casino waren zum größten Teil Beamte, fast alle deutschnational und entsprechend antisemitisch. Uns gegenüber hielten sie sich aber zurück, und mein Freund aus dem Nebenhaus versicherte mir, dass es ihm ganz egal sei, ob ich Jude oder Christ wäre, er würde immer zu unserer Freundschaft stehen. Wir waren aber, das muss ich eingestehen, auch sonderbare Juden: die Eltern konfessionslos und Trude und ich dem Papier nach zwar jüdisch, aber ohne jede religiöse Schulung. Meine Mutter hatte seit jeher darauf geachtet Weihnachten zu feiern, mit einem Christbaum, Geschenken und allem, was sonst noch so dazugehörte. Trude und ich glaubten bis zum schulpflichtigen Alter ans Christkind, und erst, nachdem wir darüber aufgeklärt worden waren, durften wir helfen, den Baum zu schmücken. Meine Großmutter stand dann dabei, schüttelte den Kopf und meinte im Brustton der Überzeugung: „Wann doos ka Meschuggizität is! Aba scheen is es!"

Es war ein herrlicher Maitag, als ich im Hetzendorfer Casino folgendes Erlebnis hatte: Das Gartenlokal war zum Bersten voll, der alte Bognerwirt spazierte durch die Tischreihen, grüßte nach links und rechts: „De Ehre, Herr Hofrat, g'schamster Diener, Herr Direktor", und wir Kinder spielten im Dickicht der Sträucher Räuber und Gendarm. Ich war einer der Räuber und versuchte, meinen Widersachern zu entkommen. Und während ich vorsichtig in eine Wildrosenhecke kroch, die im finstersten Teil des Gartens lag, hörte ich auch schon die Stimme des jungen Liebenberg, der nach mir suchte. Dieser Liebenberg war mir einer der unangenehmsten Hetzendorfer Spielkameraden. Sein Vater war Baron und stammte aus einem sehr alten Geschlecht. Jeder – vor allem jeder Schüler – wusste, dass einer seiner Vorfahren zur Zeit der Türkenbelagerung im Jahr 1683 Wiener Bürgermeister gewesen war. Was ich aber zudem von Vater Liebenberg wusste, war, dass er nicht nur fast so dick war wie der Bognerwirt, sondern dass er aus seiner Abneigung gegen Juden und alle

Nichtdeutschen keinen Hehl machte, besonders dann nicht, wenn er einen über den Durst getrunken hatte.

„Da ist er ja!", hörte ich Liebenberg-Sohn schreien, „kum ausse, wannst die traust! Judenbua, feiga, dreckata!" Mein Verfolger bahnte sich einen Weg durchs Gebüsch, nahm, als er mich sah, eine Gerte und schlug mir damit mitten ins Gesicht. Ich verspürte einen rasenden Schmerz und ein noch rasenderes Verlangen, den Jungen zu schlagen. Ich stürzte mich auf ihn, stieß ihn nieder und begann, auf ihn einzuschlagen. Liebenberg-Sohn brüllte wie am Spieß. Die anderen Kinder liefen weg, nur mein Freund stand da, schüttelte den Kopf und meinte in seiner bedächtigen Art: „Bist verrückt? Wir waren zwar die Schandis und du der Räuber, aber deswegen brauchst ja den Liebenberg net glei umbringen!" Das half, die Anspannung löste sich. Später sollte es zwar noch viele Straßenschlachten mit Liebenberg-Sohn geben, zum Zweikampf zwischen uns kam es allerdings nicht mehr.

Die Erbschaft

Tante Jetti hatte meinen Papa als Universalerben eingesetzt. Ich stellte mir darunter etwas ganz Großartiges vor, doch bald wurde ich auf den Boden der Tatsachen zurückgeholt. Der wahre Erbe war wieder einmal Dr. Engel, der nun auch über die Wohnung von Tante Jetti verfügte. Sie hatte ja nur zu Lebzeiten ein Anrecht darauf gehabt. Was Papa blieb, waren die Möbel. Aus meinem Kinderzimmer, dem ich zu entwachsen hoffte, wurde dadurch ein „Herrenzimmer"; der große Bibliothekskasten und der wuchtige Schreibtisch samt Lederfauteuil gingen in meinen Besitz über. Trude wurde ins Speisezimmer auf dieselbe Ottomane umquartiert, auf der Tante Jetti gestorben war. Sie ließ das kalt, vor allem deshalb, weil es die Chancen, das abendliche Zubettgehen zu verzögern, erheblich erhöhte. Von Papa erhielt ich die Erlaubnis, alle Papiere, die sich im Schreibtisch befanden, zu behalten oder wegzuwerfen, ganz wie es mir beliebte. Für mich begann ein monatelang dauerndes Fest, bei dem meine Briefmarkensammlung förmlich aufblühte. Onkel Philipp hatte seine Post fein säuberlich aufbewahrt, samt Umschlägen, und Tante Jetti hatte alles unverändert gelassen. So kam ich zu über tausend Ansichtskarten samt eindrucksvollem Markenschmuck.

Die tschechischen Briefmarken mit dem Porträt von Tomas Masaryk gefielen mir besonders gut. „Tatinku Masaryk", nannte ihn mein Vater, „Väterchen Masaryk", gleichbedeutend mit „geschätzter Begründer der Tschechoslowakei". Der Major war natürlich anderer Ansicht und bezeichnete ihn als gemeinen, hässlichen Verräter, den man nicht rechtzeitig aufgehängt hätte. Auch über Ungarn waren sich mein Vater und der Major nicht einig. Zum Reichsverweser Horthy meinte mein Vater, es wäre das Beste, wenn der Admiral tatsächlich verwesen würde, und für den Major war natürlich wichtig, dass Miklos Horthy altösterreichischer Admiral war und er ihn von Pula her persönlich kannte. Außerdem hielt er den Ungarn zugute, dass sie die Monarchie offiziell nicht abgeschafft hatten. Tatsächlich stand auf den Briefmarken „Magyar Krialy Posta", „Königlich Ungarische Post", das Land hieß auch noch immer „Königreich Ungarn". Dem Major gab dies Hoffnung, für Papa war es Blödsinn. Er behauptete, ein Königreich ohne König wäre noch widersinniger als eine Republik ohne Präsidenten. Zum Glück teilte mein Vater die Abneigung des Majors gegen die Italiener, aber „Unrecht bleibt Unrecht", sagte er, „ob wir es seinerzeit den Tschechen, Magyaren, Kroaten, Slowenen und Italienern zugefügt haben oder die Italiener und Jugoslawen jetzt den Spieß umdrehen, es bleibt Unrecht."

Im ererbten Schreibtisch fand ich auch Kriegsanleihen, die mindestens eine Million Kronen ausmachten. Das Papier war glänzend und steif, der Druck vertrauenerweckend, ein wahres Kunstwerk. Ich holte Rat bei meinem Vater, der mir gestand, dass er meine eigenen, die ich von Onkel Philipp zu meiner Geburt bekommen hatte, schon lange nicht mehr besaß. Trotzdem: Ich schloss die Anleihestücke in der untersten Schreibtischlade ein, nicht in der Hoffnung, dass sie irgend einmal wieder an Wert gewinnen könnten, sondern vielmehr, weil sie zu schön waren, um weggeworfen zu werden.

Ich hatte auch Onkel Philipps Bibliothek geerbt, die mir aber, obwohl ich ein Büchernarr war, nicht sehr lesenswert erschien. Allerdings gehörte auch eine Großausgabe von Meyers Konversationslexion in 25 Bänden dazu, um die Jahrhundertwende herausgegeben, also nicht ganz auf dem neuesten Stand, die ein wahres Fressen für mich und meinen Vater war. Mit Hilfe dieser Lexika konnte ich mir eine Fähigkeit aneignen, die mir später sehr zustatten kam; ich schaffte es, ein durchschnittlich dickes Buch mit halbwegs verständlichem Inhalt in drei bis vier Stunden auszulesen. Bücher, die ich schon kannte, schaffte ich in knapp zwei Stunden.

Die Sichtung des Nachlasses verstärkte meine Sehnsucht nach der großen weiten Welt, gleichzeitig auch nach der verloren gegangenen Weite des ehemaligen Habsburgerreiches. Da gab es Briefe und Ansichtskarten aus Prag, Brünn, Budapest, Triest, Tarnopol, Krakau, Laibach, Pula usw., alles Orte, die jetzt im Ausland lagen, in der Tschechoslowakei, Ungarn, Polen, Jugoslawien oder Italien. Ich fing an, den Major zu verstehen, seine Unzufriedenheit mit der Gegenwart, seine Sehnsucht nach dem Gestern. Er war jahrelang in Pula, dem Basisstützpunkt der österreichisch-ungarischen Marine, stationiert gewesen. Durch seine Erzählungen sowie durch Onkel Philipps zahlreiche Postkarten wurden Schiffe und Schiffsuntergänge, vor allem bei Seeschlachten, eines meiner Steckenpferde. Ich zeichnete alles, was sich auf dem Wasser bewegte: von Schiffen auf hoher See über Galeeren, Dreimaster und Raddampfer bis hin zu Ozeanriesen, die von Europa nach Amerika fuhren. Ich zeichnete die Titanic kurz vor dem endgültigen Untertauchen, mit dem Bug weit aus dem Wasser, das Heck nicht mehr sichtbar. Auch Seeschlachten hielt ich auf dem Zeichenblatt fest, mit Kriegsschiffen, die in der Mitte auseinanderbrachen oder in Flammen standen.

Dann entdeckte ich in Onkel Philipps Bibliothek das unscheinbare Bändchen „Wie ich Livingstone fand“ von Henry M. Stanley. Meine Sehnsucht nach Afrika wurde zunehmend stärker, aber auch beklemmender. Ständig fragte ich mich, ob ich bereit wäre, die Leiden eines Livingstone oder die Strapazen, denen Stanley ausgesetzt gewesen war, auf mich zu nehmen. Faules Wasser, mörderische Hitze, schlechte Nahrungsmittel und dieses Fieber, das einen auffraß und gegen das die Ärzte machtlos waren. Meine Antwort lautete immer wieder Ja; und hätte es einen Teufel gegeben, mit dem man einen Pakt hätte schließen können, um nach Afrika zu kommen, ich wäre diesen Pakt eingegangen.

Die Erbschaft erschien mir bald in einem anderen Licht. Ich hatte ein eigenes Zimmer mit einer großen Bibliothek, einem Schreibtisch, dazu ein Lexikon, das mir fast jede Frage beantworten konnte, und meinen Stanley, der mir phantastische Reisen ins ferne Afrika ermöglichte. In der untersten Schublade des Schreibtisches schlummerten die Kriegsanleihen in Höhe von einer Million Kronen, die zwar im Moment nichts wert waren, aber vielleicht, durch eine unerwartete Fügung, doch irgendwann meine zukünftigen Reisen finanzieren würden.

Die Zeiten würden immer schlechter, sagten die Leute. Ich kannte mich inzwischen in der Politik recht gut aus und wusste, was der „Republikanische Schutzbund“ war und wofür die „Frontkämpfer“ und die „Heimwehr“ standen. Die österreichische Republik wurde vom „schwarzen“ Seipel geführt, der gleichzeitig Prälat und Bundeskanzler war, und der deutschnationale Schober war Polizeipräsident. Mein Vater hasste beide, hatte aber trotzdem bei den letzten Wahlen seine Stimme dem Bürgerblock gegeben. Das bereute er nun bitter, doch auch von seinen früheren Genossen war er abgerückt: „Ich bin ja Unternehmer“, sagte er, „und wenn sie Lohnerhöhungen fordern, muss ich sie bremsen, wenn sie nicht gut arbeiten, entlassen, und wenn sie die Arbeit niederlegen wollen, mich nach Streikbrechern umsehen. Ich bin nun einmal auf der anderen Seite." Das neue „Linzer Programm" von Otto Bauer war ihm zu weit links, und Julius Deutsch und den Schutzbund bezeichnete er als „umdrahte Frontkämpfer".

Mein Vater hatte mich am 12. November, am Nationalfeiertag, auf die Ringstraße mitgenommen, wo der „Republikanische Schutzbund" in feldgrauen Uniformen im Gleichschritt aufmarschierte. Von allen Seiten hallte es „Nieder mit den Frontkämpfern, nieder mit der Heimwehr, nieder mit den Klerikalen, hoch die Republik!" Es gab Blaskapellen in Uniform, Straßenbahner in Uniform, Eisenbahner in Uniform, dann wieder Schutzbündler in Uniform, Fahnen, Sprechchöre, tanzende Volksgruppen und überall Uniformen. Ich verstand nicht alles, worüber sich mein Vater aufregte und was er mir erklärte, aber ich sah zehntausende Menschen für die Republik marschieren. Vielleicht waren auch sie gehorsame Idioten, wie mein Vater glaubte, aber in diesem Augenblick wäre ich gerne einer von ihnen gewesen, am liebsten einer von denen, die diese unübersehbare Menschenmenge in Bewegung setzten.

Wenige Monate später kam es in Schattendorf zu einem Zusammenstoß zwischen den „Frontkämpfern" und den Aufmarschierenden, der zwei Tote forderte. Mein Vater war sehr besorgt, und dieses Mal teilte der Major seine Ängste. Zwar hegte er große Sympathie für die „Frontkämpfer", verurteilte aber jede Aktion gegen Zivilisten. Er glaubte jedoch, dass der „Republikanische Schutzbund" den unglücklichen Vorfall geradezu provoziert hätte.

Der folgende 1. Mai versprach also turbulent zu werden, und wieder nahm mich mein Vater auf die Ringstraße mit. Wieder sah ich Uniformen und hunderte Transparente gegen die Schattendorfer Mörder. Ein Meer von Fahnen wurde geschwungen und eine Flut wütender Reden gehalten. Ich glaubte, dass nach all dem ein Sturm auf den Ballhausplatz erfolgen müsste, wo ich Bundeskanzler Seipel mit seiner Gefolgschaft vermutete. Aber mein Vater beruhigte mich; das Ganze wäre nur Theater, um Stärke zu demonstrieren. 20 Jahre Mitgliedschaft bei der Sozialdemokratischen Arbeiterpartei hätten ihn gelehrt, je schwächer die Sozialdemokraten waren, desto lauter würde sie schreien.

Am 15. Juli 1927 wurde den „Frontkämpfern von Schattendorf" von einem Geschworenengericht Notwehr zugebilligt. Sie wurden freigesprochen, und in Wien kam es zu Demonstrationen und zum Sturm auf den Justizpalast. Eine wütende Menschenmenge verbarrikadierte sich vor dem Gebäude und setzte es in Brand. Der Feuerwehr wurde jeglicher Zugang verwehrt, und es half auch nichts, dass der sozialdemokratische Wiener Bürgermeister Seitz die Leute anflehte, den Weg frei zu geben. Er wurde angespuckt und beschimpft und musste unverrichteter Dinge abziehen. Der Justizpalast brannte lichterloh, und die Polizei erhielt den Schießbefehl. Sie feuerte in die Menge; es gab über 80 Tote, Männer, Frauen, Kinder, darunter auch vier Polizisten.

Es ging Österreich also gar nicht gut. Auch bei uns zu Hause wurden die Zeiten härter und die Klagen über den schlechten Geschäftsgang häufiger. Es war dies der Anfang der Weltwirtschaftskrise; damals, im Juli 1927, begriff ich natürlich noch nicht, was da auf uns zukommen sollte, aber als ich die Ersten sagen hörte, „an allem Unglück is da Jud schuld!", da spürte ich, dass etwas Böses im Entstehen war.

Meinen Geburtstag feierten wir jedes Jahr im Prater, immer an jenem Sonntag, der dem Tag am nächsten war. Im Juni war das Wetter meist schön, und nachdem Trude und ich uns ausgiebig ins bunte Treiben gestürzt hatten, aßen wir im Gasthaus „Walfisch" zu Mittag. Auch mein 14. Geburtstag wurde im Prater gefeiert. Ich war inzwischen hoch aufgeschossen, dürr wie eine Zaunstange und musste mich schon rasieren. Ab und zu rauchte ich heimlich auf der Toilette und hielt mich für sehr erwachsen.

Einen Tag nach diesem Geburtstag zeigte ich meinem Vater die Austrittserklärung aus der Israelitischen Kultusgemeinde, die ich mir eigenmächtig besorgt hatte. Auf einem weißen Blatt mit dem Aufdruck der Kultusgemeinde waren die üblichen Angaben aufgelistet, bestätigt durch den Rundstempel der IKG Wien, dann folgte der Stempel des Magistrats der Stadt Wien mit der schlichten Anmerkung: „Ausgetreten am 10. Juni 1929“. Mein Vater freute sich darüber, ganz so, wie ich erwartet hatte; für mich selbst hieß das, dass ich ab nun die Zeit des Religionsunterrichts sinnvoller verwenden konnte, so zum Beispiel für die Lektüre meines geliebten Jules Verne.

In der Volksschule hatte ich mich noch vor dem Religionsunterricht drücken können, im Gymnasium ging das nicht mehr. Allerdings war ich der Einzige in der Klasse, der, im Gegensatz zu den Mitschülern, die vom Elternhaus und von der Volksschule eine gewisse Vorbildung mitbrachten, von jeder religiösen Sachkenntnis unbelastet war. Ich konnte kein Hebräisch und hatte auch die feste Absicht, es dabei bewenden zu lassen. Meine gesamten Kenntnisse beschränkten sich auf „Schemah Israel, adonai erchot“, den Beginn des wichtigsten mosaischen Gebets, und auf „Manischtane halaila haseh“, jenen des Pessachgebets. Das wurde so oft geübt, dass es mir sogar bei konzentriertem Weghören nicht möglich war, die ersten Worte aus dem Gedächtnis zu verdrängen.

Meine Ablehnung alles Religiösen war konsequent und eisern, und dabei konnte ich nicht einmal damit rechnen, dass mein Vater diese Haltung honorieren würde. „Jetzt ist nur mehr Trude Papierjude", meinte er nachdenklich, weniger in Sorge um das Seelenheil meiner Schwester als vielmehr darum, dass ich es als einziger Konfessionsloser in einer Schule von Deutschnationalen und Klerikalen in Zukunft schwer haben würde.

Es kamen die ersten Ferien, in denen wir nicht auf Sommerfrische fuhren. Wir konnten uns diesen Luxus nicht mehr leisten. In dieser Hinsicht zogen wir mit dem Major gleich, der seit der Inflation nicht mehr verreist war. Allerdings litt er nicht wie ich darunter, da er meistens in und von seinen Erinnerungen lebte. Da konnte ich natürlich nicht mithalten, denn ich hatte nicht so viel erlebt, dass ich einen ganzen Sommer davon zehren konnte.

Der Major wurde immer wichtiger für mich, wurde zu meinem besten Freund. Trude war noch zu klein, um als richtiger Freund zu gelten, und meine Mitschüler waren eher Kameraden. Mein ehemals bester Freund, mit dem mich viele Treueschwüre verbunden hatten, war mir abhanden gekommen. Sicherlich nicht ohne Zutun seiner Eltern hatte er sich mehr und mehr den Deutschnationalen und der Heimwehr zugewandt; für Juden und „Jüdischstämmige" war nun in seiner Welt kein Platz mehr. Trotzdem, so richtig böse konnte ich ihm nicht sein; er tat mir eher Leid, denn er kam mir genauso einsam vor, wie ich es war, allein in einer Welt der Erwachsenen, wo Freunde zu Feinden wurden.

Eines Tages, ich wollte gerade den Major besuchen, um in Gedanken wieder einmal in ferne Länder zu reisen, erwartete mich eine Überraschung. Im Major'schen Speisezimmer stand Ilonka aus Ungarn, um genau zu sein aus Keczkemet, 16 Jahre jung, mit welligem blonden Haar, blendend weißem Teint und grünblauen Katzenaugen. Sie war als Sommergast einquartiert und sollte hier in Wien Deutsch lernen. Als Lehrerin fungierte Grete, die Tochter des Hauses, und dem Major und seiner Familie brachte das ein zusätzliches Einkommen. Grete war keineswegs begeistert, dem Gast nun zwei Monate lang gratis Deutschunterricht zu geben, ich jedoch nahm diese Aufgabe mit Begeisterung an.

Einen ganzen Sommer lang tangierte mich nichts, in dessen Zentrum nicht Ilonka stand. Plötzlich verstand ich auch den Überschwang der mittelalterlichen Minnesänger, und Goethes Werther, über den ich noch vor kurzem mitleidig gelächelt hatte, wurde mir in einer Weise zugänglich, die ich zuvor nicht einmal erahnt hatte. In Ilonkas Nähe war ich sinnlos glücklich, und ich konnte mir nicht vorstellen, dass sie je abreisen würde. Allerdings wagte ich nicht, ihr meine Gefühle zu offenbaren, und am letzten Tag ihres Aufenthaltes in Wien freute sich Ilonka auf daheim! Irgend etwas stimmte nicht, denn eigentlich hätte sie traurig sein müssen. Doch was bedeutete ein 14-jähriger Bursche schon für ein 16-jähriges Mädchen?

Mit Ilonka ging auch der Sommer. Bis dahin hatte ich den Herbst geliebt, aber in diesem Jahr war es anders. Die Selbstverständlichkeit, mit der der eisige Wind die Bäume leerfegte, legte sich mir aufs Gemüt. Auch zu Hause gab es nichts Erfreuliches, denn unsere Finanzlage verschlechterte sich rapide. Papa konnte die Leisten- und Rahmenfabrik nicht mehr halten und verkaufte sie. Für das Wenige, das er dafür bekam, erwarben meine Eltern nun eine kleine Parfümerie im VII. Bezirk in der Neubaugasse, die sie gemeinsam betrieben. Mama hatte unser Dienstmädchen entlassen, für etwaige Botengänge war nun ich zuständig. Dabei war es mir kein Trost, dass die Weltwirtschaftskrise unseren Fall millionenfach produzierte, im Gegenteil, und auch mein Vater, von harter Arbeit und Existenzkampf zermürbt, war zum alten Mann geworden. Meine Mutter war die Einzige, die felsenfest glaubte,

Eugen Frey vor der Parfümerie in der Neubaugasse im VII. Wiener Gemeindebezirk

dass es wieder bergauf gehen würde. Vielleicht tat sie aber auch nur so, um uns nicht ganz zu entmutigen.

Eine Möglichkeit, meinen Eltern zumindest mein Taschengeld zu ersparen, war, mir Arbeit zu suchen. Aber welche Arbeit? Und vor allem wann? Vormittags war ich in der Schule und nachmittags beim Turnen. Beim Wort Schule kam mir der zündende Gedanke – ich konnte ja Nachhilfe geben. Allerdings brauchte man damals noch einen Professor, der einen vermittelte, was wiederum an die Bedürftigkeit des Schülers gekoppelt war. Ich wandte mich also an meinen Lateinprofessor, musste zuerst aber einige Überzeugungsarbeit leisten, bis er mir glaubte, dass ich diese Arbeit wirklich brauchte. Nach einigem Hin und Her empfahl er mich den Eltern des Schülers Harry Surm, bei dem ich, wie er betonte, alle meine Sünden abbüßen könnte. Surm hatte nämlich weder Ahnung von lateinischer Synthax noch von Vokabeln oder Konjugationen, doch seine Eltern waren bereit, für drei Doppelstunden pro Woche sechs Schilling zu zahlen. Dafür konnte ich mir nicht nur fünf Päckchen Zigaretten kaufen, sondern es blieben auch noch zwei Schilling, mein normales Taschengeld, übrig.

Familie Surm wohnte in einer Villa in Hietzing. Der Vater war, so stand zumindest auf dem kupfernen Türschild, Generaldirektor eines großen Unternehmens. Frau Surm behandelte mich von oben herab und betrachtete mich wohl als niedrige Dienerschaft, doch der zwölfjährige Filius war noch schlimmer. Er war arrogant, ungebildet und vor allem faul. Nach einer Stunde Unterricht mit ihm war ich völlig am Ende. In der Pause fragte er mich: „Hat Ihnen Ihre Mutter die Kleider selbst gemacht oder kriegt man so etwas zu kaufen?" Er hatte noch mehr Beleidigungen auf Lager, und als Gegenwehr erzählte ich seiner Mutter, dass der Lateinprofessor ihres

Sohnes, der mich empfohlen hatte, nach meinen Erfahrungen keinerlei Pardon mit reichen, faulen Schülern kannte. Harry hätte also so gut wie keine Chance, die Klasse zu bestehen, auch nicht für viel Geld. Die Wirkung meiner Rede stellte sich prompt ein, doch vorsichtshalber legte ich noch ein Schäuferl nach und bat, mir die zweite Nachilfestunde zu erlassen, da es sowieso hoffnungslos wäre. Damit hatte ich mir einen gutbezahlten Job für die nächsten Jahre gesichert! Zwar graute mir davor, diesen Burschen nun wöchentlich acht Stunden lang zu sehen, doch voll Stolz konnte ich am kommenden Wochenende auf das Taschengeld meiner Eltern verzichten.

Mein Vater war völlig einverstanden mit meinem Entschluss, nicht aber meine Mutter, die sich schämte, als ich ihr sagte, dass ich von nun an um Schulgeldermäßigung ansuchen würde – statt 24 Schilling nur sechs Schilling im Semester. Diesen Betrag wollte ich hinkünftig auch selbst zahlen. Doch als ich dann meinte, dass nun auch meine Botengänge aufhören würden und sie eigentlich kein Druckmittel mehr mir gegenüber hätte, merkte ich schnell, dass ich den Bogen überspannt hatte. Ihr unerfüllter Jungmädchentraum der großen, dramatischen Schauspielerin brach auf, und unter Händeringen, fassungslosem Schluchzen und Drohungen beschwor sie mich, die Nachhilfestunden aufzugeben. Vor ihrem inneren Auge lief mein gesamtes zukünftiges Leben ab: zu viel Arbeit und zu wenig Zeit für die Schule, Lernschwierigkeiten und schulisches Versagen, keine Aussicht auf einen anständigen Beruf – und schließlich die Gosse. Natürlich konnte ich ihr nicht zustimmen, doch ich spürte ihre echte Sorge um mich.

In diesem Herbst veränderte sich mein Lebensgefühl. War noch im Sommer jeder Tag mit Ilonka ein Fest gewesen, so breitete sich nun Langeweile und Einsamkeit aus. Die Familie

Surm war von meinen Unterrichtserfolgen bei ihrem Sprössling begeistert, vor allem Karin, die Frau des Generaldirektors, mit der ich – trotz oder vielleicht wegen meiner Jugend – eine leidenschaftliche Affäre begann. Sie wollte mich auch finanziell unterstützen, was ich aber entrüstet ablehnte. Die Erhöhung des Honorars für den Nachhilfeunterricht auf zwei Schilling pro Stunde, d.h. auf insgesamt vier Schilling pro Doppelstunde, nahm ich jedoch widerspruchslos an. Dabei fühlte ich mich noch immer unterbezahlt, denn Harry benötigte neben Nachhilfe in Latein auch Stunden in Deutsch, Mathematik und Geographie. Ich schwitzte regelrecht Blut, um ihn durch die Klasse zu bringen, denn hätte er zu den Wiederholungsprüfungen antreten müssen, hätte das nicht nur ihm, sondern auch mir die Ferien gründlich verdorben.

Mein Erfolg als Nachhilfelehrer sprach sich herum. Inzwischen brauchte ich keine Professorenempfehlungen mehr, um neue „Kunden" zu gewinnen. Ich verdiente bereits so viel, dass ich mich selbst einkleiden konnte. Dabei war ich durchaus modisch gekleidet, denn die Anzüge von der Stange passten mir perfekt. Sie waren auf magere Heringe wie mich zugeschnitten, die mangelnde Schulterbreite wurde mit pompösen Wattierungen kaschiert, während die dünnen Beine in überbreiten Hosen mit großen Aufschlägen steckten. Allerdings hatte meine Mutter mit ihrer Vorhersage Recht gehabt. Aufgrund der vielen Nachhilfestunden bekam ich selbst Probleme in der Schule und musste froh sein, ohne Versetzungsprüfung über die Hürden zu kommen. Ich fand keine Zeit mehr zu lernen, und wenn ich nach einem langen Nachmittag mit vielen Nachhilfestunden nach Hause kam, war ich einfach zu müde, um noch Hausaufgaben zu machen.

Dieses Leben begann mich mehr und mehr anzuöden; vormittags die Lehrer und nachmittags die Schüler, am Samstag den Eltern in der Parfümerie aushelfen und am Sonntag die Tarockpartie. Ein Lichtblick im Grau der Woche war das Nachtmittagsturnen, das bei Schönwetter nicht im Turnsaal, sondern in Ober St. Veit auf dem Platz der Wiener Austria stattfand. Zu unserem Leidwesen war Fußball an den Mittelschulen verboten, deshalb spielten wir Handball. Dann und wann konnten wir tatsächlich einen Blick auf die großen Stars der Ober St. Veiter erhaschen, die dort trainierten.

Beim Handballspiel lernte ich auch Ernst Schwarz kennen. Er war ein Jahr jünger als ich, intelligent, auffallend groß und körperlich in besserer Verfassung als ich. Bald entwickelte sich zwischen uns ein Kastor- und Pollux-Verhältnis, d.h. es gab kein Thema, das wir nicht erörterten, und kein Problem, das wir nicht gemeinsam zu lösen versuchten. Ernst hielt enorm viel von Körperkultur, der damaligen Form von Bodybuilding, und widmete sich mit Hanteln, Kniebeugen und Liegestützen ausgiebig dem Muskeltraining. In dieser Hinsicht unterschieden wir uns sehr; für mich war der Kopf die Hauptsache und alles andere Beiwerk, bei Ernst war es mehr oder weniger genau umgekehrt. Aber wir hatten ein gemeinsames Vorbild, dessen aggressiver Antimilitarismus und bedingungsloser Kampf gegen jede Art von Chauvinismus uns hellauf begeisterte: Erich Kästner. Auch der gewaltige Schuss Pessimismus, der in vielen seiner Gedichte zum Ausdruck kam, passte hervorragend zu unserer Stimmung. Selbstverständlich schrieben wir zu dieser Zeit auch selbst Gedichte, Ernst lyrisch-abstrakte, ich eher melancholisch-sachbezogene.

Mein neuer Freund war in seiner ganzen Art womöglich noch überspannter und exaltierter als ich. Die Ursachen dafür kannte ich, denn waren meine Familienverhältnisse nicht nur normal, sondern sogar gut, mit einer Mutter, die mich verhätschelte, und einem Vater, der mich liebte, so hatte Ernst seine Mutter schon früh verloren und sein Vater kümmerte sich so gut wie gar nicht um ihn. Er wuchs bei Leila, der alten Haushälterin, auf, die ihre ganze Liebe auf ihn konzentrierte, worunter er heftig litt.

Ernst und ich beschäftigten uns nicht nur mit Literatur, Philosophie und unseren sexuellen Problemen, sondern auch mit Politik. Ich bestand darauf, dass wir uns zunächst mit dem Marxismus näher auseinandersetzten. Wir begannen mit dem „Linzer Programm" der österreichischen Sozialdemokraten, schlossen daran die Lektüre des „Kommunistischen Manifests" an und landeten schließlich bei Engels „Anti-Dühring". Diese Schriften hatten für mich Hand und Fuß, und je mehr ich mich darin vertiefte, umso konfuser und irrealer erschienen mir andere theoretische Werke und umso mehr beeindruckte mich die Tatsache, dass hinter Marx und Engels die Sowjetunion, die Komintern und wesentliche Teile der Sozialistischen Internationale standen.

Das Gelesene verstärkte mein Interesse für Politik noch mehr, aber ich wusste nicht, welcher Seite ich mich zuwenden konnte. Meine Gemütsverfassung zu dieser Zeit entsprach der einer anarchistischen Bombenwerfergruppe, die es aber in Österreich nicht gab. Dafür hätte ich nach Amerika gehen müssen, wo die Reaktion Sacco und Vanzetti auf den elektrischen Stuhl gebracht hatte, oder nach Spanien, um gegen Francos Militärdiktatur zu kämpfen. Bei uns aber war alles ruhig. Die Kommunisten waren praktisch nicht existent, und die Faschisten mochte ich nicht – abgesehen davon, dass sie mich aus „rassischen Gründen" nicht akzeptierten –, also blieben nur die Sozialdemokraten, die zwar seit dem 15. Juli 1927 lammfromm waren, aber das musste ja nicht immer so bleiben.

Eine Jugend in Aufruhr

Mit Mühe stöberte ich die Bezirksorganisation der Vereinigung Sozialistischer Mittelschüler auf. Die Genossen der VSM stürzten sich regelrecht auf mich, zumal sie in meiner Schule nicht ein einziges Mitglied hatten. Als vorrangige Aufgabe sollte ich neue Mitglieder rekrutieren, also durchforstete ich systematisch die Schule nach Interessierten. In meiner Klasse war es aussichtslos; die politisch Engagierten waren durchwegs entweder überzeugte Nationalsozialisten oder, falls Nazigegner, Bürgersöhne, für die dem Sozialismus der fatale Geruch von Pech und Schwefel anhaftete. In der Nebenklasse aber traf ich auf Andy, einen kleinen, recht unansehnlichen Jungen jüdischer Herkunft, der zwar ein schlechter Schüler, im Schachspiel aber ein wahres Genie war.

Mit ihm als neuem Mitglied der Vereinigung Sozialistischer Mittelschüler hatte ich bereits eine 100-prozentige Steigerung erreicht. Als nächstes „Opfer" wählte ich Hans, der aber, wie ich schnell merken sollte, durch seine pointierte und zynische Art um vieles schwieriger zu gewinnen war. Seiner Meinung nach hatte der Marxismus noch mehr Bart als der alte Marx, den er respektlos „Karl, den großen Edelproletarier" nannte. Mit vernünftigen Argumenten kam ich bei ihm nicht weiter, also verlegte ich mich auf die Gefühlsebene, womit ich voll ins Wespennest stieß. Hans hasste seinen autoritären Vater, der ihn schikanierte und die Mutter betrog. Die Aussicht darauf, ihn zu schockieren, war ihm Grund genug, die Beitrittserklärung zu unterschreiben.

Um den Mitgliederstand zu vergrößern, brachte ich schließlich auch Trude zur VSM. Sie war zwar nicht Mittelschülerin, sondern besuchte eine private Schauspielschule, die ohne Matura abschloss, doch in diesem Punkt war ich nicht zimperlich. Außer für Film und Theater interessierte sich Trude aber nur für wenig, und ihr Beitritt war eine reine Gefälligkeit mir gegenüber. Politik war ihr egal, und bei den Schulungen langweilte sie sich entsetzlich. Erst als wir in engeren Kontakt zu anderen Schulen kamen, wurde es auch für sie interessanter.

Die Arbeit in der Vereinigung erwies sich wegen der zahlreichen Doppelmitgliedschaften manchmal als sehr schwierig. Die Engagiertesten waren sowohl bei uns Mitglied als auch bei der Sozialistischen Arbeiterjugend. Dabei lag ihnen die SAJ oft mehr am Herzen, hatten sie doch noch persönliche Beziehungen von den „Roten Falken" her. Im Unterschied zur VSM waren bei der SAJ nur wenige Juden, was von vielen auch geschätzt wurde, was aber niemand wagte offen auszusprechen.

Bei Werbeaktionen größeren Kalibers machte ich natürlich auch mit. Rund tausend Klebezettel auf Glanzpapier mit der Aufschrift „Sieger" und der Abbildung des Parteisymbols, dem Kreis mit den drei Pfeilen, mussten angebracht werden. Fortan legte ich den Schulweg nicht mehr mit der Straßenbahn, sondern zu Fuß zurück und hinterließ eine deutliche Spur. Es gab keinen Kandelaber, keine Planke, die ich nicht mit den drei Pfeilen verzierte. Auch Hydranten waren hervorragende Klebeflächen – bis sich plötzlich eine Hand auf meine Schulter legte. Das Auge des Gesetzes in Gestalt eines großen, schnurrbärtigen und unfreundlichen Polizisten hatte mich erwischt und brachte mich ins Kommissariat Schönbrunn. Ich wurde durch einen düsteren Gang zu einem Verschlag geführt, der nur durch ein winziges, stark vergittertes Fenster erhellt wurde. Die Luft in dieser Zelle war feucht und muffig, es stank nach Urin und Erbrochenem. Auf einer Holzpritsche schnarchte ein Mann laut und unregelmäßig vor sich hin.

In kurzer Zeit war von meinem revolutionären Heldentum nichts mehr übrig; ich schrie, tobte und hämmerte gegen die Tür, aber nichts rührte sich. Erst Stunden später, es war bereits Abend, wurde ich ins Zimmer des Hauptkommissars geführt. Zu meiner Überraschung war auch mein Vater dort. Neben einer Standpauke über meine mangelnde Achtung vor dem Gesetz und der fehlenden Tracht Prügel wurde ich mit einer Geldstrafe von zehn Schilling belegt, die mein Vater anstandslos bezahlte.

Damit war das Ganze aber noch nicht ausgestanden. Mein Vater fragte mich nur, ob das wirklich notwendig gewesen wäre, und ich wusste, dass er ein klares Nein erwartete. Aber ich wollte nicht lügen. „Tut mir Leid, dich zu enttäuschen, Papa, ich glaube schon, dass es nötig war!" Damit war die Sache zwischen uns bereinigt, nicht aber mit meiner Mutter, die, von Weinkrämpfen geschüttelt, zu Hause auf mich wartete. Alle größeren Aufregungen quittierte Mama mit einem Herzanfall – was aber nicht an ihrem Herzen liegen konnte, da sie einige Male untersucht und für absolut gesund befunden worden war; doch als ich sie im verdunkelten Schlafzimmer mit tränenüberströmtem Gesicht auf dem Bett liegen sah, fühlte ich mich doch unsagbar elend und hätte am liebsten mitgeweint.

Mama wollte wissen, ob man mich gut behandelt habe und ob ich hoffentlich nicht mit Verbrechern eingesperrt gewesen wäre. Ich log unverfroren, dass alles ganz wunderbar gewesen sei. Als sie schließlich auf die Sauberkeit in den Zellen zu sprechen kam, sah ich meine große Chance gekommen. „Was weiß ich, jucken tut's mich schon." Kaum hatte ich das gesagt, sprang Mama aus dem Bett und beorderte mich ins Badezimmer. Sie konnte es unmöglich hinnehmen, dass Flöhe in ihrer Wohnung Unterschlupf suchten, und so widmete sie ihre ganze Aufmerksamkeit den unliebsamen Gästen. Alle sonstigen Probleme, die sich möglicherweise aus meinem Zusammenstoß mit der Exekutive noch ergeben konnten, traten damit in den Hintergrund.

Die Verhaftung hob mein Ansehen bei den Genossen der Bezirksleitung beträchtlich. Nun kam ich auch der Aufforderung der Partei nach, das Abzeichen mit den drei Pfeilen zum Zeichen der Verbundenheit und Stärke immer und überall zu tragen. Das Überall war schwierig, weil es den Schülern in den Gymnasien strengstens untersagt war, Parteiabzeichen zu tragen. Wurde man damit dennoch erwischt, konnte das zum Schulausschluss führen. Bis dahin hatte ich mich öffentlich nicht als Anhänger der Linken zu erkennen gegeben, auch weil es mir zuwider war, mit einem Etikett versehen durch die Gegend zu laufen. Seit dem denkwürdigen Tag im finsteren Polizeiverlies jedoch wurden die drei Pfeile fester Bestandteil meines Lebens. Beim Betreten der Schule nahm ich sie zwar ab, hatte dann aber das Gefühl nackt zu sein. Und es war mir jedesmal eine echte Genugtuung, das Parteiabzeichen nach Schulschluss wieder aus dem Dunkel der Hosentasche ans Licht zu fördern und an meine Brust zu heften.

In meiner Klasse waren damals an die dreißig Schüler. Ich war der Einzige, der sich die drei Pfeile ansteckte; acht andere Mitschüler trugen ein rundes, schwarz-weiß-rotes Ding mit einem Hakenkreuz in der Mitte. Wäre ich arischer Abstammung und Nazi gewesen, hätte ich einen Haufen Freunde in meiner Klasse gehabt. So aber provozierten wir uns gegenseitig. Ich warf ihnen vor, dass sie feige wären und es nicht wagen würden, in ihren Braunhemden in die Schule zu kommen. Sie sagten das Gleiche über mich und das Blauhemd. Am nächsten Tag war ich im Blauhemd zur Stelle, das brachte mir vier Stunden Karzer und die Androhung eines Verweises ein. Aber nicht nur das; ich hatte auch ein neues Mitglied für die Vereinigung Sozialistischer Mittelschüler rekrutiert – einen Juden. Es war zum Verzweifeln; die politisch Interessierten, soweit sie „Arier" waren oder sich dafür hielten, liefen durchwegs in die Arme der NSDAP.

Ich war inzwischen mit der politischen Ökonomie von Karl Marx vertraut, konnte mich aber nicht besonders dafür begeistern. Die marxistische Philosophie hingegen beeindruckte mich nachhaltig, vor allem die Definition von Freiheit und die Erkenntnis ihrer Notwendigkeit. Sie konnte ich bedingungslos unterstützen, während ich den Reformismus der sozialdemokratischen Parteien zunehmend verachtete.

Das Jahr 1933 fing schlecht an. Was meine Mutter nicht für möglich gehalten hatte, trat ein: Der Umsatz der kleinen Parfümerie ging noch weiter zurück, und Papa suchte Arbeit, allerdings ohne Erfolg. Allein in Wien gab es rund 300.000 Arbeitslose: Hilfsarbeiter, Facharbeiter und Akademiker. Ein Großteil der Arbeitssuchenden war sehr jung; wer sollte da meinen Vater, der bereits Ende vierzig war, einstellen?

In Deutschland ergriff Hitler die Macht, und den österreichischen Nazis schwoll der Kragen vor Stolz und Selbstbewusstsein. Juden, Sozialdemokraten und Kommunisten wurden zu Freiwild. Wir österreichischen Sozialialdemokraten fühlten uns aber stark. In Wien stellten wir den Bürgermeister und die rote Gemeindewache, und der Schutzbund, die SAJ, die „Roten Falken" und Kinderfreunde hatten höhere Mitgliederzahlen als jede andere Partei.

Die Vereinigung Sozialistischer Mittelschüler veranstaltete zahlreiche Diskussionsabende. An brisanten Themen fehlte es nicht; im März 1933 hatte Bundeskanzler Dollfuß das Parlament aufgelöst und regierte nun mit Hilfe des „Kriegswirtschaftlichen Ermächtigungsgesetzes" aus dem Jahre 1917; die ausstehenden Wahlen waren auf unbestimmte Zeit verschoben; die Heimwehren standen Gewehr bei Fuß, bereit, die Macht zu übernehmen; das Zentralorgan unserer Partei, die „Arbeiter-Zeitung", erschien zensuriert und wies häufig mehr weiße Stellen als Text auf; die zahlenmäßig bedeutungslose KPÖ wurde verboten, und zeitgleich mit ihr – in einem Anfall von Überschätzung der eigenen Stärke – auch die NSDAP.

Durch dieses Verbot hatte sich aber das Verhältnis zu meinen „Klassennazis", wie ich sie nannte, deutlich verbessert. Woran es genau lag, wusste ich nicht; da die meisten von ihnen illegal bei der HJ oder bei der SA waren, fürchteten sie vielleicht, verraten zu werden. Auch der „Republikanische Schutzbund" war verboten, bestand aber inoffiziell nach wie vor und verfügte über Waffen. Als Gegenmaßnahme hatte der Wiener Bürgermeister und Landeshauptmann Seitz die Wiener Heimwehr aufgelöst, doch um diesen Erlass scherten sich die Hahnenschwanzler genaus so wenig wie der Schutzbund.

Je stärker der Druck von rechts wurde, desto radikaler wurde die Linke innerhalb der Sozialdemokratischen Arbeiterpartei. Unter der Führung des „Arbeiter-Zeitung"-Redakteurs Ernst Fischer entstand die „Sozialistische Jungfront", die die Linkskräfte aus SAJ, der Vereinigung Sozialistischer Mittelschüler, dem Bund Sozialistischer Akademiker, aber auch aus Wehrsport und Schutzbund sammelte. Ernst Fischer strebte ein rasche Auseinandersetzung mit Dollfuß und Starhemberg an, da die Zeit nicht für, sondern gegen uns arbeiten würde. Sollte es nicht gelingen, so Fischer, die Parteiführung von der Notwendigkeit des Entscheidungskampfes zu überzeugen, drohe die Abspaltung der Einheitsfront, die sich dann mit der illegalen KP vereinen würde.

Unsere Antipathie gegen Reformisten wie Karl Renner, Karl Seitz oder Robert Danneberg war fast genauso stark wie unser Hass auf Dollfuß und seine Gefolgsleute. Diese Stimmung wurde bei den diversen Diskussionsveranstaltungen noch zusätzlich von Genossen angeheizt, von denen wir vermuteten, dass sie insgeheim der KPÖ angehörten. Die These, dass die „Sozialfaschisten", wie die Kommunisten die Reformisten nannten, die Hauptfeinde der Arbeiterklasse wären, fand in der „Sozialistischen Jungfront" willige Aufnahme, ebenso die Behauptung, dass Linke wie Otto Bauer und der Schutzbundführer Julius Deutsch die Aufgabe hätten, den revolutionären Elan der parteiinternen Opposition abzufangen. Es mangelte uns also nicht an politischen Gegnern; neben den Reformisten innerhalb der eigenen Partei, die die Zügel in der Hand hatten, gab es noch die aus Christlichsozialen und Heimwehr bestehende Regierung, die unser Feind war. Und nicht zuletzt war da die NSDAP, die zu dem Zeitpunkt mit spektakulären Bombenanschlägen, Flugblattaktionen und Schmierereien beschäftigt war und allerorten lauthals ihre Kampfparole „Trotz Verbot nicht tot!" skandierte.

Ich kam nun in die achte Klasse und das Schreckgespenst jedes Gymnasiasten, die Matura, tauchte auch vor meinen Augen auf. Das Schuljahr 1933/34 begann wie üblich mit einer Messe für die Katholiken und den Ansprachen der Professoren, die alle das gleiche Thema hatten, nämlich weitere Ausscheidungsmöglichkeiten fürs letzte Schuljahr. Als ob nicht genug gesiebt worden wäre in den vergangenen sieben Jahren. Begonnen hatten wir mit 130 Schülern in drei Klassenzügen, jetzt war nur mehr eine Klasse mit 30 Schülern übrig. Würde ich es schaffen? Den Eltern zuliebe wollte ich es, ich selbst war mir aber nicht so sicher, weil ich politisch sehr engagiert war und dafür viel Zeit aufwendete. Außerdem verbrachte ich viele Nachmittage mit Nachhilfeunterricht, sodass für meine eigenen Schulleistungen nur wenig Zeit blieb.

Der Maturatermin stand für Ende Juni fest. Ich wollte bei den Prüfungen durchkommen, lag aber mit dem Lernstoff weit hinten. Alles war mir wichtiger als lernen, auch eine Tarockpartie, die am Sonntag, den 11. Februar 1934, in der elterlichen Wohnung stattfand. Ich hatte eine Glückssträhne und wollte auf die paar Groschen, die ich gewinnen konnte, nicht verzichten, obwohl am nächsten Vormittag eine wichtige Schularbeit in Griechisch angesagt war.

Doch bereits in der großen Pause war die Prüfung vergessen, Thema Nummer eins war der Aufstand des Schutzbundes, bei dem es in Linz, Graz und Bruck an der Mur zu Schießereien gekommen war. Am Mittag wurde bekannt, dass der Generalstreik ausgerufen worden war. Auch in Wien hatten die Kämpfe begonnen, Arbeiterheime und etliche Gemeindebauten waren von Heimwehr und Bundesheer umstellt. In allen Stadtteilen wurde geschossen; selbst in der Nähe unseres Hauses war Gewehrfeuer zu hören.

Am nächsten Morgen zog ich los, zu Fuß, die Straßenbahnen fuhren nicht. Die Straßen und Gassen waren menschenleer; ich orientierte mich am Gewehrfeuer, um in die Kampfzone zu gelangen. Was ich, bei den Schutzbündlern angekommen, tun wollte, war mir selbst nicht klar, trotzdem schlich ich weiter. Mein Ziel war ein großer Gemeindebau, wo ich einige Genossen kannte, doch das Bundesheer versperrte die Eingänge und beschoss die Hausanlage. Ich versuchte, die Häuser jenseits der Philadelphiabrücke zu erreichen, aber auch dort war es nicht gemütlicher. Aus der nahen

Straßenbahnremise wurde heftig gefeuert; es fehlte nur noch, von den eigenen Genossen erschossen zu werden.

Ich erreichte die Station Meidling-Südbahnhof, die von der Heimwehr besetzt war. Kein gutes Zeichen, alle Bahnhöfe lagen in der Hand der Gegner. Wir waren überall in der Defensive, trotzdem wollte ich es noch nicht glauben. In der Ferne, weit weg von meinem Standplatz, hörte ich ein dumpfes Gewitterrollen. Niemand hatte mir erzählt, dass der Schutzbund auch Artillerie hatte. Ich dachte wirklich, dass wir mit Kanonen auf unsere Gegner schossen; erst später erfuhr ich, dass der Geschützdonner von der Artillerie des österreichischen Bundesheeres herrührte, das in Kaisermühlen den Goethe-Hof, in Floridsdorf den Schlinger- und in Heiligenstadt den Karl-Marx-Hof unter Beschuss genommen hatte.

Auf meinem Weg nach Hause kam ich kurzzeitig unter Maschinengewehrfeuer und konnte die Kugeln an meinem Kopf vorbeipfeifen hören. Mit einem Schlag wurde mir klar, dass ich hier und jetzt Zeuge einer Niederlage wurde, die ich nicht aufhalten konnte. Das war der 13. Februar 1934. Am Abend flammte das elektrische Licht wieder auf, der Generalstreik war zusammengebrochen. Vereinzelt waren noch Geschütz- und Gewehrfeuer zu hören, aber weit weniger intensiv als während des Tages. Am 14. Februar waren die Kämpfe fast überall beendet. Einige Schutzbündler, unter ihnen Otto Bauer, Julius Deutsch und Ernst Fischer, waren in die Tschechoslowakei geflüchtet.

Am Morgen des 15. Februar 1934 fuhr ich niedergeschlagen in die Schule. Nicht nur für mich war eine Welt eingestürzt. Das ständige Zaudern und Zurückweichen unserer politischen Anführer hatte uns einen Trümmerhaufen hinterlassen, und es dauerte Tage, bis ich die Geschehnisse in ihrer vollen Tragweite begriff. Danach folgte das erste Todesurteil seit 1918, der Beginn einer langen Reihe von Hinrichtungen. Die Standgerichte arbeiteten im Schnellverfahren, in der Provinz wurde erschossen, in Wien aufgehängt – Koloman Wallisch in Bruck an der Mur erschossen, der Feuerwehrhauptmann Georg Weissel in Wien aufgeknüpft. Das waren für mich nur Namen, nicht aber Karl Münichreiter, der junge Schutzbündler aus Hietzing, den ich aus der „Sozialistischen Jungfront" kannte. Sie konnten ihn gefangennehmen, weil er am Bein verwundet worden war. Auf der Bahre hatten sie ihn vors Standgericht gebracht, und auf der Bahre schleppten sie ihn auch zu seinem Henker. Und obwohl ich die offizielle Bilanz kannte – über 100 Tote und 200 Verletzte bei der Exekutive, 125 Tote und fast 400 Verletzte beim Schutzbund – blieb der 12. Februar 1934 für mich fortan mit einem einzigen Opfer verbunden, mit Karl Münichreiter.

Eine tiefe Lethargie erfasste mich. Unser Kampf schien endgültig verloren zu sein. Alles, was auch nur im Entferntesten an das „Rote Wien" erinnerte, wurde von der Regierung in Windeseile beseitigt. Am einfachsten war die Umbenennung von Straßen, Plätzen und Gemeindebauten. So wurde aus der Lassallestraße die Reichsbrückenstraße, aus dem Karl-Marx-Hof der Heiligenstädter- und aus dem Indianer- der Emil-Fey-Hof. Nach der völligen Ausschaltung der Opposition stand der neuen Verfassung nichts mehr im Wege. Die Sozialdemokratische Arbeiterpartei war, vorläufig zumindest, tot.

Mein Kampfgeist kehrte nur langsam zurück. Ich versuchte, Verbindung mit den Funktionären der Vereinigung Sozialistischer Mittelschüler aufzunehmen, doch entweder hatten sie Angst oder sie trauten mir nicht. Alles stand unter dem Eindruck der Hinrichtungen und Massenverhaftungen der Schutzbündler, und die Ankündigung, dass jede weitere

Betätigung für die verbotene Sozialdemokratie unter Hochverrat gestellt und mit schwerem Kerker geahndet würde, verhinderte eine rasche Organisierung im Untergrund.

Es war an einem Märztag im Jahr 1934, als mich nach Unterrichtsende ein junger Mann auf der Straße ansprach. Er bat um Feuer und flüsterte mir dann zu, am nächsten Tag um drei Uhr nachmittags zur Schnellbahnstation Ober St. Veit zu kommen. Zum verabredeten Treffpunkt brachte er ein Schreiben von Ernst Fischer an die Genossen mit, in dem er uns aufforderte, es ihm gleichzutun und sich der KPÖ bzw. dem Kommunistischen Jugendverband anzuschließen. So lernte ich Georg kennen, einen nervösen jungen Mann, der beim Sprechen nicht nur Silben, sondern ganze Worte verschluckte. Er war zuständig für Agitation und Propaganda und beabsichtigte, die ehemaligen Mitglieder der Vereinigung Sozialistischer Mittelschüler möglichst vollzählig in den KJV zu überführen. Das Dollfuß-Regime bestand seines Erachtens aus „Klerikofaschisten", die rechten Sozialdemokraten waren „Sozialfaschisten", die bombenlegenden Nazis „Individualterroristen" und die KPÖ die einzige intakte revolutionäre Kraft in Österreich. Das leuchtete mir ein, denn die Partei war fast schon ein Jahr lang in der Illegalität und verfügte über funktionierende Strukturen und Formationen.

Georg übergab mir eine Grundsatzerklärung des Zentralkomitees, die eine Analyse des 12. Februar sowie der gegenwärtigen Lage enthielt. Die Niederlage wurde als Bankrott der bürgerlichen Demokratie und als Schiffbruch der sozialdemokratischen Politik betrachtet, und eine demokratische und menschenwürdige Zukunft sei nur möglich, wenn es zum revolutionären Aufstand der Arbeiterklasse, zum Sturz der Klerikofaschisten und zur Errichtung von Sowjet-Österreich kam.

Das waren Forderungen, die ich inhaltlich unterstützen konnte, und so stürzte ich mich kopfüber in diese neue Aufgabe. Mein Leben änderte sich nun radikal, denn durch meinen Beitritt zum Kommunistischen Jugendverband ermächtigte ich die Partei, von mir mit Haut und Haaren Besitz zu ergreifen. Ich gehörte der Bewegung an und war Teil von ihr, sie hatte überall und jederzeit Vorrang und Verfügungsgewalt. Meine völlige Unterwerfung war freiwillig, und ohne zu zögern stellte ich die Partei an die Spitze aller Werte.

Über Arbeitsmangel konnte ich nicht klagen, jeder Tag brachte neue Spannungen und Überraschungen mit sich. Das Leben nach den Regeln der Konspiration war ungewohnt und romantisch. Der interne Name, den ich erhielt, veränderte mich. Nächtliche Zusammenkünfte in abgedunkelten Wohnungen, Treffen mit Unbekannten, die sich durch Geheimzeichen zu erkennen gaben, das Auskundschaften geeigneter Plätze, um Transparente anzubringen, all das war prickelndes Leben für mich. Ich kannte nicht nur sämtliche Anweisungen, die Lenin über konspiratives Verhalten geschrieben hatte, sondern studierte auch die für Österreich geltenden Maßregeln des Zentralkomitees der KPÖ. Oberstes Ziel dabei war, sich selbst und andere Genossen vor dem Zugriff der Polizei zu schützen.

Auch die organisatorischen Fragen waren Neuland für mich. Ich lernte, dass der KJV die gleiche Struktur aufwies wie die Partei. Die unterste Einheit war die Zelle mit mindestens sieben, höchstens aber zwölf Mitgliedern, die von einem Politischen Leiter geführt wurde. Ihm standen für organisatorische Fragen der Organisationsleiter, für Propaganda der Agit-Prop-Leiter und für den Apparat der Interne Leiter zur Seite. Diese vier Ressorts wiederholten sich sowohl in der Bezirksleitung als auch in den Kreis- und Landesleitungen. Darüber stand das Zentralkomitee mit seinem Exekutivkomitee, dem Polit-Büro. Die Funktionäre der untersten Organe, d.h. der Zellen, wurden von den Mitgliedern gewählt, alle anderen von den übergeordneten Instanzen ernannt. Wir bezeichneten dieses System als „demokratischen Zentralismus“ und glaubten allen Ernstes, es wäre die höchste Form der proletarischen Demokratie.

Unser Ziel war, wie gesagt, die Gründung einer österreichischen Räterepublik. Dazu bedurfte es einer internen Stärkung der Organisation, die wir besonders durch die Eingliederung ehemaliger Sozialdemokraten erreichen wollten. Extern versuchten wir durch Schmier- und Plakataktionen, illegale Blitzversammlungen, Verbreitung von Flugblättern und Propagandamaterial und andere Aktionen, der Bevölkerung vor Augen zu führen, dass es uns trotz Heimwehr und Polizeiterror gab und wir von Tag zu Tag stärker wurden.

Wir hatten damit gerechnet, dass die Regierung den 1. Mai als Feiertag abschaffen würde und planten Aktionen in und vor großen Industriebetrieben. Das austrofaschistische Regime suchte sich aber ausgerechnet diesen Tag aus, um die neue Verfassung zu proklamieren. Größer hätte die Provokation nicht sein können: Der 1. Mai wurde zum faschistischen Feiertag. Wir antworteten mit Transparenten, Flugblättern und Blitzversammlungen, doch gelangen uns keine größeren Demonstrationen, da die Überfallkommandos der Polizei in allen Bezirken bereitstanden.

Und plötzlich waren wir bei Aktionen auch nicht mehr alleine; neben Hammer und Sichel tauchten wieder die drei Pfeile auf. Die Sozialdemokraten, nun unter dem Namen „Revolutionäre Sozialisten“, hatten sich im Untergrund formiert. Unser alleiniger Führungsanspruch war damit erloschen, und mit ihm auch viele Hoffnungen und Illusionen. So wie sich Ernst Fischer bei uns gemeldet hatte, meldete sich auch Otto Bauer aus der Emigration bei den Seinen und forderte sie auf, gegen die Regierung für ein „Sozialistisches Österreich" zu kämpfen. Eine Räterepublik und eine Einheit mit den Kommunisten wurde strikt abgelehnt, was auch den Zustrom ehemaliger Sozialdemokraten zu uns versiegen ließ.

Die Kampfmethoden der RS waren Terroraktionen. Ihre Bombenanschläge wurden, wo immer es ging, von der Regierung vertuscht oder, wenn dies nicht möglich war, offiziell auf das Konto der Nazis gutgeschrieben. Wir im KJV lehnten den individuellen Terror energisch ab. Nicht, dass wir dieses Kampfmittel aus moralischen Gründen verurteilten, weil vielleicht Unschuldige verletzt oder getötet werden konnten, sondern unsere Moralbegriffe reduzierten sich auf die höchst einfache Formel: Gut ist, was der Partei nützt, und schlecht ist, was ihr schadet. Der Bombenterror hatte keinen Nutzen für die Partei, deshalb sahen wir auch keinen Sinn darin.

Ich war inzwischen Agit-Prop-Leiter geworden, und obgleich mich diese Arbeit Tag und Nacht beschäftigte, musste ich mich schließlich doch der in bedrohliche Nähe gerückten Matura widmen. Meine Aussichten waren nicht sehr rosig, vor allem nicht in Physik, wo mir eine Nachprüfung drohte. In den anderen Fächern war ich zwar auch nicht übermäßig gut, aber fürs Durchkommen sollte es reichen. Die schriftliche Matura war in den Gegenständen Griechisch, Latein, Deutsch und Mathematik, als Freifach hatte ich Geographie gewählt.

Am Abend vor der Matura verteilte ich noch Hammer-und-Sichel-Flugblätter, am Prüfungstag aber tauchte ich im Gehrock meines Vaters in der Schule auf. Obwohl meine Mutter die Ärmel gekürzt hatte, war mir die Jacke doch eindeutig zu groß, und auch die gestreifte Hose bot reichlich Platz für meinen mageren Hintern. Einzig die Melone passte wie angegossen – in der Kopfweite hatte ich mit meinem Vater schon immer übereingestimmt.

Die schriftliche Prüfung gelang mir mit größter Leichtigkeit, und ich sah mich schon mit einem Fuß auf der Uni. Für einige Tage rückte die Politik in den Hintergrund, und selbst mit meinen „Klassennazis", die mich wiederum als ihren „Hausjuden" bezeichneten, sprach ich nur über Dinge, die mit der Matura zusammenhingen. Dann kamen die mündlichen Prüfungen, und krampfhaft versuchte ich, meine Angst zu verdrängen. Doch es half nichts; immer, wenn ich daran dachte, zitterte ich am ganzen Körper.

Nur wenige Tage vor Beginn der mündlichen Prüfungen erfuhren wir, dass Hitler seine getreuesten Vasallen, darunter auch SA-Führer Ernst Röhm, hatte beseitigen lassen. Meine Gedanken kreisten um die „Österreichische Legion", jene ins „Reich" geflüchteten österreichischen Nazis, bei denen nun die Stimmung am Nullpunkt angelangt sein musste. Hitler hatte sich an den Idolen der SA vergriffen, und ich war überzeugt, dass dies seinen Sturz bedeuten würde. Dieser 30. Juni und 1. Juli 1934 beschäftigten mich so ausschließlich, dass ich die einfachsten Fragen des Prüfers nicht beantworten konnte. So handelte ich mir eine Nachprüfung in Physik und eine Matura-Wiederholung in Geographie ein. Alle anderen hatten die Matura geschafft, nur ich, der einstige Vorzugsschüler, nicht.

Am 25. Juli 1934, ungefähr zur Mittagszeit, wurde im Radio durchgegeben, dass die österreichische Regierung zurückgetreten war und der Christlichsoziale Anton Rintelen, ehemaliger Landeshauptmann der Steiermark und späterer Unterrichtsminister, nun das Amt des Bundeskanzlers übernehmen und ein neues, nationalsozialistisches Kabinett bilden würde. Erst Stunden später wurden die genauen Umstände dieser scheinbaren Regierungsübernahme bekannt: Mitglieder der verbotenen SS waren in Bundesheeruniform ins Bundeskanzleramt eingedrungen, um die Regierung zu stürzen, und hatten Bundeskanzler Dollfuß getötet. Gegen Abend des gleichen Tages ernannte Bundespräsident Miklas Justizminister Kurt Schuschnigg zum interimistischen Bundeskanzler. Eigentlich wäre die Reihe an Vizekanzler Starhemberg gewesen, doch man wusste, dass Miklas den „Fürsten" nicht sonderlich schätzte. Die Putschisten wurden entwaffnet und gefangen genommen, und die seit dem 12. Februar so erfolgreich praktizierten Stand- und Militärgerichtsaktionen gegen die Sozialdemokraten wurden nun gegenüber den Nazis angewandt. Sowohl der Rädelsführer, Franz Holzweber, als auch der Dollfußmörder Otto Planetta und fünf andere Nationalsozialisten wurden hingerichtet; Rintelen unternahm einen Selbstmordversuch, den er gelähmt überlebte, was wiederum der neuen Regierung einen peinlichen Prozess ersparte.

Das Selbstbewusstsein der illegalen österreichischen Nazis war aber nun, obwohl der Putsch gescheitert war, beträchtlich gestiegen. Zum ersten Mal seit Bestehen der NSDAP hatten sie nicht bewundernd nach Deutschland geblickt, sondern ihre Sache selbst in die Hand genommen.

Der Kommunistische Jugendverband hielt mehrere Sitzungen ab, um die weitere Vorgehensweise zu besprechen. Da wir bei einem Treffen von der Gendarmerie entdeckt und unsere Aufzeichnungen beschlagnahmt worden waren, kamen wir zunehmend in die Situation, nicht mehr ausschließlich die allgemeine politische Lage zu erörtern, sondern vor allem unsere eigene. Wir waren uns sicher, dass die Stapo das konfiszierte Material sichten und sich unweigerlich näher mit einigen Genossen beschäftigen würde.

Was wäre, wenn sie mich holten, ganz abgesehen davon, dass ich ja noch zur Nachprüfung in Physik und Geographie antreten musste? Aber ich war nicht der Einzige, der sich überlegen musste, in die Illegalität zu verschwinden; die Frage war nur, wohin.

Ich musste mich mit meinen Eltern beraten, fürchtete aber, dass Mama einen ihrer berüchtigten Anfälle bekommen würde. Glücklicherweise war Trude zu Hause. Das kam nicht häufig vor, vor allem nicht am Wochenende. Trude hatte die zweijährige Schauspielschule mit einem sehr guten Zeugnis abgeschlossen, war aber nun arbeitslos und ohne Unterstützung. Es gelang ihr jedoch, dann und wann in einer Amateurtruppe ein paar Schillinge zu verdienen.

Meine Eröffnung verursachte bei Trude einen schwereren Schock, als ich erwartet hatte, doch trotz aller Querelen, die wir immer wieder miteinander hatten, war sie sofort bereit, mir zu helfen. Sie schlug als Lösung Tante Hella vor, eine langjährige Freundin meiner Eltern, die ihnen nicht nur treue Tarockpartnerin war, sondern auch eingefleischte Antifaschistin. Tante Hella war Chefsekretärin in der deutschen Botschaft in Wien und hatte über die Jahre erlebt, wie sich die Situation immer mehr zugunsten der Nazis veränderte; trotzdem stand sie stets zu uns, egal, in welcher Lage wir uns befanden.

Das erwartete Donnerwetter meiner Eltern blieb aus. Meine Mutter meinte nur, dass sie gewusst hätte, dass irgendwann einmal etwas schiefgehen musste. Sie wirkte fast erleichtert, denn die bösen Ahnungen war sie nun los. Mein Vater wiederum war der Meinung, dass es wohl das Beste wäre unterzutauchen, und Tante Hella erklärte kategorisch, dass sie

„den Buam“ auf alle Fälle aufnehmen würde. Sie ging damit ein großes Risiko ein, denn wäre sie erwischt worden, hätte sie das ihre Stellung gekostet. Doch sie ließ keinerlei Einwände gelten, sondern meinte nur: „In der deutschen Botschaft werden sie ihn sicher nicht suchen, außerdem ist das Haus exterritorial. Und er ist ja schließlich kein Mörder!“ Damit war die Sache für sie erledigt, und ich ging daran, einige Habseligkeiten einzupacken.

Obgleich wir Tante Hella schon jahrelang kannten, waren wir noch nie bei ihr zu Besuch gewesen. Sie hatte eine Dienstwohnung im Rainer-Palais, dem Sitz der deutschen Botschaft, und ich stellte es mir atemberaubend vor, in einem solchen Gebäude zu wohnen. Als wir aber ihre Wohnung betraten, wurde ich bitter enttäuscht. Es sah dort fast so aus wie bei Tante Rosa und Großmama am Lerchenfelder Gürtel, mit Ausnahme des großen Vorzimmers, in dem eine Ottomane stand, und der Küche mit fließendem Wasser, die gleichzeitig als Waschraum diente. Das Klosett am Gang stand Tante Hella zur alleinigen Verfügung, was sehr wichtig war, da es die Wahrscheinlichkeit, gesehen zu werden, sehr reduzierte. Da niemand im Haus von meiner Anwesenheit erfahren sollte, vereinbarten wir, dass ich in aller Früh ausgehen und erst nach Einbruch der Dunkelheit zurückkommen sollte. Träfe ich doch zufällig auf einen der Hausbewohner, übrigens alles Botschaftsangestellte, so war ich offiziell Tante Hellas Neffe aus München.

Um Freunde von der Kreis- und Stadtleitung zu treffen und den Aktionsplan für den 7. November, den 17. Jahrestag der Russischen Revolution, vorzubereiten, den wir mit Flugblättern und Transparenten feiern wollten, ging ich jeden Tag früh morgens aus dem Haus. Bei einer dieser Versammlungen erfuhr ich auch, dass ein mir gut bekannter Genosse bereits auf der Fahndungsliste stand. Die Partei besorgte ihm sofort eine Unterkunft und Geld für Nahrungsmittel, doch es wurde immer schwieriger, neue Quartiere zu finden.

Tante Hella gegenüber verheimlichte ich solche Treffen. Sie war zwar eindeutig gegen den Nationalsozialismus, aber auch für den Kommunismus hatte sie nichts übrig. In ihren Augen waren wir Gewaltmenschen, und die mochte sie nun mal nicht. Tante Hella traf meine Mutter täglich und berichtete mir anschließend, was es Neues gab. Eines Tages brachte sie einen Brief mit; Absender war die Bezirkshauptmannschaft Kaltenleutgeben, die mir mitteilte, dass ich zu einer Verwaltungsstrafe von 14 Tagen Arrest wegen Übertretung des Versammlungsverbots verurteilt worden war. Und da „die Aufforderung zum Strafantritt ... dem Verurteilten in angemessener Zeit vom zuständigen Polizeikommissariat mittels eingeschriebenen Briefes zugestellt" würde, wie es schön hieß, konnte ich wieder heim. In den Gefängnissen gab es nämlich nicht genug Platz für die politischen Häftlinge, und mich trennten nur noch wenige Wochen von meinen Maturaprüfungen.

Meine Freude, mit einem blauen Auge davongekommen zu sein, währte aber nicht lange. Am 31. August 1934 präsentierte ich mich stilgerecht zur Nachprüfung, doch mein Physikprofessor kam nicht. Schließlich teilte mir der Direktor mit unverhohlener Schadenfreude mit, dass ich aufgrund meiner Vorstrafe von sämtlichen Mittelschulen Österreichs ausgeschlossen sei, somit also auch keine Prüfung bzw. Matura stattfinde. Meine Hoffnung, dass keine Meldung an die Schule gegangen wäre, hatte sich nicht erfüllt.

Die Eltern machten mir keine Vorwürfe, das tat gut; aber sie waren sehr traurig, und das tat weh. Wochenlang ließ ich mich kaum daheim blicken und stürzte mich voll in meine politischen Aktivitäten. Ende September erreichte mich dann der nächste Brief, in dem ich aufgefordert wurde, mich zwecks Verbüßung der 14-tägigen Haftstrafe im Bundespolizeikommissariat Hufelandgasse im XII. Wiener Gemeindebezirk einzufinden. Ich übergab unserem Organisationsleiter meine Agit-Prop-Agenden und meldete mich am Abend desselben Tages zum Haftantritt. Das war eine beliebte Vorgangsweise, weil dieser Tag voll auf die Haft angerechnet wurde. Allerdings war nicht ganz sicher, wie lange ich bleiben musste, denn nach deutschem Vorbild hatten auch die Austrofaschisten Konzentrationslager für ihre Gegner eingerichtet. Politische Häftlinge kamen nach Wöllersdorf in die so genannte „Schutzhaft", die nicht nur ohne Begründung verhängt werden konnte, sondern deren Dauer auch nicht angegeben war. Wer nach „Wöll" kam, wusste also nicht, wie lange er dort bleiben würde. Auch politische Gefangene, die ihre Verwaltungsstrafe abgebüßt hatten, wurden anschließend oftmals nach Wöllersdorf gebracht.

Diese Gepflogenheiten verliehen jedem Haftantritt eine gewisse Spannung, doch insgeheim musste ich zugeben, dass mir eine Überstellung dorthin gar nicht so unrecht gewesen wäre, wusste ich doch, dass sich in „Wöll" hohe Parteifunktionäre befanden. Außerdem waren die Schulungskurse, die sie dort abhielten, weitaus besser als jene, die wir im Untergrund durchführen konnten.

Während meine Eltern und Trude also davor zitterten, dass ich nach 14 Tagen vielleicht nicht freigelassen würde, hoffte ich auf diese Möglichkeit. Trude ließ es sich nicht nehmen, mich bis in die Hufelandgasse zu begleiten. „Mach's gut, und lass dich nicht unterkriegen." Sie war den Tränen nahe. „Rot Front, Schwesterchen", sagte ich und stieß die Tür zum Kommissariat auf. Zuerst wurden meine Personalien aufgenommen, dann führte mich ein Beamter zu einer Zelle, die bereits randvoll war. Meine frühere Bekanntschaft mit dem Gefängnis erwies sich nun als Segen. Weder die modrige Zellenluft noch die harten Pritschen oder der feuchte Schmutz beeindruckten mich. Auch dass die Zelle immer neuen Zuwachs bekam, durchwegs betrunkene Randalierer, machte mir nicht viel aus. In der Nacht sank der Lärm auf ein erträgliches Ausmaß; Schnarchen, Röcheln, Husten und laute Atemzüge vermischten sich, und der Gestank aus Schweiß, Alkoholdunst und feuchtem Moder schien nicht mehr so schlimm.

Irgendwann öffnete sich die Zellentür und der Wachebeamte rief drei Häftlinge auf, darunter auch mich. Wir wurden in eine grüne Minna verstaut, in der bereits einige „Gäste" aus den Kommissariaten der Bezirke XIII und XIV untergebracht waren. Unser Ziel war die „Lisl", das Gefängnis auf der Elisabethpromenade. Beim Aussteigen konnten wir mehrere Exekutiveinheiten, mit Stahlhelmen und Karabinern ausgerüstet, bei ihrer Ausbildung bewundern. Dieses kriegerische Aufgebot galt allerdings nicht Einbrechern, Dieben oder Mördern, sondern uns und den Nazis. Zuerst wurden wir zu den Duschen getrieben, wo uns die „verbotenen" Gegenstände abgenommen wurden. Verboten war so ziemlich alles, angefangen von Nahrungsmitteln über Zigaretten, Zündhölzer, Feuerzeug, Rasierklingen, Messer, Geld, Identitätsausweis, Zeitungen, Bücher und Papier bis hin zu Bleistiften. Anschließend wurden wir einzeln zu den verschiedenen Zellen gebracht.

Die „Lisl" war für die vielen politischen Gefangenen zu klein geworden, deshalb hatte man Ausweichmöglichkeiten geschaffen, unter anderem jenes, in das ich nun gebracht wurde. Dieses Haus in der Hahngasse wurde von der Hilfspolizei, vorwiegend Ostmärkischen Sturmschärlern, bewacht. Da es im Gebäude keine vergitterten Fenster gab und die

Türen mehr oder weniger offen standen, war viel Wachpersonal nötig. Mit Einbruch der Dunkelheit mussten wir die so genannten Tagräume verlassen und kamen in einen Saal, wo auf dem Boden ein Strohsack neben dem anderen lag. Ich konnte mich davon überzeugen, dass meine Leidensgenossen nicht übertrieben hatten, als sie behaupteten, die Matratzen bestünden aus fünfzig Prozent Stroh, dreißig Prozent Dreck und zwanzig Prozent Flöhen. Das Stroh stank gewaltig und die Flöhe stürzten sich mit unerhörter Begeisterung auf mich. Der gute Rat meiner Haftgefährten, nicht zu kratzen, nützte nicht viel; es juckte am ganzen Körper, und ich konnte nicht widerstehen.

Die Verpflegung war nicht nur dürftig, sondern auch schlecht, und zwischen den Linsen, die hart und schwarz waren, fand sich auch Sand und kleine Steine. Einmal wöchentlich durfte jeder Häftling ein Paket mit Schokolade, Zucker, Käse und geschnittener Wurst empfangen; panierte Schnitzel wurden manchmal toleriert, manchmal nicht, das hing von Umständen ab, die uns nicht einsichtig waren. Obgleich fast alle Häftlinge laut offiziellen Aussagen unschuldig waren und jede politische Betätigung leugneten, gab es drei streng gesonderte Zirkel: die Nazis, die Revolutionären Sozialisten und die Kommunisten. Innerhalb dieser Gruppen wurden die Fresspakete aufgeteilt und die Zigaretten gemeinschaftlich geraucht, meist so lange, bis es an den Lippen brannte. Zwar herrschte strenges Rauchverbot, aber Zigaretten gab es immer. Wie sie ins Gefängnis geschmuggelt wurden, blieb geheim.

Bei unseren Diskussionen waren die Nazis in der Defensive. Wir hakten immer wieder beim Röhm-Putsch ein, dem sie nichts entgegenzusetzen hatten. Sie wiederholten nur ständig, dass sie an Großdeutschland und den Führer, die Verschwörung des Weltjudentums und die rassische Überlegenheit des nordischen Menschen glauben würden. Mit ihnen war auf keinen Nenner zu kommen, das wussten wir genau, schließlich gehörten sie der Partei an, die den Reichstag in Brand gesteckt, Ernst Thälmann und Georgi Dimitrow in den Kerker geworfen und tausende Genossen ins KZ gesteckt oder umgebracht hatten. Es war ein Treppenwitz der Geschichte, dass wir in Österreich die Gefängnisse mit ihnen teilten.

Auch die RS-Leute hatten sich abgesondert, doch war der Kontakt mit ihnen reger und die Gespräche freundlicher. Unser politischer Meinungsaustausch ging jedoch allen organisatorischen Fragen geflissentlich aus dem Weg, da wir überzeugt waren, dass Spitzel eingeschleust worden waren. Die Nazis legten sich in dieser Beziehung keinerlei Zurückhaltung auf, erklärten ganz offen, Mitglied der NSDAP oder der SS zu sein und nannten auch ihre Funktionen. Ein SS-Scharführer meinte auf meine Frage, ob er nicht fürchte, dass hier Polizeispitzel sein könnten, nur höhnisch, dass seine Organisation genug Spitzel in die Polizei eingeschleust hätte. „Drum ist es auch g'scheiter, bei der NSDAP zu sein als bei der RS oder KP – falls einer nicht zufällig ein Jud' ist. Und ich sag' dir, es dauert nicht mehr lang, und dann räumen wir diesen Saftladen auf!"

Frauengeschichten und Gespräche über das Essen waren Themen, bei denen die politischen Barrieren übersprungen wurden, doch saßen die Erziehung meines Vaters und seine Prüderie zu tief, als dass ich mich bei schmutzigen Witzen hätte amüsieren können. Beruhigend war, dass sich auch andere KPler passiv verhielten. Besonders einige ältere Genossen schienen genauso wenig begeistert von diesen Erzählungen wie ich.

Einige höhere Funktionäre hielten täglich marxistische Schulungskurse ab, mit Schwerpunkt auf der Russischen Revolution, und für einige Zeit waren ihre Vorträge und die anschließenden Diskussionen die Lichtblicke in meinem Gefangenenleben. Es war aber zu befürchten, dass sie den Jahrestag der Revolution am 7. November nicht in Freiheit erleben würden. Sie saßen hier mit „Überzeit", d.h. der Tag, an dem sie ihre Strafe verbüßt hatten, war schon lange vorbei. Sie würden also mit dem nächsten Transport nach Wöllersdorf kommen.

Nach einiger Zeit begann ich die Stunden zu zählen. Mir reichte es, ich wollte nicht mehr nach „Wöll", ich wollte nur raus. Mein letzter Tag, der dreizehnte, zog sich unglaublich in die Länge. Ich war mir sicher, dass sie mich am nächsten Morgen holen würden, doch sie ließen mich warten. Erst am späten Vormittag öffnete sich die Tür und ich wurde in einen abgesonderten Raum gebracht. Und wieder musste ich warten, gepeinigt von unheilvollen Gedanken. Es wurde schließlich vier Uhr nachmittags, bis ich endgültig draußen war.

Nur nach Hause, dachte ich und strich mir automatisch übers Gesicht. Aber mit diesem 14 Tage alten Bart sah ich aus wie ein Vagabund, so wollte ich nicht bei meinen Eltern auftauchen. Vis-a-vis befand sich, vielleicht nicht zufällig, ein Friseur, der mich sofort als Gefängniskundschaft identifizierte. „Braun oder rot?", fragte er ungeniert. „Blau, ich bin Adeliger", antwortete ich hoheitsvoll, wofür ich einen drei Zentimeter langen Schnitt auf der Wange kassierte. Nachdem ich gezahlt hatte, betrug mein Vermögen noch fünfzig Groschen, genug, um mir die Straßenbahnfahrt nach Hause leisten zu können.

Der Empfang daheim war genau so, wie ich gehofft hatte. Meine Mutter hatte für mich aufgekocht, doch bevor ich mich zum Essen niedersetzen durfte, mussten die Flöhe beseitigt werden. Nach einem ausgiebigen Bad, das zahlreiche Flohleichen zutage förderte, stürzte ich mich aufs Essen. Eine der wenigen guten Tischsitten, die ich beibehalten hatte, war, nicht mit vollem Mund zu sprechen, daher hörte man in der nächsten Viertelstunde keinen Laut von mir. Allerdings fing Mama an zu erzählen. Sie hätte es nicht mehr ertragen, den Major, der schon über ein Jahrzehnt mit uns befreundet war, dauernd zu belügen, deshalb hätte der Familienrat unter Einbeziehung von Tante Hellas und Trudes Meinung beschlossen, ihm hinsichtlich meiner Aktivitäten reinen Wein einzuschenken. Ich erstickte fast an dem Bissen, den ich im Mund hatte. „Wie hat er es aufgenommen?", fragte ich atemlos. „Er war eigentlich nicht sehr überrascht. Er hat schon Lunte gerochen, als du bei Tante Hella untergetaucht bist. Und die Geschichte von wegen 14-tägigem Urlaub wollte er gar nicht glauben." Mir fiel ein Stein vom Herzen. Dass der Major nun wusste, wie es um mich stand, erleichterte mich ungemein. Er war mir nicht böse, unsere Freundschaft bestand also auch weiterhin.

An diesem Tag drehte sich alles um mich. Papa, wahrlich kein Freund von Umarmungen oder Küssen, lächelte mich freundlich an, Trude hatte ein Engagement in einem Vorort-Theater abgesagt, um die Wiederkehr des verlorenen Bruders zu feiern, und gegen acht Uhr abends erschien auch der Major, um mich willkommen zu heißen. Er stürmte herein wie ein Wirbelwind, umarmte mich und weinte dabei. Das rot-weiß-rote Band der Vaterländischen Front, das er seit dem Dollfußmord im Knopfloch trug, fehlte. Ich wusste, dass er meine politische Überzeugung nicht billigte, sie sogar aufs heftigste ablehnte. Trotzdem war ich überzeugt, dass er verstand, warum ich Kommunist war, genauso wie ich verstand, warum er kaisertreu und bei der Vaterländischen Front war.

Dass die Kommunisten die Regierung stürzen und Sowjet-Österreich errichten wollten, war in seinen Augen durch und durch verwerflich, dass aber die Nazis Österreich von der Landkarte ausradieren und an Deutschland anschließen wollten, war für ihn ein Kapitalverbrechen, das von Kapitalverbrechern ausgeführt werden sollte. In dem Punkt waren wir einer Meinung.

Bereits am nächsten Tag begann ich, mir Gedanken über Arbeit zu machen. Am liebsten wäre ich sofort wieder politisch aktiv geworden, doch erfahrungsgemäß wurden Genossen, sobald sie aus dem Gefängnis entlassen wurden, für einige Zeit von der Stapo beschattet. Meine politischen Kontakte ließ ich also für ein paar Wochen ruhen; und da ich von der Mittelschule ausgeschlossen worden war und nichts zu lernen oder vorzubereiten hatte, verlegte ich meine ganze Energie auf Nachhilfestunden. Mit einem Schnitt von vier Nachhilfestunden pro Tag verdiente ich fast so viel wie ein Facharbeiter mit einem Achtstundentag; wenn ich davon zwei Drittel zu Hause ablieferte, waren meine Eltern überaus zufrieden.

Meine Freizeit, über die ich nun aus Mangel an politischer Tätigkeit verfügte, verbrachte ich mit dem Major. Seit dem 12. Februar 1934 hatten wir kein offenes Gespräch mehr geführt, und es war erstaunlich, wie viel wir nachzuholen hatten. Erstaunlich war auch, wie objektiv der Major zu urteilen verstand, solange es sich nicht um die bedingungslose Treue zum Hause Habsburg oder um die Donaumonarchie handelte.

Nachdem meine zweiwöchige politische Karenzzeit verstrichen war, kam ich gerade noch zurecht, um bei den letzten Vorbereitungen zum 7. November mitzuarbeiten. Die Einheitsfrontverhandlungen mit den Revolutionären Sozialisten standen schlecht. Sie wollten unsere Aktionsgemeinschaft, die eigentlich nie richtig funktioniert hatte, auflösen, und die gemeinsamen Flugblätter, die bereits fertiggestellt waren, nicht mehr unterschreiben. Besonders ärgerten sie sich darüber, dass wir für den Jahrestag der Russischen Revolution unseren ganzen Apparat in Bewegung setzten, den 12. November, den 16. Jahrestag der Republikgründung, hingegen nicht feiern wollten.

Der Morgen des 7. November war kalt und unfreundlich, vielleicht genauso kalt, wie es im Oktober vor 17 Jahren in Moskau gewesen war. Ein eisiger Wind blies; ich hatte den Kragen meines dünnen Regenmantels hochgestellt und trug eine dunkle Sonnenbrille, um zumindest einen Teil meines Gesichts zu verdecken. Es waren acht Blitzdemonstrationen angesetzt, bei denen die RS laut Abkommen vier Redner zu stellen gehabt hätte. Um diese Lücke zu schließen, wurde ich nun im XIII. Bezirk eingesetzt.

Das Gelände lag auf einer Anhöhe, knapp an der Grenze zum XVI. Bezirk, war leicht zu überschauen und bot den Vorteil, dass es mehrere Fluchtwege gab, die nicht befahrbar waren. Hier sollte also mein Debüt als Demonstrationsredner stattfinden. Ich hatte den Ort einige Tage zuvor eingehend besichtigt, doch nun fand ich ihn viel zu exponiert und zu wenig belebt. Wie sollte sich hier eine Schar von Demonstranten im Nu in harmlose Spaziergänger verwandeln? Und wo blieb die versprochene Unterstützung der Partei? Ich sah nur Jugendliche, die in kleinen Gruppen umherschlenderten. Plötzlich bildete sich eine Zehnergruppe und skandierte im Chor: „Achtung, Achtung, hier spricht die rote Front!“ Noch während der Ankündigung wurde ein großes, rotes Transparent an einem Lichtmast hochgezogen, auf dem zu lesen war: „Hoch die Oktoberrevolution!“ Flankiert war die Inschrift von Hammer und Sichel und den drei Pfeilen.

Langsam veränderte sich das Bild. Hatte ich zuerst nur Jugendliche vom Kommunistischen Jugendverband gesehen, so waren alsbald die Erwachsenen in der Mehrheit. Die Partei hatte uns also nicht im Stich gelassen. Es war mir schleierhaft, woher die vielen Menschen so plötzlich kamen, und ich leistete in Gedanken Abbitte für mein Misstrauen. Planmäßig stellte ich mich nach dem ersten Aufruf in der Mitte des Sprechchors auf. Jetzt war ich dran, und die Angst, die mir zuvor die Kehle zugeschnürt hatten, war verschwunden. Auf mein Zeichen hievten mich einige Burschen in die Höhe, sodass ich die Menge überragte. Ein lautes Organ hatte ich schon immer gehabt, jetzt aber kam es mir zustatten. „Genossen und Genossinnen", brüllte ich über den winddurchfegten Platz, „wir sind zusammengekommen, um den 17. Jahrestag der großen Russischen Oktoberrevolution zu feiern. Die Sowjetunion ist das Land, in dem die Arbeiterschaft die Kapitalisten davongejagt und die Herrschaft des Proletariats errichtet hat. Wenn wir heute sagen können: ‚Auch wir werden unsere Bourgeoisie davonjagen, auch wir werden den Austrofaschismus stürzen', dann nur, weil wir das Beispiel der Sowjetunion haben. Sie beflügelt unseren revolutionären Elan, die grandiosen Errungenschaften der fünf Jahrespläne zeigen uns den Weg in eine glückliche Zukunft, den einzigen möglichen Weg, den Sozialismus, der nur erreichbar ist durch die bewaffnete Erhebung der Massen, durch die Errichtung einer Räteregierung und durch die Diktatur des Proletariats. Darum lebe hoch die glorreiche Revolution der russischen Arbeiter und Bauern, nieder mit Schuschnigg und Starhemberg. Es lebe Sowjet-Österreich!"

Ich merkte, dass meine Rede angekommen war. Jetzt aber nichts wie weg. Ein Genosse reichte mir Hut und Schal, und eine Viertelstunde später war ich bereits kilometerweit von der Anhöhe entfernt und fühlte mich sicher. Ein Überfallkommando fuhr an mir vorbei – nur zu, dachte ich, jetzt war ja niemand mehr dort. Meine Gedanken kreisten um die Ansprache. Ich hatte mir vorher ein Konzept zurechtgelegt, aber warum hatte ich kein einziges Wort gegen Hitler gesagt? Ich konnte es mir nur so erklären, dass ich zu sehr mit der österreichischen Regierung beschäftigt war und darüber den größten Feind vergessen hatte.

Im Agit-Prop-Sektor des Kommunistischen Jugendverbandes fand ich nicht nur viel Arbeit, sondern auch echte Befriedigung, meine politische Überzeugung umsetzen zu können. Ich beschäftigte mich ausführlich mit „Staat und Revolution" von Lenin, und Bucharins „ABC des Kommunismus" bot genügend Stoff für dutzende Diskussionsabende. Bald war mir schleierhaft, dass ich jemals einer anderen Partei als der KP angehört haben konnte. Der absolute Vorrang der Partei in jeder Frage, d.h. nicht nur in politischer, sondern auch in privater Hinsicht, wurde zur Selbstverständlichkeit. Artikel redigieren, Flugblätter schreiben, Aktionen vorbereiten, auf Blitzdemonstrationen sprechen, Referate halten, das alles waren bald Routineangelegenheiten. Ich rückte als Agit-Prop-Leiter in die Kreisleitung auf, und mein Kreis umfasste die Bezirke XII, XIII, XIV und XV.

Dann, plötzlich, über Nacht sozusagen, wurde eine neue Parteilinie vorgegeben, die zu einigen Orientierungsschwierigkeiten führte. Der Anstoß kam aus Frankreich, wo die Sozialisten unter Léon Blum mit den Kommunisten unter Maurice Thorez die „Volksfront" gebildet hatten. Die Komintern schwenkte voll auf diese Linie ein, und wir mussten unsere Kader von der Richtigkeit dieser neuen Politik überzeugen, was gar nicht einfach war. Ziel unseres Kampfes war nun nicht mehr länger die Gründung von Sowjet-Österreich, sondern die Wiederherstellung der alten, viel geschmähten und gelästerten bürgerlich-demokratischen Republik. Zudem waren die Sozialdemokraten, vor allem ihr rechter Flügel, nun nicht mehr länger Verräter, sondern gleichberechtigte Bündnispartner.

Das Kampfziel hieß also Demokratie, laut Lenin eine verkappte Herrschaftsform der Bourgeoisie, die mit Waffengewalt beseitigt werden musste. Unser Glück war nur, dass Lenin so viel geschrieben hatte; als theoretisches Rüstzeug entdeckten wir jetzt seine Taktik „zwei Schritte vor, einen zurück", mit der sich unsere Kehrtwendung gut erklären ließ. Trotzdem war es schwierig, die Mitglieder vom neuen Kurs zu überzeugen. Die Altkommunisten leisteten am wenigsten Widerstand, doch der Großteil der Partei bestand aus Mitgliedern, die nach dem 12. Februar zu uns gestoßen waren. Sie waren bitter enttäuscht von den Sozialdemokraten, der Republik und der bürgerlichen Demokratie, ihnen schien Sowjet-Österreich und die Diktatur des Proletariats die einzig erstrebenswerte Alternative. Dafür hatten sie sich ein Jahr lang eingesetzt, hatten Verfolgung und Verhaftung riskiert und zum Teil auch hingenommen, und plötzlich stimmte diese Linie nicht mehr.

Anfänglich war ich ebenfalls enttäuscht und skeptisch, ließ mich mit der Zeit aber überzeugen und versuchte, auch andere davon zu überzeugen. In eingeschmuggelten, auf dünnstem Papier gedruckten Broschüren erklärten außer unserem Parteivorsitzenden Johann Koplenig auch Thorez, Wilhelm Pieck und andere prominente Führer den neuen Kurs. Unser bisheriges Wirken wurde völlig umgekrempelt. „Massenarbeit" hieß das neue Zauberwort, womit die Arbeit mit den Massen gemeint war. Das war aber nur möglich, wenn man in die Organisationen von Freund und Feind vordrang, und das war auch der Punkt, an dem ich mich an mein eigenes Schulschicksal erinnerte. Ich beschloss, mich an den Wiener Stadtschulrat zu wenden. Von Referat zu Referat gehend, schilderte ich dort in bewegten Worten meinen Schulverweis, in der Absicht, die Härte des Systems wenn schon nicht offen, so doch gezielt anzuprangern.

Mein Weg durch die diversen Amtszimmer führte mich schließlich zu einem Beamten, den ich als Überbleibsel aus der „Zensur"-Zeit identifizierte, einem Sozialdemokraten, zwar nicht revolutionär, aber antiklerikal und antifaschistisch bis in die Knochen. Er hatte meinen Akt vor sich liegen. „Aha, konfessionslos sind Sie. Geht mich ja nichts an, aber sind Sie ein Nazi?" „Im Gegenteil, ganz im Gegenteil", beteuerte ich nachdrücklich. „Ich hätt' da was für Sie", meinte er und sah an mir vorbei, „eigentlich sollt' ich es nicht sagen, aber es gibt da eine Lücke, da könnten Sie durchschlüpfen". Und was er mir dann offerierte, war tatsächlich eine Möglichkeit, doch noch zu meiner Matura zu kommen. Zwar durfte ich offiziell an keiner österreichischen Mittelschule mehr maturieren, aber ich konnte die Prüfung als Externer ablegen. Allerdings müsste ich dazu alle anderen Prüfungen noch einmal machen, und zwar schriftlich und mündlich, und in Physik, wo mir ja noch der Klassenabschluss fehlte, müsste ich den Gesamtstoff, also alle acht Schuljahre, wiederholen. „Aber fürchten'S Ihnen net", meinte er, „ich weiß eine Schule, wo man sehr gerecht sein wird!" Dann griff er zum Telefon, und nach einem kurzen Anruf war ich dem Gymnasium in der Kundmanngasse zur Externistenmatura zugewiesen.

Bis zum Oktober blieb mir zwar noch etwas Zeit zum Lernen, doch die Arbeit in der Kreisleitung war so aufwendig, dass ich meine Agit-Prop-Funktion schweren Herzens zurücklegte. Anfänglich graute mir vor der Stuckerei, aber allmählich konnte ich mich wirklich dafür begeistern. Anfang September erhielt ich ein Schreiben des besagten Gymnasiums, in dem mir mitgeteilt wurde, dass ich mich unverzüglich zu melden hätte. Der Direktor der Schule empfing mich sehr freundlich, teilte mir aber sofort mit, dass es mit meiner Externistenmatura Schwierigkeiten geben würde. Ein neuer Erlass des Bundesministeriums für Unterricht sah vor, dass man zur Ablegung der Reifeprüfung eine Note in Religion brauchte. Doch wo sollte ich die hernehmen, ich war ja konfessionslos?

Ich war sprachlos vor Wut. Diese Heuchler! Schlicht und einfach zu verordnen, dass Konfessionslose nicht maturieren durften, dazu hatte ihnen wohl der Mut gefehlt, also hatten sie es so gedreht, dass man zwar nicht einer Religionsgemeinschaft angehören, wohl aber eine Religionsnote vorweisen musste! Mein Zorn war ebenso groß wie meine Hilflosigkeit. Wozu hatte ich die letzten Monate gebüffelt wie ein Besessener? Ich war so wütend, dass ich mir sogar überlegte, wieder in die Israelitische Kultusgemeinde einzutreten. Aber wie sollte ich bis Anfang Oktober, also innerhalb von vier Wochen, Hebräisch lernen?

Meine Eltern waren nicht weniger verzweifelt als ich, und auch der Major war über die unredliche Vorgangsweise der Regierung zutiefst erschüttert. Ausweg wussten wir vorerst alle keinen. Meine politische Arbeit erschien mir nun als Stütze und Trostpflaster zugleich. Das Zentralkomitee hatte beschlossen, eine überparteiliche Mittelschülerorganisation zu gründen. Als Startkapital wurde uns von der Führung der Name geliefert: „Antifaschistischer Mittelschülerbund", kurz AMB, den Rest sollte ich besorgen. Ich fühlte mich geschmeichelt und war von der Idee begeistert. Ich wurde in die erweiterte Wiener Stadtleitung des KJV kooptiert und erhielt als Spitzenfunktionär des Kommunistischen Jugendverbandes automatisch die Parteimitgliedschaft. Das war ein großer Vertrauensvorschuss, denn während andere oftmals ein ganzes Jahr Kandidatur hinter sich hatten, ehe sie Parteimitglied wurden, bekam ich die Mitgliedschaft ohne mein Zutun.

Das alles war Labsal für meine Seele; ich stürzte mich kopfüber in die Arbeit und hätte kein besseres Plaster für meine „Maturawunden“ finden können.

Eines Abends, als ich wieder einmal sehr spät nach Hause kam, waren meine Eltern noch wach und warteten auf mich. Mein Vater hatte sich an jenen Referenten gewandt, der mir seinerzeit im Stadtschulrat die Möglichkeit der Externistenmatura eröffnet hatte. Und wieder half uns dieser Beamte weiter. Die Altkatholiken, meinte er zuversichtlich, wären sicher bereit, mir zu helfen. Diese zahlenmäßig winzige Religionsgemeinschaft erlebte gerade einen ungeheuren Aufwind. Das austrofaschistische System übte nämlich nicht nur in den Schulen Druck auf Konfessionslose aus, sondern auch in den Ministerien und Behörden. Doch bevor diese Konfessionslosen, meist ehemalige Sozialdemokraten und Angehörige des Freidenkerbundes, in den Schoß der katholischen Kirche zurückkehrten, schlossen sie sich lieber dem Altkatholizismus an.

Nun gab es zwar eine Lösung für mein Problem, doch eigentlich wollte ich mich nicht taufen lassen. Dieses Dilemma hatte mein Vater vorausgesehen, deshalb war er nicht nur beim Stadtschulrat gewesen, sondern auch bei den Altkatholiken und hatte uns beide zur Taufe angemeldet. Ich war überrumpelt und erschüttert zugleich – mein Vater wollte sich also für mich opfern. In zehn Tagen würden wir getauft werden, und acht Tage später konnte ich die erforderliche Religionsprüfung ablegen.

Papa hatte ein schmales Bändchen, den Katechismus, mit nach Hause gebracht, mit dem wir uns vorbereiteten. Dann führten wir ein Gespräch mit einem altkatholischen Priester, der uns für geeignet befand, seiner Gemeinschaft beizutreten, und auch die Taufe selbst verlief kurz und schmerzlos. Pate war keiner vonnöten; der Priester murmelte einige Worte, und dann waren wir Altkatholiken. Ich bekam ein Taufzeugnis und ein dünnes Religionsbuch, das für die Prüfung, die eine Woche später angesetzt war, wichtig war.

Diese Prüfung bereitete mir nicht das geringste Kopfzerbrechen, was man von der Matura nicht behaupten konnte. Zum dritten Mal ging ich daran, den ganzen Plunder aus den dunkelsten Winkeln meines Hirns hervorzukramen und zu wiederholen. Dieses Mal nahm ich das Ganze sehr ernst; ich sagte sämtliche Nachhilfestunden ab und schränkte meine politische Arbeit auf das unumgängliche Mindestmaß ein.

Zur Religionsprüfung empfing mich ein freundlicher Herr in mittleren Jahren, von dem ich nicht wusste, ob er Priester oder Laie war. Erst später erfuhr ich, dass er der Stellvertreter des Bischofs höchstpersönlich war. Da ich das ausgehändigte Heftchen so gründlich gelesen hatte, dass ich es fast auswendig konnte, hätte ich gerne etwas über die Bergpredigt oder die Auferstehung Christi und die Himmelfahrt erzählt, doch ich kam nicht zu Wort. Der freundliche Herr plauderte munter über alles Mögliche und schien meine Anwesenheit vergessen zu haben. Nach geraumer Zeit meinte er dann entschuldigend: „Aber prüfen muss ich Sie ja auch noch. Also sagen Sie mir, wodurch sich der Materialismus vom Idealismus unterscheidet." Wie aus der Pistole geschossen antwortete ich: „Für den Materialismus bestimmt das Sein das Bewusstsein, für den Idealismus das Bewusstsein das Sein." „Sehr gut", meinte er und lächelte etwas spöttisch, „Sie können gehen."

Nun konnte ich in Religion die Note „Sehr gut" vorweisen und trat mit erheblichem Selbstbewusstsein zur Nachprüfung in Physik an. Seit meinem letzten Lerndurchgang konnte ich mich wirklich für Physik begeistern und die Antworten fielen mir leicht. Mein Prüfer war sehr erfreut über mein Wissen, und auch dieses Fach schaffte ich mit einem „Sehr gut". Und was die schriftliche Matura anbelangt, so schien sie mir im Vergleich zu der bereits früher abgelegten Reifeprüfung ebenfalls einfach. Weder in Mathematik, Deutsch, Latein noch in Griechisch hatte ich Schwierigkeiten, und auch die mündlichen Prüfungen verliefen gut. Trotzdem prangte in meinem Zeugnis nur ein einziger Einser, nämlich in Religion! Bei allen anderen Gegenständen wurde der Durchschnitt der Note errechnet, was in meinem Fall ein „Gut" und sehr viele „Genügend" bedeutete. Doch das war unwichtig; wichtig war nur, dass ich nun die Hochschulreife erlangt hatte.

Zu Hause war die Freude so groß, als wären mit der bestandenen Matura alle zukünftigen Schwierigkeiten aus dem Weg geräumt. Mein Entschluss, technische Chemie zu studieren, stand fest, und ich inskribierte an der Wiener Technischen Hochschule.

Unser Kampf gegen den Nationalsozialismus

Obwohl der Februar 1934 schon weit zurücklag, herrschte an den österreichischen Hochschulen strengster Legitimationszwang. Die akademische Freiheit existierte genauso wenig wie andere demokratische Freiheiten. Die Polizei hatte nicht nur freien Zutritt, sie war sogar als „Hochschulwache" innerhalb der Institute etabliert. Jede politische Kundgebung wurde mit dem Ausschluss von der Hochschule geahndet, doch allein die ständige Einsatzbereitschaft der Polizei genügte, die meisten politischen Aktionen bereits im Keim zu ersticken. Die Nazis hielten, zumindest nach außen, still, und auch von der Linken hörte man so gut wie nichts.

Da ich Leiter des Antifaschistischen Mittelschülerbundes war, konnte ich nicht aktiv in der Kommunistischen Studentenschaft mitarbeiten. Allerdings hatte ich über Ina, die ich seit Mitte 1932 kannte, direkten Kontakt zu ihr. Ina war wie ich von der Vereinigung Sozialistischer Mittelschüler zum Kommunistischen Jugendverband gestoßen, und ungeachtet unserer politischen Verbundenheit hoffte ich sehr, dass sich zwischen uns auch eine private Beziehung ergeben könnte. Das gastliche Haus von Inas Eltern sah mich beinahe täglich als Besucher. Ihre Mutter hatte mich ins Herz geschlossen, und ich gehörte fast schon zur Familie. Inas Vater allerdings, ein alter Sozialist der intellektuellen, jüdischen Garde, war gegen Kommunisten fast so allergisch wie gegen die Vaterländische Front. Die hatte er nicht im Haus, die Kommunisten, in Gestalt seiner vier Kinder, bedrängten ihn aber täglich. Die austrofaschistische Regierung schließlich beseitigte diesen

Konflikt auf ihre Art: Sie ließ Inas Vater einsperren und beendete damit die häusliche Debatte darüber, ob die KP oder die RS dazu ausersehen sei, das Schuschnigg-Regime zu stürzen. Auf die nahe liegende Lösung, dass es die Nazis sein könnten, kam zu dieser Zeit niemand von uns.

Bald begannen die Schwierigkeiten, die nicht von innen, sondern von außen kamen, von der Vorhut der großen Internationalen Revolution des Proletariats, der KPdSU und ihrem ruhmreichen Führer, Josef Stalin. Schlag auf Schlag wurden in der Sowjetunion Komplotte des internationalen Kapitalismus aufgedeckt. Dem scharfen Auge des Hauptanklägers Wyschinski entging nicht eine einzige Untat der Verräter, angefangen bei Karl Radek bis zu Nikolaj Bucharin, deren Verbindungen zum Nazifaschismus schonungslos aufgezeigt wurden. Von da bis zur Überzeugung, dass Trotzki in Wirklichkeit ein Agent des Imperialismus sei und seine „Permanente Revolution" den Untergang der Weltrevolution bedeutete, war es nur ein Schritt. Einige machten ihn, andere hingegen zweifelten die Geständnisse der Angeklagten, die schwarz auf weiß vor uns lagen, massiv an.

Auch ich war überzeugt davon, dass gegen die Sowjetunion ein internationales Komplott geschmiedet wurde. Die Drahtzieher bedienten sich dabei des Trotzkismus, waren also eindeutig Verräter. Innerhalb der Partei begann die Jagd nach Linksabweichern und Sektierern, und zu meinem großen Entsetzen bekam ich eine Sonderaufgabe: Inas ältere Schwester war zu den Trotzkisten übergelaufen, und ihr Bruder schien ebenfalls mit ihnen zu sympathisieren. Ina wiederum hatte recht gute Kontakte zur Führung der Revolutionären Sozialisten, was bei uns gar nicht gut ankam, und da meine Freundschaft mit Ina bekannt war, sollte ich sie überwachen. Am liebsten hätte ich abgelehnt, mich für befangen erklärt, aber das hätte weder Ina genützt – ihr drohte der Ausschluss aus der Partei – noch meiner Arbeit für den AMB. Obwohl ich mir die größte Mühe gab, gelang es mir nicht, Ina gegenüber meine frühere Natürlichkeit zu bewahren. Auch sie erschien verändert, und ich konnte mich des Eindrucks nicht erwehren, dass sie einen ähnlichen Auftrag hatte wie ich. Wir bespitzelten uns also gegenseitig.

Meine finanzielle Lage zu dieser Zeit war alles andere als gut. Ich konnte maximal drei Nachhilfestunden pro Woche geben, das deckte gerade meinen Zigarettenbedarf. Also lag ich den Eltern auf der Tasche, was mir überaus unangenehm war. Ich hatte mich die letzten Jahre nicht nur selbst ernährt und eingekleidet, sondern auch zu Hause Geld abgeben. Nun kam ich mir vor wie ein Bettler. Mama ließ mich das nie spüren, sie gab ungefragt und ungebeten, und auch Trude unterstützte mich, so gut sie konnte. Noch immer war sie auf Engagementsuche, und zeitweise konnte sie auch mehrere Auftritte pro Woche ergattern. Am besten verdiente sie natürlich bei den Aufführungen an den Samstagabenden. Da blieb sie dann meist bis spät nachts in dem jeweiligen Theater, hätte aber theoretisch noch die letzte Straßenbahn nach Hause nehmen können. Können, denn meist tat sie das nicht. Vater und ich trafen sie oft am Sonntagmorgen, wenn wir das Haus zum üblichen Spaziergang verließen. Trude lächelte uns entwaffnend an, und Papa brummelte einen Gruß, der möglicherweise „Guten Morgen" heißen sollte. Im Grunde war mein Vater gegen Trudes Schauspielerei, aber „so lange sie nicht stehlen geht, will ich es ihr nicht verbieten", sagte er resignierend, nachdem sie an uns vorbeigezogen war, um sich schlafen zu legen. Für meinen Vater dürfte ihr Lebenswandel wohl den Gipfel der Verworfenheit und des Sittenverfalls dargestellt haben. Doch er war zu lange Sozialdemokrat gewesen, um uns beiden irgendeine Schuld zu geben. Er machte weder Trude einen Vorwurf, weil sie mit Bühnenauftritten Geld verdiente, noch mir, weil ich durch meine politische Betätigung ständig mit einem Bein im Gefängnis stand. Vielmehr war er bedrückt, weil die Realität seine pessimistischen Prognosen noch übertraf.

Das Elend der Jugendlichen steigerte sich von Monat zu Monat. Schuschnigg glaubte, mit der Übernahme der Hitler'schen Maßnahmen ebenfalls Erfolge erzielen zu können. In Deutschland war die Jugendarbeitslosigkeit durch die Einführung des Reichsarbeitsdienstes stark reduziert worden. Danach hatten die Nazis, unter ungeheurem Jubel ihrer Anhängerschaft, die demilitarisierte Zone des Rheinlandes besetzt, den so genannten „Schandvertrag" von Versailles aufgekündigt und die allgemeine Wehrpflicht eingeführt. Die Reichswehr wurde zum Kader der neuen deutschen Wehrmacht, und sowohl Reichsarbeitsdienst als auch Heer sogen die arbeitslosen Jugendlichen regelrecht auf. In Österreich wollte man es dem deutschen Vorbild gleich tun, aber zu einem Pflichtarbeitsdienst reichten die finanziellen Mitteln nicht. So begnügte man sich mit dem „Freiwilligen Arbeitsdienst", zu dem sich ausnahmslos jene drängten, die am Verhungern waren. Sie erhielten Verpflegung, eine Uniform und fünfzig Groschen Lohn pro Tag. Doch trotz dieser schlechten Bedingungen war der Andrang zum Freiwilligen Arbeitsdienst enorm, denn zu viele Jugendliche hatten Hunger.

Der Antifaschistische Mittelschülerbund entwuchs zusehends den Kinderschuhen. Bereits einige Monate nach seiner Gründung verzeichneten wir in Wien mehr als 200 Mitglieder, und auch in der Provinz dehnte sich die Organisation beträchtlich aus. Ich beschloss, in den Semesterferien eine gesamtösterreichische Delegiertenkonferenz mit über 30

Teilnehmern abzuhalten, um Fragen zur künftigen organisatorischen Form und zu den politischen Nah- und Fernzielen des Antifaschistischen Mittelschülerbundes zu erörtern. Die Vorbereitungsarbeiten dauerten über einen Monat; als Versammlungsort und Unterkunft war ein Bauernhof im Wechselgebiet, zirka 100 Kilometer von Wien entfernt, vorgesehen.

Wir bemühten uns, so unauffällig wie möglich vorzugehen. Da nicht alle Delegierten Mitglieder des Kommunistischen Jugendbundes waren, war höchste Vorsicht geboten. Es musste Verpflegung für mindestens fünf Tage organisiert werden, und der Anmarsch sollte in Kleinstgruppen auf verschiedenen Wegen erfolgen. Das Absingen von Liedern aller Art, auch harmloser Wanderlieder, war strengstens untersagt, da wir in dieser Hinsicht bereits bittere Erfahrungen gemacht hatten.

Die Tagung startete planmäßig ohne den geringsten Zwischenfall. Die jüngsten Teilnehmer unseres Treffens waren 14 Jahre alt, ich war mit 20 der Älteste. Es war am vierten Tag, am vorletzten Abend, wir saßen auf dem Boden, jeder einen Stoß Arbeitspapiere vor sich und diskutierten über die zukünftige Zusammensetzung der „Schulkampf"-Redaktion, als es plötzlich krachte. Die große Holztür sprang auf und sämtliche ebenerdige Fenster gingen zu Bruch. „Keiner rührt sich oder wir schießen!" Dutzende Gendarmen und Sturmschärler mit Gewehr und aufgepflanzten Bajonetten stürmten in unsere Unterkunft. Es waren so viele, dass jeder von uns einen eigenen Bewacher hatte. Wir waren wie versteinert; wie hatten sie uns entdecken können? Niemand wusste, dass wir hier waren. Es musste ihnen also jemand einen Hinweis gegeben haben, jemand, der in Wien zurückgeblieben war. Oder war es einer der hier Anwesenden?

Die Nacht war eisig. Die Gendarmen hatten ihre Winteruniformen an, wir aber froren, denn die Fenster waren zerbrochen und das Feuer im Kachelofen ausgegangen. Sie erlaubten uns nicht, es wieder anzumachen. Auch Sprechen war verboten, und da es zum Schlafen zu kalt war, blieb nur das Denken. Wie viele 14- und 15-jährige Mädchen und Burschen waren hier versammelt? Genau wusste ich es nicht, es mussten so zehn bis zwölf sein. Das waren zum Teil noch halbe Kinder. Was würden sie mit ihnen machen? War ich dafür verantwortlich? Wie viele Eltern würden mich morgen verfluchen? Mich, nicht den Schuschnigg! Was sollte ich tun? Sollte ich aufspringen und sagen, dass alles meine Schuld war? Was würde geschehen, wenn ich alles auf mich nähme? Nichts, außer dass mir der Gendarm, der mir am nächsten saß, mit dem Gewehrkolben eins über den Schädel ziehen würde. Freigelassen würde durch mein Geständnis niemand, da war ich mir sicher.

Beim ersten Sonnenstrahl trieben sie uns an, unsere Sachen zusammenzupacken. Nach wie vor durften wir nicht miteinander sprechen, diejenigen, die es doch wagten, ernteten schmerzhafte Kolbenhiebe. Auf Befehl schulterten wir unsere Rucksäcke, dann setzte sich der ganze Zug Richtung Tal in Bewegung. Gegen zehn Uhr erreichten wir die Marktgemeinde Aspang. Der ganze Ort war auf den Beinen und bestaunte uns. Ich wusste, dass die ganze Gegend politisch der Vaterländischen Front bzw. den Austrofaschisten zuzurechnen war, doch kein einziger Pfui-Ruf wurde laut.

Die Gendarmen führten uns direkt zum Gemeindegefängnis, wo uns ein beleibter Wärter im lodengrünen Steireranzug in Empfang nahm. Einen riesigen Schlüsselbund in der Hand, scheuchte er uns durch einen Korridor, von dem aus die Zellen abgingen. Vor jedem Verlies war ein Sturmschärler in voller Montur postiert. Die Zellen waren ursprünglich für einen, höchstens zwei Arrestanten gedacht, wir wurden in Dreier-, Vierer-, sogar in Fünfergruppen eingesperrt. Die Einrichtung der Räume war äußerst primitiv; außer einer Pritsche und einem mit zwei Henkeln versehenen Blechkübel, der als Abort diente, waren sie leer.

Die Verhöre durch die Stapo begannen. Sie warfen uns Geheimbündelei und Hochverrat vor, doch nach einigen Tagen kamen auch sie zur Erkenntnis, dass wir keine handgranatenwerfenden Menschenfresser waren. So zogen die gewehr- und bajonettbestückten Sturmschärler ab, und übrig blieb unser Kerkermeister Wastl, der nicht im Entferntesten daran dachte, jemandem etwas Böses zu tun.

Wastl war ein merkwürdiger Mensch. Er hielt sich für einen untadeligen Ehrenmann und guten Familienvater, vor allem aber für einen erstklassigen Gefängniswärter. Mit Landstreichern, betrunkenen Wirtshausgästen und verdächtigen Zigeunern wurde er auch souverän fertig, mit uns, den Kindern aus gutem Haus, die Eltern hatten, die zu den „besseren Leut'" gehörten, hatte er aber seine Schwierigkeiten. Wastl war außer sich, als ich ihm versicherte, außer Deutsch auch Latein, Griechisch, Englisch und Französisch zu können. Und er war ehrlich erschüttert, einen Menschen einsperren zu müssen, der gleich viel oder möglicherweise sogar mehr wusste als der hochwürdige Pfarrherr.

Wegen Fluchtgefahr durften wir keine Spaziergänge im Hof machen, die einzige Abwechslung, die blieb, waren daher die täglichen Verhöre durch die Stapo. Bislang hatten sie aber nichts erreicht, denn wir alle verweigerten die Aussage. Das schriftliche Material, das sie beschlagnahmt hatten, enthielt nicht den geringsten Hinweis auf in Wien verbliebene Freunde, das war beruhigend. Wir erfuhren aber – denn auch im Gefängnis funktionierte unser Nachrichtendienst –, dass in der Bundeshauptstadt 50 Genossen verhaftet worden waren, und das war sehr beunruhigend. Irgendjemand musste uns verraten haben!

Aus Platzgründen wurden nach einiger Zeit zwölf unserer Leute aus Aspang verlegt; ob sie freigelassen wurden oder in ein anderes Gefängnis kamen, wussten wir nicht. Die krasse Überbelegung der Zellen reduzierte sich dadurch, in meinem Verlies waren wir jetzt nur mehr zu zweit. Sie hatten mir, dem vermutlichen Anführer, den jüngsten und wahrscheinlich harmlosesten Verschwörer zugeteilt. Der kleine Kowalski war knapp 14 Jahre alt und noch ein richtiges Kind.

Mit ihm hatten sich die Sturmschärler einen besonders geschmacklosen Scherz erlaubt. Sie hatten seine Brille, ohne die er fast blind war, aus purem Spaß zerbrochen. Nun konnte er nur noch herumtappen und klammerte sich ängstlich an mich. Für ihn war ich eine Art Vater, Bruder und revolutionäres Vorbild zugleich. Jedesmal, wenn er von den Verhören zurückkam, blinzelte er mich aus seinen halbblinden Augen an und versicherte mir: „Ich hab nix g'sagt, kein Wort! Die ham droht und droht, aber bei mir zieht des net. Kannst dich verlassn auf mi!"

Nach ein paar Wochen wurden weitere Inhaftierte entlassen, aber der kleine Kowalski war nicht darunter. Und ich wusste auch, warum. Die Stapo versuchte, mich zum Reden zu bringen. Bei jedem Verhör ließ sie mich wissen, dass alles von mir abhängen würde. Würde ich reden, wäre Kowalski frei.

Als er immer unruhiger wurde, erklärte ich ihm, warum er für die Stapo so wichtig war. Und da kam er, der 14-jährige Junge, der langsam erwachsen wurde, legte seinen Kopf in meinen Schoß und weinte wie ein kleines Kind. Auch mir schossen die Tränen in die Augen. Er heulte sich seinen ganzen Kummer von der Seele, dann sagte er leise: „Nichts derfst sagn, wegen die anderen nicht und wegen mir scho gar nicht. I halt scho durch!"

Aber die Angst hatte bereits Besitz von mir ergriffen. Mit eisernem Griff setzte sie sich auf meine Brust und raubte mir den Atem. Ich hatte weniger Angst um mich selbst als vielmehr vor diesem Spiel, das sie mit Kowalski und den anderen Jugendlichen trieben. Und es war auch die Angst vor der Verzweiflung meiner Eltern. Ich hatte ja die proletarische Revolution, den antifaschistischen Kampf und die zukünftigen Siege des Kommunismus, auch wenn ich sie selbst vielleicht nicht mehr erleben würde. Aber alles, woran ich glaubte, war für meine Eltern nur Illusion und Irrtum. Und der Major? Eigentlich müsste er jubeln, weil Schuschnigg immer stärker auf die Legitimisten setzte. Aber konnte er sich wirklich darüber freuen, dass ich im Gefängnis war, von seinen Gesinnungsgenossen aus der Vaterländischen Front eingesperrt?

Die Verhöre erfolgten nun häufig nachts. Wir wurden geweckt und ins Scheinwerferlicht gezerrt. Die Stapo hoffte, dass wir so, aus dem Schlaf gerissen, verwirrt und durch Schläge eingeschüchtert, eher gestehen würden. Und sie hatten sich angewöhnt, Kowalski viel öfter als mich zum Verhör zu holen. Er hielt durch, weinend, mit roten Augen und müde, und sagte nichts.

Da sie bei ihm nicht weiterkamen, war ich wieder an der Reihe. Zusätzlich zu den nächtlichen Verhören wurde ich in Einzelhaft gesteckt, in ein feuchtes, dunkles Loch im Keller. Es war stockfinster; ich konnte die Läuse zwar nicht sehen, aber am ganzen Körper fühlen. Wieder dachte ich an die Helden unserer Bewegung, an Rosa Luxemburg, Karl Liebknecht, Ernst Thälmann und Georgi Dimitrow. Ich wusste genau, was mich hier aufrecht hielt – der Hass gegen das Regime, gegen den Faschismus.

Ein Höllenlärm weckte mich, endlich, es war Morgen. Irrtum, die Stapo machte nur Überstunden. Sie hatten noch einen Scheinwerfer dazugeschaltet, sodass ich vollkommen blind war. Mein Gesicht schmerzte von früheren Schlägen, meine Augen waren verquollen. Die Läuse schienen nicht nur auf der Haut, sondern auch im Magen und Darm zu sein. Doch sonst war mein Körper gefühlloser geworden, Arme und Beine waren von der Kälte und Feuchtigkeit im Keller steif. War es möglich, dass ein paar Tage und Nächte in einer dunklen, verlausten Zelle genügten, um einen Menschen zur Verzweiflung zu bringen?

Noch in derselben Nacht gab ich zu, der Leiter und Hauptverantwortliche des Antifaschistischen Mittelschülerbundes zu sein. Mein Geständnis allein genügte meinem Verhörer nicht, er wollte auch belastende Angaben zu den anderen. Das aber verweigerte ich, ich war der Schuldige. Der Stapo-Mann hatte sein Ziel erreicht: Er wollte mich zur Strecke bringen, und es war ihm gelungen. „Raus, abführen, weg mit dem Kommunistenschwein, mit diesem verflixten Jugendverderber!“, brüllte er, nur den „Saujud“ hatte er ausgelassen.

Zurück in meiner früheren Zelle starrte mich der kleine Kowalski an wie einen Geist, der plötzlich aus der Versenkung auftaucht. „Jetzt kommst bald nach Hause, ich habe alles auf mich genommen!“ „Glaubst wirklich, dass die mich jetzt auslassn werden?“ Ja, davon war ich überzeugt, und am nächsten Tag wurden er und die meisten anderen zum Transport nach Wien abgeholt. Es ging so schnell, dass ich kaum Zeit hatte mich zu verabschieden. „Mach's gut“, flüsterte Kowalski, und zwei dicke Tränen kullerten aus seinen verschwollenen Augen. Sieben Wochen hatte die Haft bisher gedauert, und nur mehr zwei von uns blieben im Gefängnis in Aspang zurück.

Brandel und ich waren die Einzigen, die nicht unter die Jugendgerichtsbarkeit fielen und voll strafmündig waren. Ein Gerichtsdiener informierte uns, dass über uns die „Ordentliche Untersuchungshaft" wegen Verdachts des Verbrechens des Hochverrats verhängt würde. Unsere Strafe sollten wir in Wien absitzen.

Zwei Gendarmen brachten uns in Handschellen zum Zug. Im Freien bemerkten wir zum ersten Mal, dass Frühling geworden war; um uns herum war reine würzige Luft und sattes Grün. Wir selbst sahen nicht besonders gut aus; körperlich geschwächt, blass und mit einem Acht-Wochen-Bart. Die Leute starrten uns an, sagten aber nichts. Immer noch in Handschellen kamen wir in Wien an, wo wir weit mehr Aufsehen erregten. Wir riefen den Leuten zu, dass wir keine Verbrecher wären, sondern politische Häftlinge, und viele bekundeten offen ihre Sympathie mit uns.

Wir wurden ins Landesgericht I gebracht. In der Aufnahmekanzlei befreiten uns die Gendarmen von den Fesseln, danach ging es zum Filzen und unter die Dusche. Ich verabschiedete mich von Brandel, der wie immer fröhlich und guter Dinge war. Ich war deprimiert, weil ich den Hauch von Freiheit, den wir auf der Fahrt hierher zu spüren bekommen hatten, nicht vergessen konnte.

Wenn man das erste Mal verhaftet wird und von der Freiheit Abschied nimmt, weiß man eigentlich nicht, wovon man sich trennt. Auch wenn die Dinge, die auf einen zukommen, schlimm sind, erwarten einen doch neue Erlebnisse. Das erleichtert die ersten Tage. Aber dann? Ich brauchte nicht mehr neugierig zu sein, denn was mich erwartete, kannte und verabscheute ich – vier Wände, ein paar Meter im Rechteck, einförmige Tage, schlaflose Nächte und elendes Essen. Wie lange? Monate, Jahre? Auf Hochverrat standen als Minimum fünf Jahre Haft. Sobald ein Urteil verkündet war, wollte ich

Berufung einlegen, um den Status des Untersuchungshäftlings beibehalten zu können.

Ein Justizwachebeamter nahm mich in Gewahrsam und führte mich in den so genannten E-Trakt. E stand als Abkürzung für Einzelhaft. Bei der Zelle E 212 öffnete er die Klappe des Spions und schaute hinein. Komisch, dachte ich, wir waren doch im Einzelhaft-Trakt. Doch auch das Landesgericht I war zum Bersten voll. Die normale Aufnahmekapazität betrug rund tausend Gefangene, jetzt waren viermal so viele Menschen hier zusammengepfercht. Ungefähr achtzig Prozent der Inhaftierten waren politische Häftlinge, die Hälfte davon Nazis, die andere Hälfte Kommunisten und Sozialisten.

In E 212 waren bereits drei Männer, ich sollte der vierte Insasse sein. Aber obwohl Neuzugänge immer interessant waren, freuten sich meine Mithäftlinge nicht. Verständlich, denn die Einzelzellen waren wirklich für eine Person konzipiert. Doch im Vergleich zum Verlies in Aspang war die E 212 ein Luxusappartement, mit einem Klappbett, einem Tisch, einem Sessel, einer Waschmuschel mit Fließwasser und – als Höhepunkt des Komforts – einem richtigen Klosett. Für einen Häftling also gar nicht so schlecht, für vier allerdings eine Katastrophe. Die Stimmung in dem sechs Quadratmeter kleinen Raum war dementsprechend gereizt. Über alles wurde debattiert: wer aufs Klo gehen und wer sich waschen durfte, wer zu laut oder wer zu leise redete. Keine Äußerung, die nicht bei irgendwem auf Widerspruch gestoßen wäre. Heinz, der Zellenälteste, schaffte es dank seiner Autorität, dass wir nur verbal und nicht handgreiflich aneinander gerieten. Sogar Sabata, der Nazi, unterwarf sich ihm. Auch auf Heinz wartete ein Hochverratsprozess, allerdings nicht wegen Betätigung für die KPÖ, sondern für die Trotzkisten.

Die Nachrichtenübermittlung im Gefängnis verlief relativ einfach. Es gab den täglichen 45-minütigen Spaziergang im gepflasterten Hof, und wer einmal Bekanntschaft mit diesem Hof gemacht hatte, wusste, warum das Landesgericht das „graue Haus" genannt wurde. Doch wir fieberten dem Spaziergang entgegen, denn dann konnten wir, obwohl Sprechen natürlich strengstens verboten war, die neuesten Informationen austauschen. Daneben gab es noch das so genannte „Häusltelefon", das über die Toiletten in den Zellen funktionierte. Wenn man das Wasser aus der Klomuschel entfernte, konnte man sich einwandfrei über mehrere Stockwerke unterhalten. Unangenehm war allerdings, dass jemand, der nicht mitmachen wollte, die „Leitung" jederzeit unterbrechen konnte. Und schließlich gab es noch die Informationsbeschaffung über die sogenannten Fazis, die gegen Bezahlung Nachrichtenkassiber beförderten.

Jeden Morgen und jeden Abend wurde aus einem Fenster im dritten Stock die Melodie aus Mozarts „Don Giovanni" gepfiffen – „Reich mir die Hand, mein Leben, komm auf mein Schloss zu mir!" Das war Brandels Erkennungszeichen und bedeutete, dass es ihm gut ging. Nach einer Woche blieb das Pfeifen aus; man hatte Brandel entlassen.

Wenig später wurde auch Sabata abgeholt; ob er frei kam oder in eine andere Zelle verlegt wurde, wussten wir nicht, aber es war uns auch egal. Wir weinten ihm keine Träne nach, sondern genossen den zusätzlichen Platz, den sein Weggehen uns bescherte. Ich bekam das Notbett, Heinz als Zellenältester das Klappbett. Nun wagten wir es auch, politische Diskussionen zu führen. Eine lange Woche verging, in der Heinz versuchte, mich zum Trotzkismus zu bekehren. Dann musste er einsehen, dass es aussichtslos war, genauso wie es mir nicht gelang, ihn für die KPÖ zu gewinnen.

Drei Wochen nach meiner Einlieferung erhielt meine Mutter zum ersten Mal Besuchserlaubnis. Wir hatten uns seit fast vier Monaten nicht mehr gesehen. Ich durfte nun einmal pro Woche besucht werden und bat meine Mutter, mir beim nächsten Mal den Sonntagsanzug mitzubringen. Ich hatte nämlich ein Schreiben des Ersatz-Wehrkreiskommandos Wien erhalten, das mich für den 10. Juni zur Musterung vorlud. Es wurde also ernst mit der allgemeinen Wehrpflicht.

Bei der Musterung wollte ich fliehen, dazu brauchte ich den guten Anzug. Ich sah darin auch kein Risiko, denn das berüchtigte „Auf-der-Flucht-Erschossen" hatte man noch nicht von den Nazis übernommen. Ich glaubte nicht, dass etwas schiefgehen würde, und malte mir die Freiheit in den leuchtendsten Farben aus. Wie herrlich würde es sein, jetzt im Sommer in der Donau zu schwimmen! Alles andere würde ich hinter mir lassen, die Wanzen, den Gestank, die unerträgliche Hitze in der Zelle und die Langeweile.

Der Tag, an dem sie mich zur Musterung holten, fiel auf meinen Geburtstag, den 21. Ich war nun offiziell volljährig und wehrpflichtig. Der Beamte führte mich durch mehrere Gänge und Sicherheitstüren und brachte mich schließlich – zum Oberlandesgerichtsrat. Ich war wie versteinert. Der Mann fragte mich: „Halten Sie das am 11. April im Bezirksgericht Aspang abgegebene Geständnis aufrecht?" Ich verneinte, denn es war erpresst worden, und ich wurde zurück in meine Zelle gebracht. Statt zur Musterung hatten sie mich dem Untersuchungsrichter vorgeführt! Politische Soldaten wollte der Staat nicht, vor allem nicht zur Landesverteidigung.

Heinz hatte mir prophezeit, dass meine Verhandlung frühestens in einem Jahr stattfinden würde, doch wenige Tage später wurde ich erneut abgeholt, dieses Mal aber in den Besucherraum geführt. Dort erwartete mich Dr. Sperber, jener

Anwalt, der aufgrund seiner Aussprüche große Bekanntheit erworben hatte. Mir hatte er jedoch nicht allzu viel Positives mitzuteilen. Zwar waren in der Causa „Antifaschistischer Mittelschülerbund“ alle anderen Beteiligten auf freiem Fuß angezeigt worden, doch für mich sah Dr. Sperber keine Chance bald freizukommen. Im selben Atemzug entschuldigte er sich, dass er sich so wenig um mich kümmern konnte, doch hatte er noch weitere hundert Klienten mit ähnlichen Geschichten.

Allerdings berichtete er mir über die jüngsten politischen Ereignisse, und so hörte ich zum ersten Mal von jenem reaktionären General in Spanisch-Marokko, der einen Aufstand gegen die republikanische Regierung inszeniert hatte. Von General Franco sollte ich bald Näheres erfahren; zuvor aber wurde mein Zellengenosse Heinz zu fünf Jahren Haft verurteilt und legte sofort Berufung ein. Bis zur nächsten Verhandlung würde er im Landesgericht I bleiben und nicht, wie die rechtskräftig Verurteilten, nach Stein an der Donau überstellt werden.

Bald gab es nur mehr ein Thema, das zuerst gerüchteweise zu uns gestoßen war, sich dann aber immer mehr verdichtete: Schuschnigg hatte ein Abkommen mit Hitler unterzeichnet, das die Beziehungen Österreichs zu Deutschland normalisieren sollte. Ein nicht unwesentlicher Bestandteil dieses Abkommens war die Freilassung sämtlicher inhaftierter Nationalsozialisten, und uns war klar, dass, wollte Schuschnigg das Gesicht nicht vollends verlieren, er eine Generalamnestie erlassen musste. Damit konnte er diesen Sieg der Nazis, denn nichts anderes war es, zumindest etwas schmälern und zeigen, dass der Führer noch nicht ganz über Österreich bestimmte.

Man würde uns also freilassen! Wir führten einen wahren Freudentanz auf, und gleichzeitig schlug sich das „Juliabkommen“ bitter auf unser Gemüt. Je mehr wir darüber erfuhren, desto gedrückter wurde die Stimmung. Darin war alles enthalten, was die Nazis in kürzester Zeit an die Macht bringen würde. Jetzt brauchten sie auch keine illegale Presse mehr, weil von nun an der „Völkische Beobachter“ und der „Stürmer“ an jedem Zeitungsstand erhältlich sein würden. Auch die 1.000-Mark-Sperre war gefallen; das brachte zwar gewisse wirtschaftliche Vorteile, doch konnten die Parteigenossen aus dem Reich unseren Nazis gleichzeitig auch den Rücken stärken. Und wenn Schuschnigg uns mit der Zeit allmählich wieder einfangen ließ, kümmerte das niemanden, während er das mit den Nazis aufgrund des Abkommens nicht mehr machen konnte. Und zu guter Letzt war der Passus, dass Hitler die Souveränität Österreichs als „zweiten deutschen Staat“ anerkennen würde, absolut widersinnig. „Ein Volk – ein Reich – ein Führer“ hieß die Parole – und nicht „zwei Reiche und zwei Führer“.

Mit unserer Befreiung zeichnete sich der Anfang vom Ende ab. Wir wussten, wem wir sie zu verdanken hatten und was ihr folgte. „Ich würde meine fünf Jahre abbrummen, wenn man dadurch das Abkommen rückgängig machen könnte“, meinte Heinz aufrichtigen Herzens. Auch ich wäre lieber im Gefängnis geblieben, als auf diese Weise freizukommen.

In einer Woche sollte es so weit sein, denn Schuschnigg hatte als Zeichen der Aussöhnung mit den Nazis den 25. Juli 1936, den zweiten Jahrestag des Dollfußmordes, als Tag der Amnestie gewählt. Etwas störte allerdings an diesem Datum – der 25. Juli war ein Sonntag, und es hätte uns sehr gewundert, wenn der ganze Rummel an einem Feiertag stattgefunden hätte. Bei den Gefangenen des Landesgericht I handelte es sich ja nicht um ein paar Dutzend, sondern um ein paar Tausend, und tatsächlich wurden am Sonntag nur einige wenige prominente Naziführer freigelassen, die übrigen Gefangenen standen auf einer Warteliste.

Am Montag vormittag wurde Heinz Czeczowicka, mein Zellengefährte, abgeholt. Wir verabschiedeten uns mit einem Händedruck, sagten aber nicht auf Wiedersehen, weil es keines geben würde. Zwar waren wir in dieser Zeit gute Freunde geworden, doch keiner von uns konnte seine politische Überzeugung abstreifen. Für mich hieß es warten, und dieses Warten war zermürbend. Ich beging das Sakrileg, mich am helllichten Tag um zwei Uhr nachmittags in voller Kleidung und mit Schuhen aufs Bett zu legen. Im Sinne der Hausordnung war das offene Rebellion, und der Wachebeamte, der wenig später die Zellentür öffnete, war sichtlich erschüttert. „A Glück, dass ma solchene Revoluzzer los san“, murrte er, dann holte er mich zu meiner Entlassung ab.

Nach mehreren schriftlichen Erklärungen wurde ich endlich vor die Tore des Gefängnisses geschoben. Die Landesgerichtsstraße war überfüllt mit wartenden Angehörigen, sogar auf den Alleebäumen saßen die Menschen, um nach ihren Verwandten Ausschau zu halten. Plötzlich, ich wusste nicht woher, stand meine Mutter vor mir. Sie war sprachlos vor Freude und zog mich zu einem Taxi, in dem Trude bereits auf uns wartete. Ich freute mich von Herzen, sie wiederzusehen. Sie war in diesen letzten sechs Monaten noch hübscher geworden. Im Herbst würde sie 18 Jahre alt sein. Wie schnell die Zeit verging! Für mich war sie ein halbes Jahr lang stillgestanden.

Mama erzählte mir, dass in der letzten Nacht über tausend Menschen vor dem Landesgericht übernachtet hatten. Trude und sie waren mit der ersten Straßenbahn um fünf Uhr früh losgefahren, um auf mich zu warten, aber es hatte 30 Stunden gedauert, bis ich endlich aus dem Gefängnis herauskam.

Zu Hause herrschte Hochstimmung, die noch durch den Besuch von Tante Hella verstärkt wurde. Sie war der festen Überzeugung, dass Hitler seinen Zenit bereits überschritten hätte, und sie musste es schließlich wissen, denn sie saß direkt im deutschen Generalkonsulat in Klagenfurt und war bestens über den Führer und seine Pläne informiert. In dieser Hinsicht wäre es zwecklos gewesen, ihr zu widersprechen.

Nach einigen Tagen begann ich wieder mit Nachhilfe. Während meiner Haft im Landesgericht I hatte mir der Akademische Senat in einem kurzen Schreiben mitgeteilt, dass ich laut einstimmigem Beschluss der Rektorenkonferenz von sämtlichen österreichischen Hochschulen auf Lebenszeit ausgeschlossen sei. Studieren konnte ich also nicht mehr, aber Geld musste ich verdienen. Ich fand drei Schüler mit insgesamt zehn Stunden pro Woche, von denen jeder drei Schilling pro Nachhilfestunde bezahlte. Von diesem Geld konnte ich mich selbst erhalten und zusätzlich meiner Mutter etwas geben.

Da ich wusste, dass ich polizeilich überwacht wurde, blieb ich vorerst offiziell politisch inaktiv. Privat traf ich mich aber mit meinen Freunden vom Antifaschistischen Mittelschülerbund, die mir, dem Ältesten und Längstinhaftierten unter den AMB-Mitgliedern, bei meiner Entlassung einen stürmischen Empfang bereitet hatten. Im Oktober nahm ich meine politische Arbeit als Agit-Prop-Kreisleiter schließlich wieder auf.

Die Revolte der marokkanischen Fremdenlegionäre hatte sich in der Zwischenzeit zu einem regelrechten Bürgerkrieg gemausert. General Franco hatte in Burgos eine Gegenregierung gebildet und konnte dabei unter anderem auch auf die Hilfe der deutschen „Legion Condor“ zählen. Wir sahen es als unsere Pflicht an, die Volksfrontregierung zu unterstützen. In größter Eile wurden so genannte Internationale Brigaden aufgestellt, um der bedrängten spanischen Regierung beizustehen, wobei die Österreicher in die deutsche Brigade „Ernst Thälmann“ eingegliedert wurden. Unser Kontingent an Freiwilligen war nicht groß, und nur einer von zehn hatte die Chance, genommen zu werden. Vorrangig war dabei die Kostenfrage: Leute, die genügend Geld hatten, um sich eine Spanienreise leisten zu können, meldeten sich nicht als Freiwillige, sondern fuhren auf eigene Faust nach Spanien.

Zu den Unbemittelten, die sich meldeten, gehörte mein Freund Josef Sieder, Agit-Prop-Leiter im XV. Wiener Gemeindebezirk. Ohne meine Unterstützung wäre seine Bewerbung aussichtslos gewesen, denn Genossen mit militärischer oder zumindest paramilitärischer Ausbildung wurden bevorzugt. Zudem mussten die Funktionäre, damit sie für Spanien freigestellt wurden, einen vollwertigen Ersatz stellen. Josef war nicht nur militärisch unbelastet, auch der Ersatz, den er mir anbot, war nicht gleichrangig. Trotzdem trat ich bei der nächsten Kreisleitersitzung für ihn ein, denn er wollte unbedingt gegen die Faschisten kämpfen, je früher, desto besser. Sein Schicksal war damit besiegelt; ich hätte ihn wirklich gerne begleitet, doch es gab niemanden, der mich in dieser Angelegenheit protegierte.

Unterstützung erhielt ich unerwartet auf einem ganz anderen Gebiet. Hilda Kohn, die Schwester eines angeheirateten Cousins meiner Mutter, wollte uns unbedingt helfen und verschaffte mir einen Job bei der jüdischen Firma Bunzl & Biach. Siebzig Bewerber hatten sich dort für eine Stelle gemeldet, aber nach einem Eignungstest in französischer und englischer Geschäftskorrespondenz wurde ich genommen, mit einem Anfangsgehalt von 100 Schilling im Monat.

Bunzl & Biach handelte mit allem und jedem, besonders mit Abfällen, Papier und Metallen. Das Geschäft wurde von drei Brüdern mit eiserner Hand und einer fast religiösen Hingabe fürs Geldverdienen geführt. Wohlgemerkt: fürs Verdienen, nicht fürs Ausgeben. Ich wurde der Altpapierabteilung zugeteilt, die dem verarmten Neffen des Seniorchefs unterstand. Da er geistig keine Leuchte war, musste er unzählige Rügen von seinem Onkel einstecken, die er dann alle in irgendeiner Form an mich weitergab. Meine Eltern waren glücklich, dass ich einer geregelten Beschäftigung nachging und ein paar Schilling verdiente, und auch viele der arbeitslosen Genossen im Kommunistischen Jugendverband beneideten mich. Ich wagte nicht, ihnen zu sagen, wie unglücklich ich mich fühlte. Das Büro erinnerte mich immer stärker an ein Gefängnis, an eine große Gemeinschaftszelle. Die Tage schlichen dahin, und der Umgangston – vor allem der meines Chefs – war überheblich und forsch. Ich beneidete Trude um ihre Bühnenjobs. Sie brauchte die Leuten nur zu unterhalten, amüsierte sich meist selbst dabei und verdiente mehr als ich.

Fragen zum Spanischen Bürgerkrieg oder, näherliegend, zum Austrofaschismus waren in meiner Firma zweitrangig. Obwohl die Besitzer und auch der Vorarbeiter Juden waren, beschäftigten sie sich nicht mit Politik. Antisemiten habe es, da waren sie einer Meinung, immer gegeben und würde es auch immer geben, trotzdem hätten die Juden überlebt. Es habe also keinen Sinn, sich den Kopf darüber zu zerbrechen, ändern könnte man sowieso nichts. Und außerdem sei Politik seit eh und je ein schmutziges Geschäft gewesen.

Obwohl ich nun ein regelmäßiges Gehalt hatte, war mein Monatsbudget wirklich dürftig. Das Mittagessen, von der Frau des Firmenportiers zubereitet, kostete einen Schilling pro Menü, das machte 20 Schilling im Monat. Das Fahrgeld betrug fünf Schilling, 30 Päckchen Zigaretten kosteten mich 24 Schilling, und zu Hause gab ich weitere 35 Schilling ab, was alles in allem 84 Schilling pro Monat ergab. Theoretisch hätten noch 16 Schilling übrig bleiben müssen, praktisch war dem aber nicht so. Monatlich wurden mir sechs Prozent vom Lohn für die Urlaubskasse abgezogen. Wenn ich nach einem Jahr urlaubsberechtigt war, würde mir ein voller Gehalt ausbezahlt, die fehlenden 28 Prozent zahlte die Firma dazu. Trotzdem, die Urlaubskasse bedeutete sechs Schilling Abzug pro Monat, dazu kam noch die Krankenkassa und die Steuer mit drei Schilling sowie die Vaterländische Front und Einheitsgewerkschaft mit je einem Schilling. Nach Adam Riese machte das insgesamt 95 Schilling aus, also blieb mir die fürstliche Summe von fünf Schilling für Unterhaltung, Kleidung und Sonstiges. Ob ich der Vaterländischen Front oder der Einheitsgewerkschaft überhaupt beitreten wollte, hatte man mich nicht gefragt, das ging automatisch. Kein Wunder also, dass die VF mit stolzgeschwellter Brust verkünden konnte, mehr als zwei Millionen Mitglieder zu haben.

Die Sorge, wohin ich mein Geld transferieren sollte, teilte ich nicht mit dem alten Bunzl, wohl aber die Befürchtung, dass der Sieg der Nazis bevorstand. Meine politische Betätigung bot mir schon seit einiger Zeit nicht mehr den gleichen Auftrieb und die Zuversicht wie früher, und es gelang mir kaum, meine elende Stimmung zu unterdrücken. Aktionen mit Ansprachen und Transparenten hatten wir schon längst aufgegeben, zu groß waren die Verluste durch Verhaftungen und zu gering die Wirkung.

Im Burgtheater versuchte ich mich noch manchmal als Agitator. Ich inszenierte Hochrufe und lärmenden Applaus für Marquis Posas Ruf „Sire, geben Sie Gedankenfreiheit!" Das Publikum ging mit, aber was hieß das schon? An dieser Stelle wurde ja immer applaudiert. Die anderen Aufführungen eigneten sich kaum für Demonstrationen, obwohl nicht wenig Politik im Spiel war. Und je schlechter die Stücke, desto besser die Besetzung. Bald schon kamen die Zuschauer immer öfter wegen der Schauspieler und weniger wegen der Handlung. Man ging nicht ins Theater, um Disraeli zu sehen, sondern Ernst Deutsch, nicht wegen der „Mädchenjahre einer Königin“, sondern wegen Alma Seidler, und schon gar nicht wegen „Metternich“, sondern wegen Raoul Aslan.

Dann erreichte uns die Nachricht, dass auch Michail Tuchatschewski, Kommandant der Fernostarmee, mit Hitler gegen die Sowjetunion konspiriert hätte. In der „Roten Fahne“ druckten wir alle Gerichtsaussagen aus Moskau wortgetreu ab. Für unsere Feinde waren die Prozesse Wasser auf den Mühlen, doch mir waren die Fälle Bucharin, Sinowjew, Kamenew und Tuchatschewski ganz klar. Gegenüber meinen Genossen trat ich vehement dafür ein, die Trotzkisten bis zum letzten Gefolgsmann zu beseitigen, nicht, weil ich sie hasste, sondern weil sie der Partei und damit der Weltrevolution schadeten. Meine Argumente wurden nie angezweifelt, ich konnte alle von der Richtigkeit der Moskauer Prozesse überzeugen. Schweren Herzens dachte ich an meinen ehemaligen Zellengenossen Heinz Czeczowicka; der hätte es mir nicht so leicht gemacht.

Als wir mit den Vorbereitungen zum Jahrestag des 12. Februar beschäftigt waren, wurde Genaueres über das Treffen Schuschnigg-Hitler in Berchtesgaden bekannt. Die Befürchtungen, die ich bei meiner Befreiung im Juli 1936 gehabt hatte, schienen sich nun zu bewahrheiten. Was Hitler und Schuschnigg vereinbart hatten, war die Kapitulation Österreichs vor dem Nationalsozialismus. Hitler hatte seine Forderungen durchgesetzt, darunter auch die Einbeziehung von Nazis in die zukünftige österreichische Regierung.

Eine eiligst einberufene Funktionärskonferenz ließ mich

wieder ein wenig Hoffnung schöpfen. Wir waren uns sicher, dass sich Schuschnigg, wollte er Österreich nicht kampflos ausliefern, an uns wenden musste. Auch die illegalen Gewerkschaften, deren Stärke unbestritten war, meldeten ihre Abwehrbereitschaft an. Über Nacht stellten wir alle propagandistischen Angriffe gegen den Austrofaschismus und die Vaterländische Front ein und hofften auf die Einsicht der Regierung. Doch Schuschnigg nutzte die Verhandlungsbereitschaft der Linken für seine Zwecke und kündigte für den 24. Februar 1938 einen Rechenschaftsbericht vor der Bundesversammlung im ehemaligen Parlament an. Sämtliche Belegschaften der Wiener Betriebe wurden auf die Ringstraße beordert, um die Rede des Kanzlers via Lautsprecher zu hören.

Die Wiener Arbeiterschaft versammelte sich in Massen, und nicht etwa, weil die Vaterländische Front dazu aufgerufen hatte, sondern die Revolutionären Sozialisten, die KPÖ und die illegalen Gewerkschaften. Der Anblick der riesigen Menschenmenge war überwältigend. Zum ersten Mal seit langer Zeit erlebte ich eine Demonstration, ohne dass überall Polizisten aufmarschierten. Keine einzige grüne Uniform; wir waren praktisch unter uns und organisierten unseren eigenen Ordnerdienst. Meterhohe rot-weiß-rote Fahnen wehten von den Masten auf der Ringstraße und vor dem Parlament, überall waren Lautsprecher montiert. Der Tenor der Rede Schuschniggs war einfach – bis hierher und nicht weiter, Obersalzberg bedeutete das Maximum an Zugeständnissen, die Selbstständigkeit Österreichs durfte nicht in Frage gestellt werden. Bei jeder Betonung der Unabhängigkeit Österreichs wurde die Rede von minutenlangem Applaus unterbrochen.

Das Ende der Kundgebung war noch überraschender als der polizeilose Anfang. Durch die schmale Gasse, die unser Ordnerdienst zwischen den Menschen freigemacht hatte, fuhr eine schwarze Limousine. Kurt Schuschnigg wurde auf den Schultern der Demonstranten zu seinem Wagen getragen, ohne Polizei und ohne Schutz. Der österreichische Kanzler, Führer des Klerikofaschismus und Todfeind der Demokratie, war in unserer Gewalt, und wir schrien unablässig „Hoch, Hoch, Hoch!“ Aber nicht „Hoch Schuschnigg“, sondern „Hoch Österreich“!

Ich fühlte mich beschwingt und glücklich wie schon lange nicht mehr. Hier standen wir auf der Ringstraße, so stark wie eh und je und bereit, uns zu verteidigen und jeden Naziangriff auf Österreich abzuwehren. Der Kleinmut der vergangenen Tage wich einer Siegesgewissheit. Ich war nicht mehr allein mit meinen schwarzen Gedanken und der Resignation angesichts einer vermeintlichen Niederlage, tausende Gesinnungsgenossen hatten mich gestärkt und meine Hoffnungslosigkeit ad absurdum geführt.

Meine Eltern und der Major hatten die Übertragung der Schuschnigg-Rede zu Hause im Radio verfolgt. Wir alle waren nun beruhigt – doch es sollte anders kommen. Der Kanzler war nicht geneigt, die Demokratie wieder herzustellen, denn im Grunde waren ihm die österreichischen Kommunisten und Sozialdemokraten weitaus unsympathischer als Adolf Hitler mit seiner SS. Der einzige Haken war nur, dass Hitler ihn nicht neben sich duldete. So beschloss er, eine Volksabstimmung durchzuführen, die uns wiederum in arge Bedrängnis brachte. Auf den Wahlzetteln wurde nämlich gefragt, ob wir für ein freies, selbstständiges Österreich wären. Nicht für ein ständisches oder christliches, sondern für ein freies und selbstständiges. Das hieß, dass wir unmöglich mit Nein stimmen konnten. Wir mussten Ja sagen, und gaben unsere Stimme damit Schuschnigg und seiner Vaterländischen Front.

Major Falk, langjähriger Freund und Vertrauter

In der Theorie klang das ja ganz einfach und logisch, in der Praxis führte es aber zu heftigen Diskussionen. Wie sollte man zum Beispiel der Witwe eines gefallenen Schutzbündlers erklären, dass es ihre verdammte Pflicht und Schuldigkeit war, mit Ja zu stimmen, und damit indirekt für die Mörder ihres Mannes? Es war teuflisch. Schuschnigg zwang uns zu diesem Ja, aber es wäre viel leichter gewesen, die gesamte Linke auf „Stimmt ungültig“ zu bringen.

Der Termin für die Volksabstimmung war ursprünglich auf den 13. März 1938 festgelegt, wurde dann aber auf April verschoben. Der 11. März war ein Donnerstag, und nach Arbeitsende ging ich gleich nach Hause. Besonders meine Mutter war immer froh, wenn sie mich daheim wusste, denn seit mehr als einem Jahr befürchtete sie täglich, dass ich verhaftet würde.

Die Stimmung zu Hause war auf dem Nullpunkt. Nichts konnte uns oder den Major, der zu Besuch war, aufheitern. Wir schalteten das Radio ein, doch auch hier erwartete uns nichts Gutes. Bundeskanzler Schuschnigg erklärte seinen Rücktritt und forderte die Bevölkerung auf, den deutschen Truppen keinen Widerstand zu leisten. „Wir weichen der Gewalt. Gott schütze Österreich!“, waren seine letzten Worte. Der Major saß unbeweglich da, Tränen rannen ihm über die Wangen. Meine Eltern blieben jedoch ungerührt. Hatten sie die Tragweite des Vorfalls nicht begriffen? „Ärger, als es jetzt ist, kann es nicht mehr werden“, meinte mein Vater, und in gewisser Weise hatte er Recht. Wir waren wirtschaftlich völlig ruiniert, und hatten sich meine Eltern früher von Monat zu Monat und dann von Woche zu Woche Sorgen gemacht, wie es weitergehen sollte, so wussten sie jetzt von Tag zu Tag nicht, wie sie ihren Lebensunterhalt bestreiten sollten. Für sie konnte es, so dachten sie, wirklich nicht mehr schlimmer werden. Mein Vater stellte das Radio ab, er hatte genug schlechte Nachrichten gehört.

Am nächsten Tag, einem Samstag, traute ich meinen Augen nicht. Von jedem Haus wehte eine große schwarz-weiß-rote Fahne mit dem Hakenkreuz in der Mitte. Die Nationalsozialisten hatten ganze Arbeit geleistet, Wien erstickte schier in diesem Meer von Naziflaggen. Wir waren in Österreich schlafen gegangen und in Deutschland aufgewacht.

Der Abschied

Es war der 12. März; auf dem Weg ins Büro sah ich viele Trupps in teilweise malerischen Trachten, alle mit Hakenkreuzarmbinde. Die wenigen Polizisten, denen ich begegnete, trugen ebenfalls Armbinden mit schwarzem Hakenkreuz auf weißem Grund.

In den Straßenbahnzügen herrschte die gewohnte Drängelei und die schlechte Laune der Frühaufsteher. Viele Passagiere kannte ich seit langer Zeit vom Sehen. Seit einigen Monaten schwärmte ich von einer jungen Frau, die genau so aussah, wie ich mir die große Liebe vorstellte. Allerdings hatte ich noch nicht gewagt, sie anzusprechen. Ich saß nur da und starrte sie an, von der Station Meidlinger Hauptstraße bis zur Schwedenbrücke, 20 Minuten lang. Mit den Ereignissen des vorherigen Tages hatte sich aber auch meine Einstellung geändert. Meine Angst schien verflogen, ich setzte mich neben sie und schrieb auf einen Zettel: „Ich muss Sie sehen!" Sie musterte mich einige Minuten lang, dann kritzelte sie darunter: „Morgen um 9 Uhr, Stadtbahnstation Meidling."

Mir schwirrte der Kopf, ich konnte nur noch an diese Verabredung denken. Vor dem Portal der Firma Bunzl & Biach wurde ich aber schnell aus meinen Träumen gerissen. Zwei SA-Männer mit geschulterten Gewehren verwehrten mir den Zugang, ich war hier nicht erwünscht. Also beschloss ich, nach Hause zu gehen.

Auf allen Straßen und Plätzen begegneten mir singende, grölende Nazitrupps mit Hakenkreuzfahnen. Unaufhörlich brausten Flugzeugstaffeln über die Stadt und entluden tonnenweise Propagandamaterial. Niemand hob die Blätter mehr auf, jeder kannte sie bereits. „Das nationalsozialistische Deutschland grüßt sein nationalsozialistisches Österreich" – mehr war dem Reichspropagandaministerium im letzen Augenblick wohl nicht eingefallen.

Zuerst wollte ich nachsehen, wie es meinem Vater im Geschäft ging, stand jedoch kurz darauf vor geschlossenen Rollbalken. In leuchtend weißer Farbe prangte dort die Aufschrift „Jude", auf der Hausmauer war, von zwei Krukenkreuzen flankiert, die Parole „Ja zu Österreich" zu lesen. Österreich? „Österreich gibt es nicht mehr", hatte der Major geschluchzt. Das kam mir erst jetzt richtig zu Bewusstsein, und ich war nahe am Weinen.

Der Weg zog sich, auf vielen Straßen musste ich regelrecht durch Flugblätter waten, immer mit dem gleichen Text: „Das nationalsozialistische Deutschland grüßt sein nationalsozialistisches Österreich". Entgegen meiner Erwartung waren meine Eltern sehr ruhig und gefasst. Mein Vater hatte es zwar nicht gewagt, das Geschäft aufzusperren, doch waren beide, Vater und Mutter, fest davon überzeugt, dass sich alles beruhigen würde, sobald die Polizei wieder Herr der Lage wäre. Die Polizei war ja schließlich und endlich dazu da, die steuerzahlenden Bürger zu schützen, auch dann, wenn diese Bürger jüdisch waren.

Trude war ebenfalls zu Hause, schlief aber bis weit in den Tag hinein, da sie am Abend zuvor lange im Theater gearbeitet hatte. Als sie endlich aufstand, berichteten wir ihr von den jüngsten Vorkommnissen, doch sie blieb ruhig, geradezu optimistisch und heiter. Da stimmte etwas nicht, und ich knöpfte sie mir unter vier Augen vor. Schließlich erzählte sie mir, dass sie einen hohen NS-Funktionär kennengelernt hatte, der sie restlos begeisterte. Wusste sie wirklich nicht, dass das „Rassenschande“ war? Das galt doch nicht für sie, sie war ja keine Jüdin! Zuerst war sie konfessionslos gewesen, dann katholisch, aber nur auf dem Papier, wie sie betonte, die Nürnberger Rassengesetze hätten für sie keine Gültigkeit. Auch dass wir alle aufgrund der „Sippenhaftung“ eingesperrt werden könnten, wollte sie nicht glauben. Mir platzte der Kragen, und zwischen uns entbrannte ein heftiger Streit. Doch mit welchem Recht stellte ich sie zur Rede? Sie war mittendrin in dieser so genannten „Rassenschande“ – und ich plante sie gerade.

Im Radio wurde verlautbart, dass ein begeistertes Wien auf den Einmarsch der deutschen Truppen wartete. Als erste Tat hatte der neue Bundeskanzler Seyss-Inquart das befreundete Deutsche Reich um Truppen gebeten, die helfen sollten, Ruhe und Ordnung wieder herzustellen. Beides war zwar in den letzten Tagen außer von den Nazis selbst nicht gestört worden, aber das spielte anscheinend keine Rolle. Die Truppen sollten, wie der Sprecher erklärte, ab Montag, den 14. März, für noch unbestimmte Zeit in den Schulen einquartiert werden.

Am nächsten Tag, um Punkt neun Uhr, war ich auf der Lobkowitzbrücke. Mein Herz klopfte bis zum Hals. Ich stand vor ihr, aufgepflanzt wie ein Gardesoldat und unfähig, etwas zu sagen. „Gehen wir weg von den vielen Menschen“, flüsterte sie mir zu. Ich war noch immer sprachlos, marschierte aber neben ihr her. Sie ergriff meinen Arm und hängte sich ein, als wären wir ein Paar. Sie schien es mir nicht übel zu nehmen, dass ich noch immer kein Wort über die Lippen gebracht hatte.

Vor einem großen, kasernenähnlichen Mietshaus in der Ullmannstraße blieb sie stehen, zögerte kurz und führte mich dann hinein. Im Treppenhaus sah es aus wie bei Großmutter und Tante Rosa. Ich fühlte mich heimisch und abgestoßen zugleich. Ihre Wohnung sah aus wie die am Lerchenfelder Gürtel: das gleiche vergitterte Gangfenster mit dem blütenweißen Vorhang, die braungebeizte Eingangstür, ein Zimmer mit Küche, selbst der Abstand zum Gangklosett war derselbe wie bei Großmutters Behausung.

Wir waren beide verlegen. Es dauerte einige Zeit, bis Klara zu erzählen anfing. Ihre Mutter lag gelähmt im Lainzer Krankenhaus, ihr Vater war vor einem Jahr gestorben. Sie war 21 Jahre alt, also zwei Jahre jünger als ich, und arbeitete als Kontoristin bei einer Textilfirma am Franz Josefs-Kai. Die Firma gehörte Juden, und sie wusste nicht, wie es nun weitergehen würde.

Wie es mit uns weitergehen sollte, wussten wir auch nicht. Wir betrieben „Rassenschande", auf Dauer konnte das nicht gut gehen. Doch wer fragte unter diesen Umständen schon nach dem Morgen? Nicht einmal die raueste Wirklichkeit konnte unser Liebesglück zerstören. Es gab nur uns und unsere Liebe, der Rest war böser Spuk.

Noch am selben Tag, als ich von Klara wegging, sah ich die endlose Kolonne der motorisierten Einheiten der Wehrmacht, die in Wien einrollte. Über den Köpfen dröhnten die Motoren der Jagdstaffeln. Jetzt warfen sie keine Flugblätter mehr ab, das nationalsozialistische Deutschland brauchte sein nationalsozialistisches Österreich nicht mehr zu grüßen, es war dabei, es sich einzuverleiben. Innerhalb einer Stunde zogen wahrscheinlich mehr Fahrzeuge an mir vorbei, als die österreichische Armee in ihrem ganzen Bestand aufweisen konnte. Und noch immer war kein Ende der Kolonne abzusehen. Wer wäre da nicht beeindruckt gewesen? Ich auf jeden Fall war es.

Dann, am Dienstag, den 15. März, stand ganz Wien Kopf

– der Führer hielt Einzug. In der Firma blieben die Juden unter sich, die „Arier" waren am Heldenplatz, um den großen Augenblick zu genießen. „Wien ist eine Perle, und ich werde dieser Perle eine würdige Fassung geben", schrie der Führer. Die Menge brüllte zurück, und Hitler versprach eine Volksabstimmung, bei der die Österreicher selbst entscheiden sollten, ob sie „heim ins Reich" wollten oder nicht.

Klara und ich sahen uns täglich, und ich kam erst um Mitternacht nach Hause. Bis dahin hatte meine Mutter Stunden voller Angst und Sorge ausgestanden. An diesem 15. März traf ich sie aufgelöst an, auch Papa war in elender Verfassung. Daran war aber nicht mein spätes Heimkommen schuld; die Nazis hatten Mama zu den Putzscharen geholt. Man hatte sie geschlagen, mit Farbe beschmiert, erniedrigt, beschimpft und stundenlang auf offener Straße gequält und verhöhnt. Sie wagten beide nicht mehr, unser Geschäft nochmals zu betreten. Der Major erklärte sich bereit, sukzessive den bescheidenen Warenbestand in unsere Wohnung zu transportieren.

Unser Kriegsrat dauerte bis zwei Uhr morgens. Auch Trude war dabei; der Direktor des Theaters, bei dem sie zuletzt einige Auftritte gehabt hatte, hatte ihr mitgeteilt, für sie keine Verwendung mehr zu haben. „Such' ich mir eben einen anderen Chef, einen weniger feigen", hatte sie gemeint, ohne viel Aufsehen oder große Emotionen, ohne Flüche oder Verwünschungen. Als sie aber erfuhr, was mit Mama geschehen war, saß das tief. Mama hatten sie geholt und in den Dreck gezerrt. Hier hörte für Trude jeder Spaß auf, sie zitterte förmlich vor Hass. Ich nahm sie beiseite und fragte nach ihrem NS-Funktionär. Sie sah mich drohend an: „Wenn du noch ein Wort sagst, erwürge ich ihn, und du bist schuld, wenn mich die Nazis aufhängen!" Ich ließ das Thema fallen; Hauptsache, Trude hatte kapiert, was los war.

Dieses Erlebnis hatte sie in wenigen Minuten verändert. Trude war eine erwachsene Frau geworden. Sie wusste zwar noch immer nicht genau, was sie wollte, aber sie wusste nun umso bestimmter, was sie nicht wollte.

Die so genannte Volksabstimmung war für den 10. April angesetzt. Wenige Tage vorher traf ich den Genossen Leo, einen der eifrigsten Mitarbeiter des ehemaligen Antifaschistischen Mittelschülerbundes. Ich erzählte ihm von der Aufforderung unseres Greißlers, wir sollten endlich von hier verschwinden. „Das ist vielleicht ernster, als du glaubst", meinte er nur und ließ mich unruhig und verdrossen zurück. Anstatt mir die Möglichkeit zu geben, in den Untergrund zu gehen, beschränkte sich die Partei darauf, die Verbindung aufrechtzuerhalten. Die Treffen mit meinem Kontaktmann wurden immer kürzer und waren von Angst und Unsicherheit begleitet. Und dieses Gefühl, eine Art Aussätziger zu sein, ließ mich noch mutloser und verzweifelter werden. Nur für Klara gab es keine Angst und keine Rassengesetze.

Inzwischen ging ich wieder zur Arbeit, aber es gab so gut wie nichts zu tun. Trude versuchte, die Toilettenartikel aus unserem Laden zu verkaufen. Sie war ständig unterwegs zu jüdischen Kunden, sogar zu den Götzels auf der Hohen Warte ging sie. Onkel Alfred verhandelte wegen der Arisierung seiner Fabrik, und Tante Ella lag wie immer wegen einer Nervenkrise im Bett. Sie bereiteten ihre Auswanderung vor und konnten uns deshalb, wie sie sagten, nicht unterstützen, sie bräuchten jede Mark selber.

Vom Major erfuhren wir alle Einzelheiten, wie es bei der Volksabstimmung zugegangen war. Gleich anschließend konnte jeder Wähler das so genannte Abstimmungsabzeichen kaufen, mit dem er öffentlich zeigte, dass er mit Ja gestimmt hatte. Am Montag auf der Fahrt ins Büro sah ich hunderte und aberhunderte Männer und Frauen, die dieses Abzeichen trugen.

Klara hatte bei der Abstimmung darauf bestanden, in die Wahlzelle zu gehen, anstatt ihre Entscheidung öffentlich bekanntzugeben. Das war sehr mutig gewesen, aber war es auch klug? Ich machte mir große Sorgen um sie. Sicher hatte das Aufsichtspersonal bei jenen Wählern, die darauf bestanden hatten, geheim abzustimmen, eine Anmerkung gemacht. Wenn es nun in Klaras Wahlsprengel nur wenige Nein-Stimmen gab, konnten die Nazis leicht feststellen, von wem sie stammten. Klara war sehr unglücklich über unsere Auseinandersetzung: „Ich konnte die Nazis nicht wählen, gerade du solltest das verstehen. Was hättest du gemacht, wenn du wahlberechtigt gewesen wärst?" Diese Frage hatte ich mir noch nie gestellt, und ihre Beantwortung erschien mir genauso schwierig wie jene auf die Frage, ob ich Nazi geworden wäre, hätte ich zufällig einen „arischen" Stammbaum gehabt.

Mit Klara versöhnte ich mich wieder, aber zu Hause erwartete mich eine Überraschung ganz anderer Art. Brieflich stellten mir einige Nazi-Größen, darunter auch mein alter Feind Liebenberg, das Ultimatium, innerhalb von 24 Stunden zu entscheiden, ob ich lieber verhaftet werden oder emigrieren wollte. Den ganzen Abend lang beriet ich mich mit meinen Eltern. Es gab eine Reihe von Problemen, wobei am schwersten ins Gewicht fiel, dass ich keinen Pass hatte. In den letzten Jahren war ich nie weiter als 15 Kilometer über die Wiener Stadtgrenze hinausgekommen, hatte also keinen Pass gebraucht. Aber selbst wenn ich einen gehabt hätte, wäre er mir 1936 abgenommen worden, und als politisch Verdächtiger wurde mir nun auch kein neuer mehr ausgestellt. Ich ließ die Briefeschreiber über die bewährte Greißler-Post wissen, dass ich unverzüglich emigrieren würde, sollten sie mir das benötigte Ausreisedokument verschaffen. Natürlich lehnten sie ab, teilten mir aber nochmals unmissverständlich mit, dass ich nach dem folgenden Wochenende verschwunden sein müsste.

Nun galt es rasch zu handeln. Vernünftig wäre es gewesen, im Osterverkehr unterzutauchen, doch ich wollte meine Galgenfrist bis zur letzten Minute ausnützen, also bis Dienstag, den 19. April. Der leichteste und kürzeste Fluchtweg führte über die Tschechoslowakei, doch dagegen sträubte ich mich, denn ich wollte nach Westen, in die Schweiz. Den Grund dafür verriet ich weder den Eltern noch dem Major, aber ich wollte unbedingt nach Spanien; und die kürzeste Route dorthin führte über die Schweiz und Frankreich.

Ich begann unverzüglich mit den Vorbereitungen zu meiner Abreise. Seit einem Monat hatte ich jede Nacht bei Klara verbracht, nun blieb ich zu Hause. Ich wagte nicht, ihr die Wahrheit zu sagen. Durch Klara waren die Tage seit der Machtübernahme weniger schlimm gewesen, nun aber wog alles doppelt schwer. Ich hätte sie so gerne gesehen, doch es wäre wahnwitzig gewesen, im letzten Augenblick alles zu riskieren.

In groben Zügen stand mein Fluchtplan fest. Ich würde mit dem Expresszug nach Innsbruck fahren, dann mit einem Personenzug bis nach Hohenems. Von dort war es nicht mehr weit zur Schweizer Grenze. Auf der Karte hatte ich bereits den günstigsten Übergang markiert. Er lag bei Altach, wo der Alte Rhein die Grenze bildete. Auf der anderen Seite des Flusses lag die Schweizer Ortschaft Diepoldsau.

Im Betrieb ließ ich mich beim Seniorchef anmelden, seit dem Umsturz sah ich ihn zum ersten Mal. Er hatte seine Sicherheit und Überlegenheit verloren, wirkte unruhig und verängstigt. „Was kann ich für Sie tun?“, fragte er müde, und ich sagte ihm die Wahrheit. „Ich möchte auf Urlaub gehen und komme nicht mehr zurück." Er winkte ab, wollte es nicht so genau wissen. „In Ordnung, ich veranlasse alles Nötige. Zu Mittag können Sie Ihr Geld haben. Alles Gute und viel Glück!" Das hatte geklappt; ich würde insgesamt 200 Schilling oder 100 Mark ausbezahlt bekommen. Das war viel Geld, für mein Vorhaben aber zu wenig.

Die letzten Stunden im Büro wollten nicht vergehen. Ich holte mein Geld von der Kassa und verabschiedete mich von den jüdischen Kollegen und den wenigen „arischen", die noch mit mir redeten. Sie wünschten mir gute Erholung und einen schönen Urlaub. Den Nachmittag verbrachte ich damit, einen Abnehmer für meine wertvolle Markensammlung zu finden. Ich brauchte Geld, und der Katalogwert der Sammlung lag bei rund 3.000 Mark. Aber in einer Notsituation kann man nicht handeln, und alles, was ich dafür herausschlagen konnte, waren 200 Mark.

Ich erstand einen grauen Frühjahrsanzug, einen dazupassenden Mantel, Schuhe und ein wenig Wäsche. Ich zog alles sofort an, ließ mir aber die alten Sachen einpacken. Anschließend ging ich zum Friseur, danach zum Fotografen. Die Stimmung im Atelier Weitzmann war sehr gedrückt und passte gut zu meiner eigenen. „Schaun Sie nicht so ernst, junger Mann, lächeln Sie, lachen Sie, denken Sie an etwas Lustiges. Sie haben das Leben noch vor sich, da kann man noch lachen!", meinte der alte Weitzmann, doch ich war überzeugt davon, dass wir alle miteinander nichts zu lachen hatten. „Wissen Sie, was ich am liebsten möchte? Jung sein wie Sie, darum beneide ich Sie, dann würde ich ins Ausland gehen. Aber was sollen wir Alten tun? Da kann man nur bleiben, nicht wahr?" Ich wusste nicht, was Herr Weitzmann tun sollte oder zehntausende andere, ich wusste auch nicht, was meine

Eltern tun konnten. Ich wollte ihnen so gerne helfen und konnte es nicht.

Verabredungsgemäß besuchte ich Leo, meinen Kontaktmann zur Partei. Obwohl ich mich hundertprozentig auf ihn verlassen konnte, waren unsere letzten Treffen unangenehm verlaufen. Bei dieser Verabredung, die – entgegen aller konspirativer Grundsätze – in seiner Wohnung stattfand, wurde ich jedoch mit überströmender Herzlichkeit empfangen. Leo hatte seine Eltern fortgeschickt, damit sie im Ernstfall wahrheitsgemäß aussagen konnten, von nichts gewusst zu haben. Die Scheu und Ängstlichkeit, die er in letzter Zeit bei jeder Begegnung mit mir gezeigt hatte, war gewichen. Wir kramten in alten Erinnerungen, aber ich merkte, dass Leo nicht nach meinen persönlichen Plänen fragen wollte. Also musste wohl ich mit der Sprache heraus. „Dienstag fahre ich!" „Also doch! Wir können nicht viel für dich tun. Geld haben wir keines, das weißt ja, aber ein bissl was haben wir gemacht für dich. Wart einen Moment!" Er ging in die Küche und kam mit einem Päckchen zurück, das er öffnete. Vor mir lagen der Reihe nach drei metallene Ansteckplaketten – das Abzeichen, das bei der Volksabstimmung verteilt worden war, ein Parteiabzeichen der illegalen Nationalsozialisten und schließlich die Insignien eines SA-Sturmführers. Ich war gerührt. Das war eine große und unerwartete Hilfe, die mir meine Freunde zukommen ließen. Nicht auszudenken, was passiert wäre, hätte man sie beim Diebstahl erwischt! Leo und ich umarmten uns. In seinen Augen schimmerte es verräterisch, ich aber hatte mich gut im Griff. Es schien, dass ich begann zu lernen, Abschied zu nehmen.

Klara wohnte nicht weit von Leos Wohnung entfernt. Fast automatisch schlug ich den Weg dorthin ein. Sie sah mich an, und am liebsten hätte ich aufgeheult vor Schmerz. Ich sagte ihr, dass ich auf Urlaub fahren würde, und sie wusste sofort, was ich meinte. Es war unser letztes Beisammensein, die nächsten beiden Tage gehörte ich ausschließlich meinen Eltern. „Dich werde ich vielleicht wiedersehen, Klara, aber die Eltern nicht mehr." Sie verstand, versuchte aber, mir diesen Gedanken auszureden. „Du wirst sie wiedersehen, sei doch nicht so pessimistisch." Doch ich war nicht pessimistisch, ich war nur realistisch.

Am Sonntag und Montag ging ich mit Papa zu unseren Lieblingsplätzen am Küniglberg und Rosenhügel spazieren. Das Wetter war herrlich, richtiges Osterwetter. Wir waren fast glücklich, aber die Zeit raste in unerhörtem Tempo. Tante Hella besuchte uns kurz, sprach mir Mut zu und versicherte aufs Neue, dass die Tage der Nazis gezählt wären. Der Major versuchte, heiter zu erscheinen, weinte aber mehr, als er lachte. Trude wirkte gelassen und ruhig; der Hass auf die Nazis hielt sie aufrecht.

Am Montagabend verabschiedete ich mich endgültig vom Major und seiner Familie. Seine Frau und Grete weinten, der Major umarmte mich immer wieder, brachte aber kein Wort hervor. „Du hast morgen einen schweren Tag, leg' dich nieder", empfahl mir Papa, und ich folgte seinem Rat. Als ich das Licht abdrehen wollte, kam Mama ins Zimmer: „Vielleicht ist es egoistisch von mir, dich jetzt nicht schlafen zu lassen. Aber es sind die letzten Stunden, die wir miteinander haben. Sollen wir sie verschlafen?" Mama hatte Recht. Sie legte sich neben mich, und wir ließen meine Kindheit und Jugend Revue passieren. Unzählige Einzelheiten, die ich schon vergessen wähnte, wurden lebendig. Dann sprachen wir von der Zukunft, von meinem Fluchtweg und den Arbeitsmöglichkeiten im Ausland. „Vielleicht finde ich in Frankreich Arbeit, dann kann ich euch nachkommen lassen". Mama lächelte. „Schau in erster Linie auf dich. Wenn ich weiß, dass du in Sicherheit bist, ist das schon ein Trost für mich.“ Mama hatte mich durchschaut, sie wusste, dass ich von Frankreich aus weiter nach Spanien wollte. Aber alles in ihr wehrte sich dagegen, dass ihr Sohn mit der Waffe in der Hand kämpfen wollte. Mama glaubte aufrichtig und ehrlichen Herzens an Gott – den römisch-katholischen, wohlgemerkt. Wir alle wussten das und hatten sie deswegen stets gehänselt, doch sie blieb ihrem Christentum treu. Und ihr Sohn sollte kein Mörder sein, so hatte sie mich nicht erzogen.

Wir bemerkten staunend, dass über all unseren Gesprächen bereits Tag geworden war, ein neuer, hässlicher Tag. Ich konnte nicht glauben, dass auch an so einem Tag die Sonne aufgehen würde wie an jedem anderen Tag auch.

Es war sechs Uhr vorbei, in weniger als 30 Minuten war ich reisefertig, mit neuem Anzug, Mantel, Hut und Schuhen, einem kleinen Köfferchen für Wäsche und Toilettesachen und den drei Abzeichen in der Tasche. Ich überlegte noch, welches Dokument ich mitnehmen sollte. Wenn mich die SS anhalten würde, sollte sie besser nicht erfahren, dass ich Jude war. Also entschloss ich mich für das Maturazeugnis, darin war ich offiziell altkatholisch.

Mama war sehr tapfer, aber mein Vater war einem Zusammenbruch nahe. Trude versprach, sich um die Eltern zu kümmern, so gut es ihr möglich war. Ich knallte die Tür hinter mir zu, wie jeden Morgen, rauchte mir im Vorgarten die erste Zigarette an, wie jeden Morgen, und ging weg, ohne mich umzudrehen, auch wie jeden Morgen. Gleichzeitig war ich so erfüllt von Wehmut und Traurigkeit wie nie zuvor in meinem Leben. Ich würde sie nie mehr wiedersehen, das wusste ich mit absoluter Gewissheit.

v.l.n.r.: Vater Eugen Frey mit Großmutter Fanny Frey und Tante Rosa Singer (r.außen: unbekannte Dame) bei einem Familienausflug

Beim Viadukt, wo die Straßenbahn das Tempo verlangsamen musste, sprang ich auf den Wagen auf und fuhr meiner nächsten Leidensstation entgegen. Am Lerchenfelder Gürtel wurde ich schon sehnsüchtig von Großmama und Tante Rosa erwartet. Großmutter war 84 Jahre alt, körperlich bereits zerbrechlich, aber geistig noch sehr rege. Sie verstand, dass ich weggehen musste. Tante Rosa konnte es nicht verstehen; sie hatte niemandem etwas getan, warum sollte man ihr oder ihrer Familie Böses zufügen? Großmutter umarmte mich: „Wenn du einmal draußen bist, derfste nimmer zurückkommen, do her nicht, de lassn inseraner nix leben. Jo vielleicht in zehn oda zwanzig Johr wird es meeglich sein, aba da wer ich nix mehr auf der Welt sein. Dos is heite wirklich a Abschied fir imma!" Mit Mühe unterdrückte sie ein Schluchzen, doch in ihren Augen standen Tränen.

Der lange Weg ins Exil

Klara war wie versprochen zum Bahnhof gekommen. Sie trug eine BDM-Uniform, ich hatte mir das SA-Sturmführerabzeichen an den Mantel geheftet. Ich hatte Angst, sie könnte die Ruhe verlieren und aus der Rolle fallen, aber alles lief glatt. Eingehängt schlenderten wir über den Bahnsteig und blickten uns verliebt an. Das mussten wir aber beide nicht spielen. Es waren noch 20 Minuten bis zur Abfahrt. In regelmäßigen Abständen umarmten und küssten wir uns, was aber auf dem mit Menschen vollgedrängten Bahnsteig nicht weiter auffiel. Kurz vor der Abfahrt machte ich mich auf die Suche nach einem Sitzplatz; am liebsten wäre mir ein Fensterplatz gewesen, der sich im Fall des Falles vorzüglich zur Flucht eignete. Doch vergebens, es war alles besetzt. Der einzigen Platz, den ich noch ergattern konnte, war neben der Korridortür. Ich deponierte mein Köfferchen im Gepäcknetz und kehrte zu Klara zurück. Wir hörten nicht auf, uns zu umarmen, bis der Zug anfuhr. In letzter Minute sprang ich auf, und Klara verschwand zwischen all den winkenden Armen und wehenden weißen Taschentüchern.

Während der ganzen Fahrt über hatte ich Angst vor Kontrollen, vor der Gestapo, davor, erwischt zu werden. Einige Male wurde meine Zugkarte überprüft, doch dank meines Abzeichens musste ich mich kein einziges Mal ausweisen. Ich vermied Gespräche mit den Mitreisenden, nahm mir statt dessen den „Völkischen Beobachter", den ich mir zur Tarnung gekauft hatte, und las die Vorschau über den Kampf Max Schmeling gegen Joe Louis.

Ich musste eingenickt sein, denn als ich aufwachte, war es draußen stockfinster. Es war kurz vor Mitternacht, und wir rollten gerade in Innsbruck ein. Der Personenzug nach Bregenz würde erst um sechs Uhr früh gehen. Bis dahin musste ich mir die Zeit vertreiben. Mir ein Zimmer in einem nahen Hotel zu nehmen, traute ich mich nicht, denn überall wurden die Ausweise kontrolliert. Also ging ich stundenlang spazieren, und damit mir nicht allzu kalt wurde in meiner leichten Frühjahrskleidung, legte ich einen kilometerlangen Marsch zurück. Um halb sechs Uhr morgens war ich wieder auf dem Bahnhof, löste mir eine Fahrkarte nach Vorarlberg, stieg in den Zug und schlief sofort ein.

Nachmittags kam ich in Hohenems an und kehrte im Gasthof „Zur Sonne“ ein. Ich bestellte mir ein gutes Essen und nahm ein Zimmer. Niemand fragte nach meinen Papieren, auch mein Abzeichen wurde nicht sonderlich beachtet. Es war ein schöner, sonniger Frühlingstag, und ich machte einen Erkundungsgang bis zu der Stelle, wo ich den Alten Rhein überqueren wollte.

Am nächsten Morgen beglich ich die Rechnung. Über Nacht hatte das Wetter umgeschlagen; es schneite und dazu wehte ein eisiger Wind. Mir war bitterkalt in meinem Frühjahrsmantel, doch es schien das richtige Wetter für eine Flucht. Gegen Abend machte ich mich auf den Weg. Der Sturm war stärker geworden, trieb mir die Schneeflocken heftig ins Gesicht. Der Fußmarsch zur Grenze dauerte zirka 45 Minuten. Wenn es so weiterschneite, würden die Zöllner nicht mal ihre Hunde vor die Tür lassen. In der Ferne schimmerte schwach ein Licht. Ich ging darauf zu, bis ich das Zollamt mit dem geschlossenen Grenzbalken erkennen konnte. Ich überlegte, ob ich nicht einfach an dem Häuschen vorbeikriechen sollte, doch auf der Schweizer Seite war sicherlich auch ein Grenzamt mit Beamten, die mich sofort nach Österreich zurückbugsiert hätten.

Vorsichtig zog ich mich zurück und ging nun querfeldein. Der Marsch durch die verschneiten Wiesen war mühsam; der Boden war noch nicht gefroren, und bei jedem Schritt sank ich tief ein. Nach ungefähr einer Stunde des Herumirrens in dieser pechschwarzen Nacht hatte ich jegliche Orientierung verloren. Vielleicht war ich im Kreis gegangen, vielleicht sogar zurück nach Hohenems. Ich stapfe weiter, überkletterte Zäune und watete durch seichte Tümpel. Langsam verlor ich die Hoffnung, je die Grenze zu finden, bis ich plötzlich stolperte und kopfüber ins Wasser fiel. Wasser! Das musste der Alte Rhein sein, ich hatte es geschafft!

Ich wusste nicht, wie tief der Fluss an dieser Stelle war, deshalb wollte ich es zuerst ohne Koffer versuchen. Mit klammen Fingern löste ich das Naziabzeichen vom Revers und warf es ins Wasser, legte meinen Koffer neben ein Gebüsch und begann mit der Durchquerung. Das eisige Wasser schürte mir so sehr den Brustkorb zu, das ich das Gefühl hatte, zu ersticken.

Erst als ich meinen Fuß auf Schweizer Territorium setzte, wurde mir für einen flüchtigen Augenblick lang warm. Doch meine Kleidung hing tonnenschwer an mir herunter, wie eine eiserne Ritterrüstung, ein Panzer aus Eis. Ich begann zu laufen. Mein ursprünglicher Plan, auf Schweizer Gebiet den Tag abzuwarten und dann weiter ins Landesinnere zu flüchten, war unter diesen Bedingungen nicht durchführbar. In spätestens einer Stunde wäre ich klammgefroren.

Plötzlich tauchte ein Licht auf. Ich wusste nicht, was es war, hoffte aber, dass es zu einem Haus am Ortsrand von Diepoldsau gehörte. Das Licht wurde stärker und schwächer, stärker und schwächer. Und da erkannte ich es. Hätte ich meine blaugefrorenen Lippen bewegen können, hätte ich über diesen schlechten Witz gelacht. Dieses sich ständig verändernde Licht gehörte zum Grenzposten, der das Gebiet ableuchtete. Ich war also bereits in der Schweiz gewesen und nun wieder auf österreichischem, d.h. großdeutschem Boden gelandet.

Ich kroch eine Böschung hoch – vor mir lag die Brücke mit dem Zollhaus, darunter der reißende Fluss. Ein zweites Mal würde ich es nicht mehr schaffen, durch das eisige Wasser zu schwimmen, also blieb nur, auf dem Bauch über die Brücke zu robben. Jedesmal, wenn die Strahlen des Scheinwerfers auf mich zukamen, blieb ich regungslos liegen. Wurde es wieder dunkel, kroch ich weiter. Bald hatte ich die Hälfte des Weges hinter mir. Ich erhob mich, um die letzten Meter zu laufen, als plötzlich Schüsse durch die Nacht knallten. Ich schlug hart auf dem Eisengeländer auf. So war das also, auf der Flucht erschossen zu werden, dachte ich noch, dann wurde es dunkel.

Wie lange ich weggetreten war, wusste ich nicht. Als ich wieder zu mir kam, umgab mich wohlige Wärme. Ein Mann beugte sich über meinen nackten Körper und betrachtete interessiert meinen Penis. „A Jidele", stellte er fest. Ich zog es vor, mich weiter ohnmächtig zu stellen und die Unterhaltung der Männer im Zimmer zu belauschen, was aber ein hoffnungsloses Unterfangen war, da ich ihren Vorarlberger Dialekt nicht verstand. Sie gaben mir ein Leintuch als Decke, flößten mir auch Schnaps ein und wandten sich dann wieder ihrem Kartenspiel zu. Vorsichtig tastete ich meinen Körper ab. Entweder hatten sie nur Warnschüsse abgegeben oder schlecht gezielt, verletzt war ich jedenfalls nicht.

Um sechs Uhr früh wurde ich zum ersten Verhör geweckt. Ich beschrieb den Beamten das Gebiet, an dem ich den Alten Rhein durchschwommen hatte; es war ausgerechnet die breiteste Stelle gewesen, wie sie mir einhellig versicherten. Anschließend wäre ich längs der Grenze weitergelaufen, wäre dann auf einen ausgetrockneten Seitenarm des Alten Rheins gestoßen und hätte diesen wieder Richtung Österreich überquert. Wenn meine Geschichte stimmte, war ich kilometerweit mit nassen Kleidern durch die Gegend gelaufen, was sich die Grenzbeamten aber nur schwer vorstellen konnten. Auf alle Fälle schickten sie einen Posten aus, um meinen Koffer zu suchen, wofür ich ihnen wirklich dankbar war.

Zwei Stunden später kam der Mann mit meinem Gepäck zurück. Ich durfte mich umziehen, aber da mein Anzug und der Mantel noch immer nicht trocken waren, nahm ich mir nur frische Unterwäsche und ein Hemd und wickelte mich dann wieder in die Decke ein. Zum Frühstück offerierten mir die Zöllner Speck und Wurst in ungeahnten Mengen. Meine wirre Flucht flößte ihnen großen Respekt ein. „Lungenentzündung haben Sie keine, aber einen Schnupfen werden Sie kriegen", meinte der Kommandant. Doch ich fühlte mich wohl, so wohl eben, wie sich ein Jude im Dritten Reich fühlen konnte. Meine Haut kribbelte wie nach einem schönen heißen Bad, und ich war so sattgegessen wie schon lange nicht mehr. Die Grenzbeamten boten mir Zigaretten und wieder Schnaps an, mit einem Wort, mir ging es gut.

Aber natürlich dauerte diese Idylle nicht lange. Gegen Mittag polterten zwei SS-Männer ins Zollhaus und befahlen bellend: „Anziehen!" Was hatten sie mit mir vor? Würden sie mich in ein Konzentrationslager schicken? In Vorarlberg gab es aber keine Lager, vielleicht übergaben sie mich einfach dem Gestapo-Hauptquartier oder der Polizei?

Beim Einsteigen in den Zug nach Feldkirch war die Unsicherheit vorbei. Sie brachten mich ins dortige Landesgericht, das heißt, dass weder die Polizei noch die SS für mich zuständig waren. Darüber war ich zwar nicht hellauf begeistert, aber doch erleichtert.

Die Prozedur der Einweisung kannte ich bereits, sodass es dieses Mal relativ schnell ging. Auf den ersten Blick war ich mit meiner neuen Zwangsheimstätte auch recht zufrieden, denn die Justizwache war zwar mürrisch und unfreundlich, aber doch um vieles angenehmer als die SS.

Ich kam in eine Gemeinschaftszelle für acht bis zehn Mann, jetzt waren dort 17 Häftlinge untergebracht, großteils Schubhäftlinge, die eine Strafe von sechs Monaten verbüßten. Die Gestapo benutzte das Landesgericht als Depot, weil der Polizeiarrest restlos überfüllt war. Zu meinem großen Leidwesen war ich aber nach vier Wochen noch immer eingesperrt, obwohl man normalerweise die Juden, die man an der Grenze schnappte, nach wenigen Tagen wieder freiließ.

Tag für Tag wartete ich auf das Verhör durch die Gestapo, doch die schien es nicht eilig zu haben. Mit den Eltern hatte ich vereinbart, sie auf dem Laufenden zu halten. Doch sollte ich ihnen von diesem Intermezzo in Feldkirch berichten? Oder war es mehr als ein Zwischenspiel?

Insgesamt dauerte es drei volle Monate, bis ich freikommen sollte. Das langersehnte Gespräch fand auch nicht mit der SS statt, sondern mit einem Beamten, den ich eher der Bezirkshauptmannschaft zuordnete. Er hatte meinen Akt vor sich liegen und wusste um meine „Verbrechen" – illegaler Grenzübertritt und Vergehen gegen die Devisenbestimmungen. Es durften nur zehn Mark ins Ausland mitgenommen werden, ich hatte 150 Reichsmark bei mir gehabt. Für das erste Delikt erhielt ich eine 48-stündige Arreststrafe, für das zweite gab es sechs Tage Haft und den Einzug des Geldes zugunsten des Deutschen Reiches. Mein Arrest war inzwischen also mehr als verbüßt.

„Gut, das wäre erledigt, Sie sind frei", meinte der Beamte. Ich traute meinen Ohren nicht: keine SS, keine Gestapo, kein

KZ! „Eine Formalität wäre da noch zu erledigen". Kam jetzt doch noch ein Pferdefuß? Einen Moment lang verspürte ich Todesangst, dann überreichte er mir eine eidesstattliche Erklärung: „Ich, der Jude Ernst Frey, verpflichte mich, das Hoheitsgebiet des Großdeutschen Reiches freiwillig innerhalb von 24 Stunden zu verlassen und nie mehr deutschen Boden zu betreten". Überglücklich unterschrieb ich. „Geben Sie mir einen Pass oder Ausweis, damit ich meinen Verpflichtungen nachkommen kann." „Geht leider nicht. Sie müssen auf demselben Weg verschwinden, wie Sie es schon einmal versucht haben." „Und wenn man mich wieder erwischt?" „Wenn Sie nicht mehr als zehn Mark bei sich haben, geben wir Ihnen 48 Stunden Arrest wegen verbotenen Grenzübertritts, dann schmeißen wir Sie wieder raus. Aber jetzt kennen Sie die Grenze ja schon, ein zweites Mal lassen Sie sich bestimmt nicht schnappen. Also, viel Glück!"

Er gab mir einen Passierschein für den Gefängnisposten, und nach genau zwei Jahren stand ich wieder vor einem Gefängnistor. 1936 war ich ein amnestierter, politischer Häftling und Staatsbürger zweiter Klasse mit wöchentlicher Polizeimeldepflicht gewesen, 1938 war ich ein Ausgebürgerter, ein Recht- und Heimatloser. Die Erklärung, die ich unterzeichnet hatte, hatte ich zwar nur kurz überflogen, würde aber den Inhalt nie vergessen: „Ich, der Jude …" – so lange ich denken konnte, hatte ich mich nie als Jude gefühlt und hatte nie Gemeinsamkeiten mit dem jüdischen Volk entdeckt. Nun machten mich die Nazis per Dekret zum Juden.

Dieses Mal war ich felsenfest davon überzeugt durchzukommen. In einem Gasthaus in der Nähe der Grenze aß ich alles, was das Herz begehrte, um meine Barschaft auf die erforderliche Zehn-Mark-Grenze zu drücken. Das Geld auszugeben war eine Sache, es dem Deutschen Reich zu schenken eine andere.

Dieses Mal war es nicht kalt, im Gegenteil, ich schwitzte in meinem Frühjahrsanzug. Auch war die Nacht nicht so finster wie damals vor ein paar Monaten; die Sicht war recht gut, und ich konnte das Licht des Zollhauses schon aus großer Entfernung sehen. Ich verließ die Straße und erreichte mühelos den Fluss. Keine Menschenseele in der Nähe. Trotz Dunkelheit konnte ich das Schweizer Ufer ausmachen, höchstens 20 Meter trennten mich noch von der Freiheit.

Wieder ging es durch den Rhein, zuerst watend, dann, in tieferem Wasser, schwimmend. Als meine Füße Schweizer Boden berührten, führte ich einen wahren Freudentanz auf. Hätte mich in diesem Augenblick jemand beobachtet, hätte er geglaubt, einen Verrückten vor sich zu haben. Ich tanzte mitten in der nächtlichen Au, sprang in die Höhe und ließ mich wieder fallen, um den Boden zu küssen. Ich hatte es geschafft!

Ich beschloss, die Nacht auf einem Feld zu verbringen. Als ich gegen sechs Uhr aufwachte, war es immer noch zu früh. Ich wollte so wenig wie möglich auffallen, doch als nicht Ortsansässiger, dazu noch mitten im Hochsommer mit Mantel, Koffer und Hut unterwegs, war das schwierig. Gegen neun Uhr zog ich los. Außer einem streunenden Hund begegnete mir niemand, auch der Kirchplatz war leer. Im Wirtshaus saßen einige ältere Bauern beim Frühschoppen. Ich setzte mich an den Nebentisch und bestellte mir eine heiße Schokolade und Gebäck. Es dauerte nicht lange, bis mich einer ansprach, auf Schwyzerdütsch wohlgemerkt, doch nach drei Monaten in einem Vorarlberger Gefängnis verstand ich den Dialekt recht gut. Ich antwortete auf Hochdeutsch, und sie wussten sofort, dass ich ein Flüchtling war, ihrer Erfahrung nach wahrscheinlich ein Wiener Jude, der in der vergangenen Nacht den Alten Rhein überquert hatte.

Meine Tischnachbarn waren sehr wissbegierig und stellten viele Fragen, zu Hitler, zur SA und SS und auch darüber, ob die deutsche Armee tatsächlich so stark war, wie man in den Zeitungen lesen konnte. Sie wollten nicht glauben, dass man einen so netten jungen Mann einfach aus seiner Heimat vertrieb, nur weil er Jude war. Niemals würde die Schweiz so etwas machen! Sie beteuerten, dass Juden „auch Menschen" seien; nach dem Tausendjährigen Reich, das ich hinter mir gelassen hatte, war eine solche Feststellung bereits ein enormer Fortschritt, aber trotzdem beängstigend. Über Hitler und seine Methoden waren sie im Zwiespalt; einerseits bewunderten sie ihn, andererseits hatten sie aber auch Angst. Vor allem fürchteten sie, dass der Führer seinen Groll gegen die winzige Schweiz richten könnte, wenn sie den Juden Asyl gewährten.

Mir war flau zumute. Ein Gerücht, das im Gefängnis in Feldkirch die Runde gemacht hatte, fiel mir wieder ein. Zwischen den Schweizer Grenzbehörden und der Gestapo bestand anscheinend ein geheimes Abkommen, dass alle auf der Flucht gefassten Kommunisten, die die Nazis anforderten, ausgeliefert würden. Und obgleich ich selbst keinen einzigen derartigen Fall erlebt hatte, war ich doch misstrauisch. Meiner Aufmerksamkeit war nämlich nicht entgangen, dass sich einer der Gäste fortgeschlichen hatte.

Während unsere Unterhaltung so dahinplätscherte, überlegte ich krampfhaft, was ich tun sollte. Schließlich ging ich auf die Toilette und zerstörte mein einziges Ausweisdokument, das Maturazeugnis. Den Schweizern hatte ich mich ja als Jude vorgestellt, doch im Zeugnis stand, dass ich Altkatholik war. Ich wollte sichergehen und jede mögliche Verwirrung vermeiden.

Als ich zurückkam, warteten bereits zwei Polizisten auf mich. „Hat der Herr Papiere?" Nein, hatte ich nicht. Sie nahmen meine Personalien auf, dann führten sie mich ab. Wieder ging es zum Bahnhof, und wieder wurde ich in einen Zug gesetzt, dieses Mal in ein Extra-Abteil mit einer kleinen, vergitterten Zelle. Aber die Fahrt ging nicht nach Österreich zurück, sondern in Richtung Innerschweiz.

Nach rund drei Stunden erreichten wir Zürich. Mein schweigsamer Begleiter brachte mich zur nahe gelegenen Kantonalpolizei. Ich wurde nicht gefilzt und durfte sogar mein Köfferchen behalten. Es gab auch kein Verhör, im Gegenteil. Ich wurde in eine Zelle geführt, die tadellos sauber war, mit gewachstem Linoleumboden, Feldbett samt Seegrasmatratze, Tisch, Bank, Stuhl, blitzblanker Waschmuschel und Toilette. Im Vergleich zu den österreichischen Gefängnissen war dies das Paradies.

Um fünf Uhr gab es Abendessen, Rindsuppe und Rindfleisch mit Spinat und Weißbrot. Nach dem Essen fragte mich der Wärter, ob es geschmeckt hätte, ganz wie in einem Restaurant! Und wäre es nur ums Essen gegangen, hätte ich dort herrlich gelebt. Doch es ging um viel mehr. Es ging um meine Freiheit, die ich zurückhaben wollte, selbst wenn ich sie mir erhungern musste. Ein Schlaraffenland hinter Gittern interessierte mich nicht.

Am nächsten Tag erklärte sich die Israelitische Kultusgemeinde der Stadt Sankt Gallen bereit, die Verantwortung für meinen weiteren Aufenthalt in der Schweiz zu übernehmen. Das traf mich unvorbereitet, denn eigentlich wollte ich weiter nach Basel und von dort über die französische Grenze.

Noch am selben Tag lieferte mich ein Polizist bei der Kultusgemeinde ab. Als erstes hieß es dort für mich warten, dann, nach Stunden, folgte ein Verhör, und ich musste beweisen, das ich Jude war. Das war gar nicht so einfach, denn Hebräischkenntnisse hatte ich ja keine, und meine beschnittene

Vorhaut wurde mal so, mal so beurteilt. Der Beamte drückte aber ein Auge zu und registrierte mich provisorisch als Juden. In der Obhut der Israelitischen Kultusgemeinde zu sein bedeutete, sämtliche ihrer Anordnungen zu befolgen. Ich durfte das Stadtgebiet nicht eigenmächtig verlassen und auch keine Arbeit annehmen, weder eine bezahlte noch eine unbezahlte. Außerdem musste ich jeden Abend bis spätestens neun Uhr in meinem Quartier sein. Nach diesen Belehrungen erhielt ich Gutscheine für eine Woche Verpflegung und die Adresse meiner neuen Unterkunft.

Das letzte Wort hatte der Rabbi, ein älterer, freundlicher Herr. Als er jedoch das Resultat meiner Beschneidung begutachtete, hielt er mich eindeutig für einen Goi. Doch der Rabbi war, wie gesagt, ein gutmütiger Mensch und bestätigte mir schriftlich, dass ich ein jüdischer Flüchtling war. Somit konnte ich als rassisch Verfolgter von den Schweizer Behörden nicht nach Österreich zurückgeschickt werden.

Gleich nach meiner Ankunft schrieb ich den Eltern. Zwar konnte ich ihnen noch keine genauen Zukunftspläne schildern, doch sollten sie zumindest ein Lebenszeichen von mir haben. Es fiel mir sehr schwer, nicht ständig an Klara zu denken. Ich hatte kein Foto von ihr dabei, weil man mich im Fall einer Gefangennahme sicher nach ihr gefragt hätte. Und was hätte ich mit ihrem Bild schon machen sollen? Die Vergangenheit heraufbeschwören? Hätte das einen Sinn gehabt?

Ich wurde immer unzufriedener und unglücklicher. Ich hatte nichts zu tun, hatte keine Aufgabe, und meine Gedanken bewegten sich im Kreis. Zum ersten Mal war ich mir selbst untreu geworden. Beim Widerstand gegen den Austrofaschismus war mir jede Irreführung, jede Verstellung recht gewesen, ich hatte dabei nicht die geringsten Gewissensbisse verspürt. Im Gegenteil, der Kampf gegen den unerbittlichen

Feind, der mit Galgen und Kerker drohte, konnte nur aus dem Hinterhalt geführt werden. Die Israelitische Kultusgemeinde St. Gallen war aber kein Gegner, den es zu bekämpfen galt. Sie beherbergte mich und fütterte mich durch. Warum also hatte ich dem Rabbi die Wahrheit verheimlicht, warum hatte ich ihm nicht gesagt, dass ich mit 14 Jahren freiwillig aus der Kultusgemeinde ausgetreten, dass ich nie ein Jude gewesen war?

Ich hatte mir die Dinge sehr einfach vorgestellt, hatte angenommen, dass es in St. Gallen eine kommunistische Parteiorganisation gab, mit deren Hilfe ich weiterkommen würde. Das stimmte aber nicht, die Ostschweiz war kommunistenfrei. In der französischen Schweiz, besonders in der Genfer Gegend, sollte das anscheinend anders sein, doch davon hatte ich nichts. Ich ging mir selbst auf die Nerven, weil ich hier den Juden spielte.

Ich fand auch keinen Kontakt zu den anderen Flüchtlingen. Ihr Jammern über die verlorene Heimat, die Unzufriedenheit über Essen und Quartier und die Angst vor der Zukunft störten mich. Gleichzeitig hörte man immer öfter Gerüchte, dass die Schweiz plante, Flüchtlingslager zu errichten. Zwar wären das keine Lager wie bei der SS, aber trotzdem: Eingesperrt war man auch dort.

Ein Brief von zu Hause gab mir wieder Auftrieb. Dem Absender zufolge lebten sie noch in der alten Wohnung, das war beruhigend. Der Brief selbst hatte von Wien nach St. Gallen drei Tage gebraucht. Die Post arbeitete in Nazideutschland gut. Es schien überhaupt alles bestens zu funktionieren, die Verwaltung, die Industrie, die Landwirtschaft, die Armee und die Polizei; nur mit der Menschlichkeit, da haperte es. Aber wen störte das schon? Doch höchstens die paar hunderttausend Betroffenen.

Das letzte Foto von Ernst Frey aus Wien, aufgenommen im Atelier Weitzmann, kurz vor der Flucht nach Paris

Die Eltern schrieben, dass es ihnen gut ging, dass sie gesund wären und trotz der widrigen Umstände auf ein baldiges Wiedersehen hofften. Trude erzählte von ihrer neuen Arbeit bei einer jüdischen Textilfirma, wo sie zumindest so viel verdiente, dass sie den Eltern nicht auf der Tasche lag. Sie erwähnte auch die Hilfe von Freunden, damit konnte sie nur Tante Hella und den Major meinen. Zum Abschluss beglückwünschte mich die ganze Familie zu meiner Flucht in die Schweiz, und zeigte mir so, dass ich, fern jeden Hakenkreuzes, doch ein echter Glückspilz war.

Doch die Tage schlichen dahin, und erneut erfasste mich Hoffnungslosigkeit. Die Flucht aus St. Gallen schien so einfach; ich brauchte nur 20 Franken, um mir eine Zugkarte nach Basel zu kaufen. Das Problem war nur, dass ich nicht mehr als fünf Franken besaß. Ich überlegte, das restliche Geld mit Sprachstunden in Französisch und Englisch zu verdienen, doch niemand zeigte Interesse an einem solchen Unterricht. Die Sorgen der Flüchtlinge waren zu groß, als dass sie sich darauf konzentrieren konnten.

Also schlenderte ich tagaus, tagein ziellos in der Stadt umher, beschrieb einen großen Kreis um mein Quartier und landete pünktlich zur Essens- und Schlafenszeit doch wieder dort. Eines Tages, ich starrte gerade in ein großes Schaufenster und betrachtete all die Waren, die ich mir nicht kaufen konnte, stand plötzlich Ina vor mir. Zuerst waren wir beide sprachlos vor Überraschung, dann fielen wir uns um den Hals. Ina, das war mehr als nur ein Silberstreifen am Horizont, sie war möglicherweise meine Rettung! Wir hatten uns so viel zu erzählen, von unseren Familien, von unserem eigenen Schicksal seit unserer letzten Begegnung in Wien. Inas Vater war noch immer im KZ, ihre Geschwister waren emigriert, die ältere Schwester nach Frankreich, der Bruder in die Schweiz. Ihre Mutter war allein in Wien zurückgeblieben.

Ina selbst war auf der Durchreise, sie wollte am nächsten Tag zur befreundeten Familie Varins nach Le Locle in der Westschweiz fahren. Aber obwohl auch sie dann ebenfalls weiter nach Frankreich wollte, gab es zwischen uns einen großen Unterschied. Ina hatte Hitler-Deutschland mit einem offiziellen Pass verlassen, war also legal hier eingereist. Die Varins hatten für sie gebürgt, und sie rechnete auch damit, ohne Komplikationen nach Frankreich zu kommen. Sie hatte etwas Geld, zwar nicht sehr viel, aber sie wollte mir trotzdem helfen.

Von meinem Plan, bei Basel die Grenze nach Frankreich zu überschreiten, riet sie mir ab. Dieser Fluchtweg war in der letzten Zeit sehr beliebt geworden, darum hatten die Franzosen die Bewachung dort verstärkt. Sie schlug mir vor, mit ihr zu den Varins zu kommen. Sie würde zuerst fahren und mir dann mit einer Ansichtskarte Bescheid geben. „Hier ist es schön" hieß, dass ich kommen konnte, und „es ist schlechtes Wetter" bedeutete, dass ich mich allein durchschlagen musste. Ina war sich aber der Gastfreundschaft und Hilfsbereitschaft der Varins sicher, ließ mir 30 Franken zurück und reiste ab.

Nach vier Tagen erhielt ich die heiß erwartete Postkarte aus Le Locle mit der Mitteilung „Hier ist es schön". Jetzt konnte ich mit den konkreten Reisevorbereitungen beginnen. Bereits am nächsten Tage sollte es losgehen. Da die Züge der Schweizer genauso präzise waren wie ihre Uhren, musste ich nur eine Minute vor Abfahrt am Bahnhof sein, die Karte lösen und einsteigen. Es tat mir leid, mich auf diese Weise von der Israelitischen Kultusgemeinde St. Gallen zu verabschieden, doch anders war meine Flucht nicht möglich. Alles ging glatt; in St. Gallen nahm ich den Zug nach Zürich, von dort nach Biel und dann weiter in die französische Schweiz.

Es war fast dunkel, als ich in Le Locle ankam. Ich ging sofort zum Haus der Varins und wurde überaus herzlich aufgenommen. Frau Varin war entsetzt, wie mager ich war und verordnete mir eine Esskur. Vier Tage lang hielt ich mich bei der Familie auf, und ich rechnete ihnen hoch an, was sie für mich taten. Auch bei meinem illegalen Grenzübertritt nach Frankreich halfen sie mir. Dicht an der Grenze, schon auf französischem Gebiet, gab es ein beliebtes Ausflugsziel, das auch von Schweizern regelmäßig frequentiert wurde. Zu dritt wollten wir, Frau Varin, Tochter Yvette und ich, den Übergang wagen. Die Grenzbeamten würden, so wurde mir mehrmals versichert, von Leuten aus Le Locle nie einen Ausweis verlangen. Doch würden sie bei einem ihnen unbekannten Gesicht nicht misstrauisch werden? Die Varins ließen keinen Einwand gelten. Ich wurde angewiesen, es Frau Varin nachzutun und die Zöllner mit Salut zu grüßen, sonst aber den Mund zu halten.

Der 20. August 1938 war ein traumhaft schöner Tag, gut geeignet für einen Ausflug zu einer Jausenstation. Ich verabschiedete mich von Herrn Varin, der mir nicht nur fromme Wünsche, sondern auch 300 französische Francs mit auf den Weg gab. Zum ersten Mal sah ich die Stadt Le Locle bei Tag. Als ich angekommen war, war es bereits dunkel gewesen, und danach hatte ich mich nicht aus dem Haus gewagt. Was ich nun sah, gefiel mir. Es war eine schöne Stadt, mit viel Grün und angenehmer, ruhiger Atmosphäre, ein Ort, an dem es sich – außer in meinem Fall – gut leben ließ.

Am Zollhaus angekommen, hielten der Schweizer und der französische Zöllner gerade ein Schwätzchen. „Salut“, grüßten wir, „Bonjour Mesdames, bonjour Monsieur!“, grüßten sie zurück und ließen uns ohne weiteres passieren. Ich war in Frankreich, ohne Pass, ohne Visum, ohne jedes Ausweispapier.

Zwischenstation Paris

Nach einem Zehn-Kilometer-Marsch erreichte ich Morteau, eine Kleinstadt, wo ich noch am selben Abend einen Zug nach Paris bestieg. Es dämmerte bereits, als ich in der französischen Metropole ankam. Die Stadt hatte gewaltige Ausmaße, und hätte ich in diesem Moment kein klares Ziel gehabt, hätte ich mich wahrscheinlich mut- und hilflos auf der nächsten Parkbank niedergelassen. Besonders schlimm waren die Sprachschwierigkeiten. Bei den Varins hatte ich zwar mein Französisch aufgefrischt und eifrig Konversation betrieben, doch hier war ich wieder am Nullpunkt angelangt. Die Pariser redeten nicht, sie ließen maschinengewehrartig Wortgetüme auf mich los. Ich konnte nichts verstehen; das Einzige, was ich mit Sicherheit wusste, war, dass ich am Bahnhof Gare de Lyon stand und in Paris Genossen finden würde.

Viele meiner ehemaligen Mitstreiter im Antifaschistischen Mittelschülerbund waren hierher emigriert. Ihre Adressen hatte ich in Wien auswendig gelernt. Zuerst wollte ich versuchen, Vera zu erreichen, eine frühere Freundin, die in der Rue d'Enghien wohnte.

Die Menschenmenge schwemmte mich vor eine Metro-Station, die mit einer großen Orientierungskarte plus Straßenindex ausgestattet war. Nun fühlte ich mich schon sicherer, denn die Planquadrate und Wegweiser auf der Karte waren so übersichtlich, dass es unmöglich schien, sich zu verirren. Trotzdem war es bereits neun Uhr, als ich in die Rue d'Enghien einbog. Die Glocke an Veras Wohnungstür funktionierte nicht. Ich klopfte an, zuerst leise, dann immer lauter. Ich befürchtete schon, dass niemand zu Hause wäre, als plötzlich die Tür aufging und ich wie der verlorene Sohn begrüßt wurde.

Vera lebte mit ihrem Freund Adi in einer großen, unordentlichen Wohnung. Ein Glück, dass ihre Eltern das nicht sehen konnten, stammte sie doch aus einem so genannten guten, vor allem aber wohlhabenden Haus. Sie entschuldigte sich für die Unordnung, die sie der frühen Tageszeit zuschrieb, korrigierte sich dann aber und fügte ehrlicherweise hinzu, dass es später sicher auch nicht anders ausgesehen hätte.

Endlich hatte ich die Möglichkeit, mich zu waschen und vor allem abzukühlen. Ich hatte, um an der Grenze nicht aufzufallen, meinen Koffer zurückgelassen und trug nun meine gesamte Kleidung übereinander, drei Hemden, zwei Unterhosen und darüber den Anzug. Von meinem Anzug war Vera hingerissen; ich wäre, wie sie betonte, der erste gut angezogene Mann, den sie in Paris sah. Das freute mich nun keinesfalls, wollte ich doch vermeiden, sofort aufzufallen. Doch mit Veras Freund, der einen Kopf kleiner war als ich, konnte ich meinen Anzug nicht tauschen.

Von Vera erfuhr ich das Neueste vom österreichischen Emigrantenkreis in Paris. Zu den schlechten Nachrichten gehörte, dass einige befreundete Genossen in Spanien gefallen waren, zu den guten, dass viele ehemaligen AMBler versuchten, ihre Matura nachzumachen. Sie waren ja damals, so wie ich, von den österreichischen Mittelschulen ausgeschlossen worden. Vera hatte dafür nicht viel übrig, sie sah die Dinge realistischer. Sie alle lebten von den monatlichen Schecks ihrer Eltern. Aber wie lange würde es noch dauern, bis diese Schecks ausblieben? Vera hatte sich darauf bereits eingestellt, und statt weiter zu lernen, hatte sie sich eine Nähmaschine zugelegt und machte Heimarbeit.

Nach dem Frühstück hielten wir eine Lagebesprechung ab.

Ohne große Begeisterung stimmte Adi Veras Vorschlag zu, mich bis auf weiteres zu beherbergen. Ich konnte ihn verstehen. Wenn man mich bei ihnen erwischte, würden sie das Asylrecht verlieren. Aber ich wollte ja so rasch wie möglich nach Spanien, und Adi bot mir an, die Verbindung zur Partei herzustellen. Allerdings war er skeptisch; die Spanier würden eher Waffen benötigen als Menschen. Er fragte mich, was ich tun wollte, wenn aus meinem Spanienprojekt nichts würde. Daran hatte ich noch kein einziges Mal gedacht, doch nun musste ich diese Möglichkeit wohl oder übel in Betracht ziehen.

Vera und Adi klärten mich auch über die weiteren Schritte auf, die ich unternehmen musste, um vorläufig in Frankreich bleiben zu können. Auf dem Boulevard Malesherbes befand sich die Entre-Aide Autrichienne, eine Art halbamtliche österreichische Flüchtlingsorganisation, die mir meinen Flüchtlingsstatus bestätigen und einen Identitätsausweis ausstellen sollte. Mit diesem Schreiben musste ich mich dann beim Polizeipräsidium melden und eine provisorische Aufenthaltsgenehmigung beantragen.

Am nächsten Tag brachte Adi schlechte Nachrichten; die Partei hatte mein Ersuchen, Mitglied der Internationalen Brigaden zu werden, abgelehnt. Mit einem Schlag wurden meine Zukunftsträume, in denen ich mich schon als Held gesehen hatte, zerstört. Durch die materielle Hilfe der Sowjetunion wären die Spanier autark geworden und könnten sich selbst verteidigen, hieß es in der Begründung, und man hätte bereits begonnen, die Brigaden zu reduzieren. Hätte man mir gesagt, dass der Kampf in Spanien verloren war und die Internationalen Brigaden abgezogen würden, damit sie nicht in Francos Hände fielen, hätte ich das zwar nicht gebilligt, aber doch verstanden. Mich aber zu belügen und für einen Idioten zu halten, war zuviel! Ich machte aus meinem Herzen keine Mördergrube und geriet mit Vera und Adi in einen wüsten Streit. Wie konnte ich es wagen, eine schwierige politische und militärische Situation zu beurteilen, ohne die erforderlichen Kenntnisse zu besitzen? Wie konnte ich behaupten, Spanien wäre verloren, nur weil man mich nicht hinließ? Ausgerechnet jetzt, wo jeder Genosse fest an den Sieg glauben musste, käme ich daher und würde von Niederlage und bewusster Täuschung sprechen! Frustriert brachen wir das Gespräch ab. Es gab keine Einigung, und für mich war nun wichtig, meinen Aufenthalt in Paris zu legalisieren.

Gleich am nächsten Morgen machte ich mich auf den Weg zur Entre-Aide Autrichienne. In dem Büro wimmelte es von Bittstellern, alle mit ähnlichen Sorgen, die mir wertvolle Hinweise geben konnten. Zuerst benötigte ich in Paris eingetragene Emigranten, die bestätigten, dass sie mich von Wien her kannten. Das war kein Problem, für zehn Francs fand ich solche Zeugen an Ort und Stelle. Da ich aber über kein einziges Dokument verfügte, musste ich zusätzlich zwei in Paris lebende Zeugen namhaft machen, die meine Identität schriftlich bestätigten, das würden Vera und Adi tun. Auf Adis Anraten gab ich mich als Sozialdemokrat aus, und meine beiden mir bis dahin unbekannten Zeugen waren auch hier eine besondere Hilfe, weil sie eidesstattlich erklärten, dass ich tatsächlich derjenige wäre, der ich zu sein behauptete.

Nachdem ich mehrere Formulare ausgefüllt und unterzeichnet hatte, durfte ich wieder auf der Wartebank Platz nehmen. Mein Nebenmann sprach mich an und schlug mir ein Geschäft vor. Es sollte mich als Einstiegsprämie fünf Francs kosten, würde mir aber in kürzester Zeit garantiert 50 Francs einbringen. Ich willigte ein und der Mann zog ein Antragsformular aus der Tasche. Die Entre-Aide Autrichienne war nämlich verpflichtet, jedem Neuankömmling 50 Francs an einmaliger Unterstützung zukommen zu lassen, verschwieg das aber wohlweislich, um so Geld zu sparen. Ich müsse nur das Formular ausfüllen und eine Stunde warten, dann würde mir das Geld ausgehändigt, meinte mein neuer Bekannter. Als ich ihm die fünf Francs Vermittlungsgebühr geben wollte, lehnte er ab; gezahlt würde erst nach Erhalt der „Ware".

Um weitere zehn Francs vermittelte er mir zwei Adressen, einmal von einem Pariser Hotel, in dem ich unangemeldet wohnen konnte, dann von einer Untermietmöglichkeit in Chelles, wo ich aufgrund einer offiziellen Anmeldung die Aufenthaltsgenehmigung erhielt. Das Wohnen war wirklich ein Problem: Paris war überschwemmt von Flüchtlingen, und es gab für die ganze Stadt keine Aufenthaltsbewilligungen mehr. Also wichen die Emigranten in andere Orte aus, so wie ich zum Beispiel nach Chelles, wo ich für 25 Francs die Woche ein fensterloses Verlies anmietete.

Gegen Mittag wurden mir wirklich die 50 Francs Unterstützung ausbezahlt, und wenig später erhielt ich auch eine Bestätigung über meine Identität und darüber, dass ich politischer Flüchtling in Frankreich war. Mein Helfer, der sich inzwischen nach neuer Kundschaft umgesehen hatte, meinte zum Abschied noch: „Wenn Sie etwas brauchen, kommen Sie zu mir. Ich habe hier meine Bürostunden, jeden Tag von neun bis eins. Übrigens, vielleicht hilft Ihnen das weiter – in der Nähe Ihres Hotels, in der Rue de l' Echiquier, gibt es ein Speisehaus. Das hat eine jüdische Emigrantin eröffnet, gleich nach dem Hitler. Dort können Sie für drei Francs ein Menü essen. So etwas bekommen Sie sonst nirgends in Paris." Ich bedankte mich für die kostenlose Auskunft, konnte aber zu dem damaligen Zeitpunkt noch nicht wissen, wie wichtig diese Adresse für mich sein würde. Aufgefallen war mir nur, dass dieser Mann die typische Zeitrechnung der Emigranten verwendete, bei der alle Ereignisse eingeteilt wurden in „gleich nach dem Hitler" und in „gleich nach dem Einmarsch".

Anschließend musste ich noch zur Polizei, die mich wie einen potentiellen Verbrecher behandelte. Doch das mehrstündige Warten lohnte sich; noch am selben Tag hielt ich das begehrteste Papier von ganz Paris in den Händen – eine provisorische Aufenthaltsgenehmigung, die jederzeit widerrufbar war.

Als krönenden Abschluss des Tages machte ich mich auf den Weg zum empfohlenen Hotel, das in der Rue du Faubourg St. Denis lag, einer Parallelstraße zur Rue d'Enghien, wo Vera wohnte. Vera und Adi kannten weder dieses Hotel noch das Emigrantenrestaurant, das ebenfalls in der Nähe war. Sie führten, wie alle Mitglieder der kommunistischen Zelle in Paris, ein von den übrigen Flüchtlingen abgekapseltes Leben. Im Moment war das aber ganz unwichtig, denn ich brauchte dringend eine Unterkunft, vor allem eine billige, weil ich nur mehr 130 Francs besaß.

In seiner schäbigen Verfallenheit entsprach das Hotel durchaus meinen Vorstellungen. Der Portier, dessen rollendes „r" für mich wie das eines russischen oder polnischen Akzents klang, der aber, wie ich erst später herausfand, ein waschechter Franzose aus dem Norden war, versicherte mir, für sieben Francs pro Nacht noch ein Zimmer zu haben. Allerdings könnte ich es weder besichtigen noch auf eine Woche im Voraus mieten. Ich wäre eine Art Bettgeher und sollte es, wie er mir nahe legte, tunlichst vermeiden, zwischen acht und elf Uhr abends meinem Schlafbedürfnis zu frönen. Das waren zwar seltsame Bedingungen, doch da das Zimmer so günstig war, nahm ich es sofort.

Ich schrieb zwei Briefe, einen nach Hause und einen nach

Le Locle. Nun, da ich wusste, dass ich nicht nach Spanien konnte, musste ich wohl mit einem längeren Aufenthalt in Paris rechnen. Ich führte Veras Adresse für eventuelle Post an, denn im Hotel war ich nicht gemeldet und an meinem offiziellen Wohnsitz außerhalb von Paris in Chelles wollte ich mich nur selten aufhalten.

Ich musste an meine Mutter denken. Was hätte sie gesagt, wenn sie gewusst hätte, dass ich in einem Stundenhotel wohnte? Wahrscheinlich wäre sie vor Schreck und Ekel erstarrt. Aber ich konnte mir solche Empfindlichkeiten nicht leisten, und außerdem hatte ich in manchen Gefängnissen schon schlechter gehaust.

Ich ging daran, Paris zu erkunden, vor allem mit der Metro, deren Stationen Namen wie Gedichte trugen – Bastille, Palais Royal, Chatelet, Austerlitz, Montparnasse, Concorde, Invalides, Madeleine, Pigalle. Eine Kriegs- und Kulturgeschichte hätte man danach schreiben können. Für nur 50 Centimes pro Tag konnte ich jeden Teil der Stadt erforschen; mit dem Bus fuhr ich nie, das war zu teuer, und Straßenbahnen gab es im Paris des Jahres 1938 keine mehr.

Nach meiner Ankunft hatte ich bei Vera auch meinen alten Freund Hans Escher aus Wien wieder getroffen. Er zeigte mir das nächtliche Paris, wo noch um Mitternacht die Boulevards mit tausenden von Menschen bevölkert waren und die Lokale anscheinend keine Sperrstunde kannten. Ich konnte gut verstehen, dass er von dieser Stadt fasziniert war und hier eine zweite Heimat gefunden hatte. Solange der Monatsscheck nicht ausblieb, war ja auch alles in Ordnung. Er hatte zwar nicht viel Geld, aber dafür kam das Wenige pünktlich Monat für Monat.

Bei mir war das bereits nach kurzer Zeit anders. Es musste sich bald etwas ändern, sonst konnte ich mir Paris nicht mehr leisten. Hier konnte ich nicht leben, sondern bestenfalls darben. Nestroy kam mir in den Sinn, der einmal geschrieben hatte: „Es is a traurigs Schicksal, wenn man so an Durst hat, dass man vor lauter Hunger net waß, wo ma in da Nacht schlafen wird“. Früher hatte ich das lustig gefunden, doch je mehr es auf mich zutraf, desto weniger konnte ich darüber lachen. Hans riet mir, meine ehemalige Firma in Wien um ein Zeugnis zu bitten. Vielleicht konnte ich damit eine Arbeitsbewilligung und so auch Arbeit bekommen. Die Idee war gut, und außerdem kostete sie mich nicht mehr als eine Briefmarke.

Inzwischen hatte ich mir angewöhnt, meine Mahlzeiten bei Frau Hilde in der Rue de l'Echiquier einzunehmen. Ihr Drei-Francs-Menü war zwar nicht besonders üppig und meist auch nicht umwerfend gut, aber dafür eben billig. Im Lokal verkehrten ausschließlich jüdische Emigranten; Franzosen hätten es auch schwer ausfindig gemacht, weil die entsprechende Aufschrift im Hausflur auf Deutsch war. „Mittags- und Abendtisch 12 bis 14 Uhr und 18 bis 19 Uhr“ war zu lesen, und zwischen Suppe und Dessert wurde dort auch so manches Geschäft abgewickelt.

Bei Frau Hilde lernte ich Hugo kennen, einen Wiener, der bereits seit einigen Monaten in Paris war. Er wusste eine Arbeit für mich. Für ein „Betriebskapital“, wie er es nannte, von 50 Francs kaufte ich bei einem Schreibwarenhändler Bleistifte, die ich dann, von Haus zu Haus gehend, um einen weit höheren Preis weiterverkaufen sollte. Der Gewinn stünde mir zu, und sobald die Ware abgesetzt wäre, würde ich wieder Nachschub erhalten. Das Ganze sei eine reine Talentsache, meinte Hugo, und obwohl ich mir nicht vorstellen konnte, viel Talent dafür zu haben, willigte ich ein. Mein Geldmangel war so bedrohlich, dass ich es zumindest versuchen musste.

Nach mehreren Wochen zeigte sich, dass mein Erfolg als

Verkäufer äußerst dürftig war. Außer ein paar Francs täglich, die gerade für ein Mahl bei Frau Hilde und das Hotelzimmer reichten, und einem durchgelaufenen Paar Schuhe brachte es mir nicht viel ein. Die Schuhe hatte ich kurz vor dem Einmarsch bei „Bata" auf der Meidlinger Hauptstraße um sagenhafte 9,99 Schilling gekauft. Das war vor einem halben Jahr gewesen; wenn man bedachte, dass ich davon die halbe Zeit im Gefängnis verbracht hatte, wiesen sie keine hohe Lebensdauer auf. Noch schlimmer aber war, dass ich mir kein neues Paar leisten konnte. Außerdem verschlechterte sich das Bleistiftgeschäft zusehends. Zu viele Flüchtlinge klapperten die Geschäfte und Wohnungen mit irgendwelchen Waren ab. Es wurde immer schwerer, das Geld für die Miete und ein paar Francs für Brot, Tomaten oder ein Stück Käse aufzubringen. Und selbst die Drei-Francs-Menüs bei Frau Hilde wurden immer seltener.

Die ganze Zeit über hatte ich versucht, persönlich Kontakt mit dem Politischen Leiter der Pariser Zelle aufzunehmen. Zuerst hatte er es abgelehnt, weil ich keine Papiere besaß, doch nun war er dazu bereit. Wir vereinbarten ein Treffen in einem Bistro, doch als ich dort ankam, war meine Stimmung mehr als grimmig. Ich hatte den ganzen Vormittag über Bleistifte verkauft, doch außer zwölf Francs Reingewinn und Füßen, die sich anfühlten, als würde ich auf glühenden Kohlen gehen, konnte ich nichts vorweisen. Dazu kam, dass der Mann genau so dachte und sprach, wie ich es mir vorgestellt hatte: ein typischer bezahlter Funktionär, dessen Zukunft zwar armselig, aber doch gesichert war. Um Ratschläge, Erklärungen und Urteile war er keineswegs verlegen, doch als ich wissen wollte, ob er mir hinsichtlich meiner Existenzprobleme irgendetwas Konkretes zu bieten hätte, erntete ich lediglich eine Einladung zum nächsten Zellenabend.

Nach diesem Treffen war ich noch wütender und verzweifelter. Zu sagen, dass die österreichische KP-Auslandsorganisation zur etablierten Pariser Gesellschaft gehörte, wäre stark übertrieben gewesen. Sie siechte dahin, ungeachtet und unbemerkt in ihrer Winzigkeit. Aber nicht einmal mit ihr wurde ich fertig! Das war entmutigend und beschämend zugleich. Ich begann mich zu fragen, ob ich noch dazugehörte. Meine Freunde waren dabei, Vera, Adi, Hans und andere Genossen, und manche von ihnen hatte ich sogar selbst zur Partei gebracht.

Wenige Tage später traf ich auf dem Heimweg von meinem Haus-zu-Haus-Verkauf auf eine schier endlose Militärkolonne. Frankreich dementierte offiziell zwar, dass eine Teilmobilisierung vorgenommen wurde, aber ganz Paris wusste, dass dem so war. Ich betrachtete das Aufgebot mit gemischten Gefühlen. Von militärischer Ausrüstung verstand ich nicht allzu viel, aber was hier geboten wurde, demoralisierte selbst mich, den blutigen Laien. Den Einzug der motorisierten deutschen Einheiten in Wien noch immer vor Augen, ihr brandneues Material, ihre strotzende Kraft, sah ich nun eine Parade, die vielleicht vor 20 Jahren Eindruck gemacht hätte. Der Wagenpark schien aus dem Krieg von 1914 zu stammen, Fahrzeuge mit vollgummibereiften Rädern, Scheinwerfer, die an schwaches Kerzenlicht erinnerten, und Wagen, die mit 10 km/h Höchstgeschwindigkeit dahinschlichen und einen ungeheuren Krach verursachten. Auch die Soldaten in ihren wehenden Uniformen mit eiförmigen Stahlhelmen und unwahrscheinlich langen Gewehren sahen nicht vertrauenerweckend aus. Und trotzdem glaubten die Franzosen, mit dieser Armee und durch die Maginotlinie uneinnehmbar zu sein.

So traurig der Anblick dieser Militärkolonne war, ich war nun mehr denn je davon überzeugt, dass es Krieg geben würde. Und auch ich wollte gegen die Nazis kämpfen, aber ich wusste nicht, wie ich das anstellen sollte. Die Partei hatte mir den Weg nach Spanien verwehrt, und Alternative hatte sie keine zu bieten. Im muffigen Halbdunkel meines Zimmers kam mir jener tragikomische Berliner Landstreicher wieder in den Sinn, den ich im Feldkircher Gefängnis kennengelernt hatte. Sein einziges Thema war die Fremdenlegion gewesen. Viel zu essen gäbe es dort, genügend Geld und Abenteuer in Hülle und Fülle in fremden exotischen Ländern. Die einzige Aufnahmebedingung war eine Unterschrift. Wie war das noch, was hatte er damals über Paris gesagt? „Wennste nach Paris kommst und du willst ankaschieren, dann gehste direkte mang in die Rue St. Dominique, det is gleich hinter den Invalides, kannste nich vafehlen!" – Ja, das war meine Möglichkeit, gegen Hitler zu kämpfen!

„Die Legion ist unser Vaterland“

In der Pariser Zentrale der Fremdenlegion in der Rue St. Dominique wurde ich als Neuzugang aufgenommen. Dazu genügte ein Formular, auf dem ich meine Personalien angeben musste. Name, Geburtsdatum und Nationalität konnte ich allerdings nach eigenem Gutdünken und Geschmack wählen. Ich blieb bei Ernst Frey und erhielt die Nummer 78502. Ich wurde gemessen und gewogen, meine Zähne untersucht, meine Brust beklopft und abgehört und meine Augen und Ohren einem Seh- und Hörtest unterzogen. Es stellte sich heraus, dass ich mit meinen 52 Kilogramm untergewichtig war, und meine Aufnahme erfolgte auf Probe. Fortan hatte ich mich mit Legionär Ernst Frey, Matricule Numero 78502 auszuweisen.

Mit meiner Unterschrift hatte ich mich auf fünf Jahre verpflichtet. Dafür würde ich eine einmalige Prämie von 300 Francs sowie monatlich den jeweils gültigen Sold der französischen Armee erhalten. Abschließend übergab mir ein Unteroffizier einen verschlossenen Brief und trug mir auf, mich am nächsten Tag im Fort St. Jacques in Marseille zu melden. Ich besaß noch genau einen Franc, aber die Legion war nicht der Meinung, jetzt schon für mich aufkommen zu müssen. Mir blieb also nichts anderes übrig, als mir das Geld für die Zugkarte von Vera zu borgen.

Die Aufnahmezeremonie in Marseille war genauso unfreundlich und problemlos wie in Paris. Kaum angekommen und mit ausrangierten Uniformen ausgestattet, wurde uns Neulingen mitgeteilt, dass wir innerhalb der nächsten Tage nach Sidi Bel Abbes in Algerien überstellt würden.

Sidi Bel Abbes – ein Name wie aus Tausendundeiner Nacht – hielt aber nichts von dem, was er versprach: eine mittelgroße Ansammlung typischer Kolonialhäuser und eine riesige Kaserne, in der die Fremdenlegion untergebracht war. Der Kasernenkomplex glich einer Stadt in der Stadt, mit Schlafsälen für 30 bis 50 Personen, Büros, Aufenthaltsräumen, Waffen- und Lebensmitteldepots, Kleiderkammern und natürlich einem Gefängnis.

Der Aufenthalt dort währte aber nur kurz, denn wir waren für das Ausbildungszentrum der Legion Saida vorgesehen, wo bereits zehntausende Soldaten vor uns in das Einmaleins des Kämpfens eingeweiht worden waren. Die Kaserne in Saida war restlos überfüllt und wir Neulinge wurden aufgeteilt. Ein Teil blieb in Saida, die anderen, darunter auch ich, kamen in das 30 km südlich liegende Ausbildungslager von Ain-El-Hadjar. Nun befand ich mich mitten im Ödland.

Wir wurden wieder eingekleidet, dieses Mal aber, Wunder über Wunder, tatsächlich mit brandneuen Sachen. Wir bekamen eine komplette Ausrüstung mit zwei Uniformen, dazu einen Tornister, Schuhe, einen Überhang, rote Epauletten, eine blaue, 25 cm breite und zirka zwei Meter lange Bauchbinde und ein Gewehr mit einem zusätzlichen Bajonett. Auf jedem Stück wurde unsere Matrikelnummer mit schwarzer Stempelfarbe aufgemalt.

Auch einen neuen Haarschnitt erhielten wir, eine Kahlrasur. Meine Haarpracht, die immer mein ganzer Stolz gewesen war, fiel in Sekundenschnelle. Die Absicht dahinter war klar: Desertation war ein schweres Vergehen, und da besonders die Rekruten desertionsfreudig waren, konnten sie so leicht aufgegriffen werden.

Die ersten Wochen vergingen damit, uns mit der Ausrüstung vertraut zu machen. Wir lernten die französischen Bezeichnungen dafür, lernten auf den Bordbrettern über unseren Betten unsere Sachen so anzuordnen, dass sie in einem rechten Winkel zueinander standen. Wir lernten uns richtig anzuziehen, wobei das Anlegen der Wickelgamaschen und der blauen Bauchbinde eine eigene Kunst war. Und schließlich wurde uns auch beigebracht, wann man wen wo und wie zu grüßen hatte.

In kurzer Zeit entwickelte ich mich zum Gruß-Gelehrten. Nie hätte ich mir träumen lassen, dass man aus Grüßen eine Wissenschaft machen konnte, doch hier wurde ich eines Besseren belehrt. Man konnte zum Beispiel im Gehen oder im Stehen, unter Umständen sogar im Laufen grüßen; man konnte individuell oder gemeinsam, mit der Waffe oder ohne, mit Kopfbedeckung oder ohne grüßen. Es gab eine Vielzahl von Möglichkeiten – und daher auch von Tücken, die es alle zu beherrschen galt.

Der niedrigste Dienstgrad in der Legion war der Korporal, ihm folgten der Korporal-Chef, der Sergent und der Sergent-Chef. Die nächsthöheren Ränge waren der Adjudant, der Adjudant-Chef bis hin zum Vizeleutnant, dann die Subalternoffiziere vom Leutnant bis zum Hauptmann und die höheren Offiziere vom Major bis zum Oberst. An der Spitze stand die Generalität, die die Ränge vom Brigade- bis zum Armeegeneral umfasste. Ihnen allen übergeordnet war der Marschall, was zwar kein Dienstgrad an sich war, sondern ein Titel, aber als das Nonplusultra einer militärischen Karriere galt. Wir, die wir neu waren, befanden uns auf der alleruntersten Stufe und wurden als einfache Rekruten auch so bezeichnet: Wir waren die „soldats de deuxième classe“, „Soldaten zweiter Klasse“.

Neben dem Habtachtstehen, dem Marschieren und Im-Gleichschritt-Gehen wurden wir natürlich auch im Umgang mit Waffen ausgebildet. Zuerst galt, es die Technik zu begreifen und jede kleinste Schraube und Feder unseres antiquierten, fünfschüssigen Repetiergewehrs zu kennen, um es notfalls selbst reparieren zu können. Wir lernten Gewehrladen, Gewehrputzen und Einfetten, und die Inspektionen hierfür waren um ein Vielfaches strenger als bei den Uniformen.

Die Ausbildung wurde mit der Zeit immer kriegerischer. Statt Frühsport gab es häufig Bajonettkampfausbildung oder militärisches Hindernislaufen, anschließend folgte das Üben mit Repetiergewehren. Wir lernten Kampfgruppen zusammenzustellen, bestehend aus einem Sergenten, der das Kommando hatte, einem stellvertretenden Korporal, einem Maschinengewehrschützen, einem Ladegehilfen, vier Munitionsträgern und sechs Gewehrschützen. Sämtliche Mitglieder der Gruppe, mit Ausnahme des Maschinengewehrschützen und seines Gehilfen, waren überdies mit Handgranaten ausgerüstet. Unsere Gefechtsausbildung fand ausschließlich im Gelände statt, meist in voller Ausrüstung und mit Marschgepäck. Und damit wir auch jeden Handgriff im Schlaf beherrschten, gab es wochenlang mitten in der Nacht Alarmeinsätze.

In dieser Zeit erreichte mich ein Brief der Eltern aus Wien. Sie seien guten Mutes, schrieben sie, und bereiteten ihre Ausreise nach Abessinien vor. Anscheinend zeigte sich der Duce gewillt, in seiner neuen Kolonie jüdische Emigranten aufzunehmen, was ich aber nur schwer glauben konnte. Auf alle Fälle lernten mein Vater und meine Mutter fleißig Italienisch, weil sie mit einer baldigen Abreise rechneten. Trude wiederum versuchte ein Visum für England zu bekommen und war ebenfalls optimistisch.

Der Brief enthielt viele Schätze; Fotos von den Eltern, von Trude und auch einige von mir aus Kindheitstagen. Mama hatte auch jenes Foto beigelegt, das ich zuletzt in Wien hatte machen lassen. „Lächeln Sie", hatte der alte Weitzmann gesagt, und ich hatte gelächelt. Das Bild sah hübsch aus, ein sorgloser junger Mann, der scheinbar zuversichtlich in die Zukunft blickt.

Einige Wochen später wurde meine Truppe nach Géryville verlegt, hunderte Kilometer von Ain-El-Hadjar entfernt. Es war eine öde und kahle Gegend, am Rande der Sahara, auf über tausend Meter Höhe im Atlasgebirge gelegen. Man hätte glauben können, dies wäre das Ende der Welt. Das einzige feste Bauwerk des Ortes war die Kaserne. Warum man uns dorthin gebracht hatte, war mir völlig unklar. Nicht nur herrschte hier ein unglaublicher Schlendrian, bald auch waren wir alle von der Monotonie und Eintönigkeit des Alltags in Géryville völlig zermürbt. Die meisten Soldaten trösteten sich mit Alkohol; da ich aber nie getrunken hatte, verfiel ich in düstere Gedanken.

Es gab auch keine Arbeit, mit einer Ausnahme: dem Ehrentag der Legion am 30. April. Bereits eine Woche vor dem großen Ereignis wurde die Kaserne auf Hochglanz gebracht, es wurde geschrubbt, poliert und Uniformen und Wäsche inspiziert. Am Morgen des 30. April versammelte sich die gesamte Kompanie in Galauniform, um das Legionsfest zu begehen. In Habtachtstellung hörten wir die Geschichte von Camerone, einer kleinen Ortschaft in Mexiko, in der sich Ende April 1867 die Überlebenden einer Legionskompanie verschanzt hatten und von fast 2.000 Mexikanern des rebellischen Juarez belagert wurden. Die etwa achtzig Fremdenlegionäre hatten dem Ansturm eine Woche lang standgehalten, bevor der letzte von ihnen fiel. Ihnen zu Ehren feierte die Legion diesen 30. April, feierte ihren sinnlosen Tod. Wie hatte der legendäre Gallieni gesagt? „Ihr Legionäre seid Soldaten, um zu sterben, und ich schicke euch dorthin, wo man stirbt!"

Dass ihr Tod nichts am Ausgang des franko-mexikanischen Krieges geändert hatte, wurde in der Gedenkrede jedoch nicht erwähnt.

Die Zeit schlich dahin. Wieder war es ein Brief, der mich aus meiner Lethargie riss. Dieses Mal von Trude – aus London! Mit Hilfe einer englischen Wohltätigkeitsorganisation hatte sie es nach langem Warten geschafft, auf legalem Weg aus Österreich herauszukommen. Die Eltern waren noch in Wien und die Verhältnisse bereits unerträglich. Trude berichtete mir von der „Reichskristallnacht" im vergangenen November, von den brennenden Synagogen und den anhaltenden Schikanen gegen die jüdische Bevölkerung. Sie hatte Angst um die Eltern, ich auch. Tante Hella war noch immer in Preßburg, das dortige deutsche Generalkonsulat war im März 1939 in eine Gesandtschaft umgewandelt worden. Sie und der Major hielten den Eltern die Treue und versuchten zu helfen, wo immer es ihnen möglich war.

Ende August 1939 erreichte auch uns die Nachricht vom Nichtangriffspakt zwischen Hitler und Stalin. Sie traf mich wie ein Faustschlag mitten ins Gesicht. Und auch die Stellungnahme der Partei dazu, die ich der algerischen Presse entnahm, war nicht weniger schmerzhaft: Die westlichen Imperialisten hätten geplant, gemeinsam mit Hitler einen Krieg gegen die Sowjetunion zu führen. Der Freundschaftspakt verhinderte diesen Interventionskrieg, Stalin hätte so den Frieden gerettet.

Vielleicht war es für Stalin ja wirklich unerlässlich gewesen, dieses Abkommen einzugehen, doch der springende Punkt war ein anderer: Stalin konnte es sich leisten mit Hitler zu paktieren, ich konnte es nicht! Zum ersten Mal, seit ich Mitglied der KP war, stellte ich mich gegen die Parteilinie. Von meiner Seite gab es keine Zustimmung zu diesem Pakt.

Inzwischen war allen klar, dass Krieg unvermeidbar war; aber noch wussten wir nicht, wie es weitergehen würde. Dann, am 3. September 1939, erfolgte die französische Kriegserklärung an das Deutsche Reich; seit 17 Uhr des Tages befand sich Frankreich im Krieg mit Hitler-Deutschland, seit 11 Uhr England.

Wir warteten gespannt, doch vorerst blieb alles ruhig. Zwar wurden wir mehrmals verlegt, zuerst nach Biskra, dann nach Touggourt und Ouargla, doch außer dass es jedes Mal Wochen dauerte, bis wir am jeweiligen Ort angelangt waren und wir überall versuchten, uns einzurichten, dann aber überraschend unsere Zelte wieder abbrechen mussten, passierte nichts.

Es war um den Jahreswechsel 1939/40, als die Legion Freiwillige für das Peloton, die Korporalschule in Sidi Bel Abbes, suchte. Sie stand im Ruf, sehr hart zu sein, doch das kümmerte mich nicht. Für mich war nur wichtig, aus dieser Einöde wegzukommen. Das Peloton begann am 1. Jänner, und zu den wichtigsten Punkten gehörten Drill und Disziplin. Wer sich nicht schnellstens daran gewöhnte, wanderte ins Loch und anschließend zurück zu seiner Einheit.

Sidi Bel Abbes war, wie ich bereits wusste, kein aufregender Ort. Doch die Kantine des Pelotons bot Wunderbares – genug zu essen und eine Vielzahl an Tageszeitungen. Da ich meist immer noch knapp bei Kasse war, blieb ich oft in der Kaserne und las. Ich las ausschließlich Französisch, um meine Sprachkenntnisse zu erweitern. Für den Alltag in der Legion wäre das nicht nötig gewesen, dort kam man mit rund 400 Wörtern bequem durch. Aber ich brauchte etwas, was meinen Geist beschäftigte. Meine Zimmergenossen hielten mich deshalb schon bald für verrückt und mieden mich, und so verbrachte ich viel Zeit allein.

So auch den Silvesterabend 1939/40, in leicht melancholischer Stimmung. Ich konnte es drehen und wenden, wie ich wollte, so hatte ich mir den lang ersehnten Krieg gegen Hitler nicht vorgestellt. Im September hatten viele europäischen Staaten noch gemeint, sie wären zu schwach, um den Polen zu helfen, doch heute stimmte das nicht mehr. Und trotzdem, wir schrieben das Jahr 1940, und der Krieg gegen Nazideutschland war noch genauso seltsam wie am ersten Tag.

Doch dann begann der Krieg wirklich. In Europa tobte eine Panzerschlacht in bisher noch nie dagewesenem Ausmaß. Die französischen Communiqués wurden zunehmend pessimistischer, es schien immer weniger so, als ob die Deutschen schnell zu schlagen wären, im Gegenteil. Sie hielten sich nicht an die „Spielregeln", denn anstatt die Maginotlinie von vorne anzugreifen und dort in einem erbarmungslosen Stellungskrieg zu verbluten, zogen sie es vor, das ungeschützte Luxemburg und Holland zu überrennen.

So ging es Woche für Woche und Monat für Monat weiter. Die Deutschen rückten kampflos in Paris ein, die Regierung flüchtete. Die Wehrmacht nahm Verdun, die französische Armee, bzw. was von ihr noch übrig war, ergab sich. Frankreich wurde zweigeteilt: in eine besetzte Zone, die mit Paris zwei Drittel des Landes ausmachte, und in die freie Zone, „Etat Francais", die Marschall Pétain unterstand.

Nun änderte sich auch die Situation in Algerien. Im Waffenstillstandsabkommen zwischen Frankreich und Italien war vereinbart worden, dass die französischen Truppen in Nordafrika nur ein gewisses Kontingent an Soldaten aufweisen durften. Anscheinend hatte die Legion nun mehr Soldaten als erlaubt; und sie löste das Problem dadurch, dass rund 2.000 Legionäre Arbeitskompanien zugeteilt wurden.

Auch ich gehörte zu diesen „Arbeitssoldaten", und als ich

zu Jahresende 1940 Bilanz zog, war das Ergebnis nicht sehr erfreulich: Ich war Legionär in Nordafrika und vom Kampf gegen den Nationalsozialismus weiter entfernt als je zuvor. Was mir jetzt noch half, war ein Wunder – und es kam in Gestalt eines Aufrufs: Die französische Armee suchte Freiwillige für Indochina. Ich meldete mich sofort, denn ich war mir sicher, dass die Engländer eine französische Verstärkung in Asien nicht kampflos hinnehmen würden. Wahrscheinlich würde eine solche Truppe nicht einmal bis nach Tonking kommen, sondern bereits auf der Überfahrt in britische Hände fallen. Normalerweise dauerte diese Schiffsreise durch den Suezkanal nur 14 Tage, doch nun war der Kanal nicht zugänglich, und man musste mit drei bis vier Monaten rechnen, um an der Westküste Afrikas entlang bis zum Kap der Guten Hoffnung und dann nordwärts durch die Straße von Sumatra ins Südchinesische Meer zu gelangen. Genug Zeit also, um irgendwo auf der Strecke von den Engländern gefangengenommen zu werden. Und da sich Großbritannien ja – im Gegensatz zu Frankreich und dem Vichy-Regime – im Krieg mit Hitlerdeutschland befand, konnten sie jeden Soldaten brauchen, also auch mich.

Neue Heimat Indochina

Die Engländer erwischten uns nicht. Am 22. Juni 1941 passierten wir den Äquator zum zweiten Mal. War das Ereignis schon beim ersten Mal kaum zur Kenntnis genommen worden, so ließ es diesmal wirklich jeden kalt. Am nächsten Morgen erfuhren wir jedoch, dass unser Eindringen in die nördliche Hemisphäre an einem besonderen Tag stattgefunden hatte: Die deutschen Truppen waren von Polen aus in die Sowjetunion einmarschiert.

Hatte Hitler noch nicht genug Gegner? Glaubte er, dass ihm alles glücken musste, weil ihm bisher viel geglückt war? Er würde sich irren, dessen war ich mir sicher. Außerdem stand die Sowjetunion nun dort, wo sie hingehörte: im antifaschistischen Lager und nicht auf Seiten der Nazis. Nun konnte ich wieder aufrichtigen Herzens Kommunist sein, und dazu hatte mir nicht Stalin oder die Komintern verholfen, sondern Adolf Hitler.

In dieser Hinsicht war meine ideologische Welt wieder in Ordnung, mein Standort bei den Vichy-Truppen aber durchaus nicht. Als ich in Casablanca das Schiff nach Indochina bestiegen hatte, hatte ich geglaubt, auf dem direkten Weg in die englische bzw. in die frei-französische Armee zu sein. Nun, drei Monate später, trennten mich nur noch knapp tausend Kilometer von Saigon. Unser Schiff fuhr mit voller Kraft, die Maschinen liefen ohne Unterlass und die See war spiegelglatt – einfach nichts hielt uns auf.

Am Nachmittag des 1. Juli 1941 liefen wir nach 106 Tagen in Saigon ein.

Kaum hatten wir angelegt, wurde es in den Laderäumen unerträglich heiß. Die Hitze war anders als in der Sahara, dumpf, schwül, feucht und atemraubend. Hier war Hochsommer, und dafür waren wir nicht gerüstet. Jeder Schritt war mühsam, innerhalb weniger Minuten klebte die Kleidung am ganzen Körper. Die Strümpfe in den Schuhen waren so glitschig, als wären wir durchs Wasser gewatet. Die Augen bedeckte ein salziger, feuchter Vorhang, der es mir unmöglich machte, fernere Objekte genauer zu erkennen.

An Land sah ich die ersten Annamiten: kleine, kaffeebraune Menschen, die aufgeregt schnatterten. Ich konnte sie nicht voneinander unterscheiden, zu ähnlich schienen mir ihre Gesichtszüge, ihr Körperbau und ihre Haltung. Und da nicht nur die Männer, sondern auch die Frauen lange Hosen trugen, konnte ich auch ihr Geschlecht nicht unterscheiden.

In der Stadt gab es keine Legionsgarnison, deshalb wurden wir in einer Kaserne der Kolonialtruppen untergebracht. Ich konnte an nichts anderes denken als an eine Dusche, doch die Abkühlung hielt nur kurz an. Ich lag nackt im Bett, unbeweglich, aber der Schweiß rann in Strömen über meinen Körper. Die maximale Dienstzeit für Indochina betrug 18 Monate, und bereits am ersten Tag dämmerte mir, dass das wahrscheinlich das Maximum war, das ein Durchschnittseuropäer aushalten konnte.

Jedes Bett war mit einem Moskitonetz ausgestattet. Es war bei Strafe untersagt, das Netz wegzugeben, aber darunter war es noch heißer und die Luft noch stickiger. Strafe hin oder her, ich hob das Moskitonetz und die Biester stürzten sich auf mich wie Geier aufs Aas. Also wieder runter damit. Irgendwann fiel ich in einen unruhigen, alptraumgequälten Schlaf, von dem ich wenig erfrischt erwachte. Es war fünf Uhr morgens, und die Luft war eine Spur kühler geworden.

Nach einigen Tagen wurden wir per Schiff nach Haiphong und von dort mit der Eisenbahn zuerst nach Hanoi, dann weiter ins Landesinnere gebracht. Die fremde Landschaft beeindruckte mich, Palmenwälder und Reisfelder, so weit das Auge reichte, Deiche, Strohhütten und Wasserbüffel. Und tausende von armen Landarbeitern auf den Feldern.

Rund 100 Kilometer nördlich von Hanoi rollte der Zug über eine Brücke, die sich über den Sông Hông, den mächtigen „Roten Fluss", spannte. An einer kleinen Bahnstation stiegen wir aus. Eine Musikkapelle der Legion begrüßte uns feierlich, wir waren am Ziel: beim 5. Regiment in Viêtri. Die Hauptstraße war der einzige größere Straßenzug, gesäumt von armseligen Läden, hinter denen Palmen und Gebüsch emporragte. Die Legionskaserne, nur wenige hundert Meter vom Dorf entfernt, stand im Schatten belaubter Baumriesen, ein einfaches ebenerdiges Gebäude, in dem sich sowohl die Büros als auch die Schlafräume befanden. Der Speisesaal und die Küche waren in einem separaten Haus, das an den Kasernenhof angrenzte.

In dieser Gegend gab es verschiedene Einheiten des 5. Regiments. In Viêtri befand sich die Stabskompanie mit der gesamten Verwaltung und dem Regimentskommandanten. Die militärische Hauptbasis war in Tong unweit der Stadt Son Tay, rund 35 Kilometer von Viêtri entfernt. Daneben gab es noch Einheiten in Tuyên Quang, in Yen Bai und in Son La, und auch im unwegsamen Dschungel von Laos und im nördlichsten Winkel des Landes nahe der chinesischen Grenze lagen Garnisonen.

Von den 200 Neuankömmlingen wurde der Großteil zu den aktiven Einheiten abkommandiert, der Rest sollte die Stabskompanie in Viêtri verstärken. Ich wurde der Schatzmeisterei zugeteilt.

Innerhalb kürzester Zeit lernte ich die altgedienten Legionäre kennen. Keiner von ihnen war seit weniger als drei Jahren in Indochina. Von 18 Monaten konnte also keine Rede sein. Sie alle hofften, noch vor ihrem vierten Jahr wieder nach Algerien versetzt zu werden, besonders jetzt, da wir als Verstärkung angerückt waren. Bei vielen von ihnen bemerkte ich eine gelbliche Gesichtsfarbe, die Folge von Gallen-, Milz-, Leber-, Magen- oder Darmleiden aufgrund von Malaria, Ruhr oder auch Alkoholmissbrauch, alles Krankheiten, die hier so sehr grassierten wie andernorts Schnupfen.

Von ihnen erfuhr ich auch einiges über die hiesigen Lebensgewohnheiten. So war es zum Beispiel üblich, dass die Legionäre „heirateten", d.h. für die Zeit ihres Aufenthalts eine feste Verbindung eingingen. Für wenig Geld mieteten sie ein Haus und eine Co, eine Frau. Der Legionär gab seiner Co fast seinen gesamten Sold, und sie führte ihm den Haushalt, kochte, putzte und wusch. Er selbst behielt meist nur Geld für Zigaretten. Die „verheirateten" Legionäre verbrachten zwei bis drei Abende pro Woche in ihrem „Zuhause" und verschmähten auch das Essen in der Kaserne. Wenn sie über Nacht wegblieben, mussten sie erst beim Morgenappell wieder einrücken. Das „Verheiratet-Sein" bot also viele Vorteile, und es ging das Gerücht, dass 95 Prozent der Legionäre in Viêtri in einer solchen Verbindung lebten.

Eines Tages beschloss ich, ebenfalls auf Brautschau zu gehen. Die Zeichen standen insofern gut, als ich eine dreimonatige Soldnachzahlung bei mir hatte. Am Finanziellen sollte das Ganze also nicht scheitern. Ich hatte Glück und traf auch bald auf Cô Nam, die mich heiraten wollte. Ich müsse, wie in einer solchen Angelegenheit üblich, einen Monat im Voraus zahlen. Dafür bekäme ich dann ein Haus samt einer Co und allem, was dazugehörte.

Ich überlegte kurz, ob ich darauf einsteigen sollte, doch schließlich heiratete ich Cô Nam für 30 Piaster und kehrte als Ehemann in die Kaserne zurück. Unter den Legionären sprach sich rasch herum, dass ich frisch vermählt war. Sie kicherten und tuschelten und lachten mich hinter meinem Rücken aus, doch ich wusste den Grund dafür nicht. Den sollte ich auch erst 14 Tage später erfahren. Cô Nam war schon verheiratet und hatte nur für die Zeit, in der ihr erster „Ehemann" nicht da war, einen „Zwischenmann" gesucht. Als Ehemann Nummer eins zurückkam, verschwand sie spurlos aus meinem Leben.

Inzwischen wurde die Kriegslage immer ereignisreicher, und selbst unpolitische Legionäre begannen, die Entwicklungen zu diskutieren. Vor allem der Kriegseintritt Japans auf deutscher Seite und die Bombardierung von Pearl Harbor Anfang Dezember 1941 lieferten uns tage- und wochenlang Gesprächsstoff.

In der Legion gab es überraschenderweise wieder Verstärkung, eine so genannte „Geisterabteilung" kam aus Algerien an. Fast alle Rekruten dieser Kompanie waren Juden oder Deutsche, die sich politisch betätigt hatten, nach Frankreich geflohen und dort von den Ereignissen überrollt worden waren. In ihrer Verzweiflung hatten sie sich der Fremdenlegion angeschlossen, andere Namen angenommen und wurden von der Legion geschützt.

Zu dieser „Geisterabteilung" gehörte auch Schröder, ein junger Bursche aus Köln, Sohn eines schwerreichen Bankiers. Er war bereits in seiner Studienzeit zur KPD gestoßen, dann 1936 nach Paris emigriert und hatte dort als Gastdozent für Germanistik an der Sorbonne unterrichtet. 1939 versuchte er, so wie tausende andere auch, den einmarschierenden deutschen Truppen zu entkommen und stieß zur Legion.

Mit Schröder kam ich überein, in Viêtri eine kommunistische Zelle zu gründen, und bald schon besuchten auch andere Genossen unsere Zellenabende: Zerna, ein hochaufgeschossener, blonder Berliner, der mit seiner Abneigung gegen Stalin und das etablierte Sowjetsystem nicht hinterm Berg hielt. Aber er wollte sich betätigen, und wir waren froh, dass wir überhaupt Leute fanden. Silva, der jüngste von uns allen, spritzig und kampflustig; er stammte aus Vorarlberg und war zwar nie Mitglied der KP gewesen, hatte aber bei den Internationalen Brigaden gekämpft. Und Borchers, mit 30 Jahren der älteste von uns, klein und gedrungen; dem ersten Eindruck nach fast bäuerlich wirkend, besaß er einen außergewöhnlich analytischen Verstand und ein geradezu enzyklopädisches Wissen. Borchers war gläubiger Protestant und zeitlebens tief verbunden mit der KPD.

Nach meinem Erlebnis mit Cô Nam hatte ich mir, was nur wenige verstanden, ein Haus für mich allein gemietet, eine Art Heimersatz, wo ich ungestört sein konnte. Dieses Haus leistete uns nun gute Dienste und wurde zum Treffpunkt unserer Zelle. Wir hatten keinen obersten Leiter, doch als Initiator und Quartiergeber übernahm ich die Funktion des Politischen Leiters. Ich berief die Zellenabende ein, schlug die Tagesordnung vor und erstellte Konzepte für unser weiteres Vorgehen. Jeder bekam einen gewissen Personenkreis seiner Umgebung zugewiesen, um, wenn schon nicht neue Mitglieder, so doch zumindest Sympathisanten zu gewinnen.

Unsere Einschätzung der militärischen Lage in Europa stieß bei vielen auf offene Ohren. Das Unvermögen der Deutschen, Leningrad und Moskau einzunehmen, war, so glaubten wir, die Wende. Jetzt würde die Sowjetunion mit Hilfe von amerikanischen Waffen zurückschlagen, und auch Japan, das einen aussichtslosen Kampf gegen China führte, müsste bald kapitulieren.

Doch noch sah es so aus, als ob unsere Prognosen reine Wunschträume wären. Die Wehrmacht hatte die sowjetische Armee in einer Kesselschlacht bei Charkow vernichtend geschlagen und eine Viertelmillion Gefangene gemacht, und das Deutsche Afrikakorps stand nach dem Fall von Marsa Matruk an der ägyptischen Grenze. Die Siegesmeldungen der Achsenmächte enthielten aber zumindest einen Wermutstropfen: Bei den Midway-Inseln hatte sich eine Seeschlacht zwischen der japanischen Flotte unter Admiral Yamamoto und den amerikanischen Kräften entwickelt, die für die Japaner schwere Verluste brachte. Die USA schienen den Schock von Pearl Harbor überwunden zu haben.

Unser Regiment bekam einen neuen Kommandanten, Oberst Alessandri, der sich in den Kopf gesetzt hatte, aus uns Kolonialbeamten richtige Soldaten zu machen. Mit täglichem Exerzieren, häufigen Schießübungen und dazu einem besonderen Programm riss er Viêtri aus seinem Dornröschenschlaf. Er wollte eine Sportsektion aufstellen, in der neben Fußball auch Leichtathletik betrieben wurde. Und zum Zwecke des Sportgeistes und vor allem des -kampfes sollten wir unsere Kräfte dann in Regimentsmeisterschaften messen.

Uns passte das hervorragend, denn dadurch konnten wir im ganzen Land herumreisen und Kontakte knüpfen. Silva, Schröder und ich waren sofort mit Feuereifer bei der Sache; ausgestattet mit speziellen Dressen und Spikeschuhen gehörten wir nun zur Leichtathletikmannschaft.

Unser erster größerer Sportkampf sollte in Hanoi stattfinden. Unsere Konkurrenz war stark, besonders im 800- und 500-Meter-Lauf, deshalb schlug uns der Sergent eine neue, noch wenig bekannte Disziplin vor, den Cross-Country, d.h.

einen Langstreckenlauf über mehrere Kilometer. Auch damit waren wir mehr als einverstanden, bot es uns dreien doch die Möglichkeit, ein Team zu bilden und gemeinsam zu trainieren. Damit waren wir auch vor unerwünschten politischen Eindringlingen sicher, denn außer uns war in ganz Viêtri niemand so irre, täglich fünf Kilometer zu laufen.

Der Cross-Country-Lauf gab uns Freiheit, zumindest Bewegungsfreiheit. Wir liefen, wohin wir wollten, und setzten uns über Verbote hinweg. Wir waren die einzigen Legionäre, die sich in Turnhosen und Leibchen in der Stadt aufhalten durften, und auch die einzigen, denen es gestattet war, im mächtigen Sông Hông zu baden.

Die Kriegssituation in Europa veränderte sich langsam, aber entscheidend. Die deutsche Wehrmacht führte an mehreren Fronten bereits Abwehrschlachten, es sah so aus, als ob sich die Nazis nicht mehr allzu lange halten konnten. Es war nun November 1942, und manchmal hatte ich das Gefühl, als hätte sich die Weltgeschichte einen Witz mit mir erlaubt. Wenn ich in Algerien ausgeharrt hätte, wäre ich wahrscheinlich schon auf der Seite der Amerikaner, Briten oder Freifranzosen, während die französische Armee in Indochina und der Generalgouverneur Decoux noch immer unter dem Oberkommando von Marschall Pétain standen. Das hier war das letzte Bollwerk des Vichy-Regimes, und es glaubte unerschüttert an seinen Führer. Schröder hatte einmal gemeint, dass wir in Indochina noch pétainistisch wären, wenn es Pétain gar nicht mehr geben würde. Damals hatten alle gelacht; wir konnten ja nicht ahnen, dass er Recht damit hatte.

Zu Weihnachten 1942 hatte ich den bis dahin schlimmsten Malariaanfall. Meine Körpertemperatur bewegte sich zwischen Nordpolkälte und feurigster Äquatorhitze. Für unseren Kompaniearzt Eclair war ich allerdings ein Lichtblick, gehörte doch seine berufliche Leidenschaft ganz der Erforschung der Malaria. Der Assistenzarzt hatte mich bereits aufgegeben, doch Eclair war überzeugt davon, dass ich es schaffen würde. Er spritzte mir Unmengen von Chinin, ganz nach dem Motto: „Das ist ein Cross-Country-Läufer: Entweder rennt er in den Himmel, in die Hölle oder weiter bei uns auf der Erde. Im Augenblick ist er nirgends" – und rettete mir damit das Leben.

Danach konnte ich einige Tage lang außer Tee nichts zu mir nehmen, aber ich überlebte. Anfang des Jahres 1943 war ich wieder voll auf dem Damm und feierte mit meinen Freunden den Sieg der sowjetischen Armee bei Stalingrad.

In dieser Zeit erfuhr ich auch, dass Oberst Alessandri plante, in Indochina ein Peloton 2 zu errichten. Er wollte damit die Ausbildung der Legionäre ankurbeln; ich sah darin eine willkommene Unterbrechung der Monotonie des Kasernenlebens. Drei Monate lang absolvierte ich Schießübungen mit dem Infanteriemörser und den 20-mm-Flugabwehrkanonen, machte taktische Gefechtsübungen, wurde eingeschult in die Kunst der Kompanieführung, hielt Nacht- und Orientierungsübungen ab, berechnete Flugbahnen, bestimmte Koordinaten und lernte Karten zu lesen. Nach der bestandenen Abschlussprüfung wurde ich zum Sergenten ernannt.

Es kam der dritte Sommer, den ich in Indochina verbrachte, und er war womöglich noch heißer als die vergangenen. Trotzdem stand das Stimmungsbarometer auf Hoch: Die Alliierten waren auf Sizilien gelandet und hatten Palermo genommen, Nazideutschland schien dauerhaft geschwächt. Zudem hatte es Wächter, Ex-Wiener und Sympathisant unserer Zelle, geschafft, Verbindung mit den Sozialisten in Hanoi aufzunehmen, die wiederum Kontakt mit den indochinesischen Kommunisten hatten.

Durch Wächter lernte ich auch Louis Caput kennen, den Kopf der indochinesischen Sozialisten und seines Erachtens auch Führer der „Résistance Indochinoise". Sein Plan war, die kommunistische Zelle der Legion mit der Widerstandsbewegung zu einer Einheitsfront zu vereinen. Diesem Vorschlag konnte ich nur zustimmen, doch was mich in erster Linie interessierte, war die Kommunistischen Partei Indochinas. Mit ihr wollte ich Kontakt aufnehmen, doch es stellte sich heraus, dass Caputs Verbindungen in diese Richtung nur sehr lose waren. Allerdings versprach er, ein Treffen mit den entsprechenden Personen zu arrangieren.

Das erste sollte ein paar Wochen später in einem Park beim „Petit Lac" stattfinden. Es wurden Losungen vereinbart, und an einem für das Hanoier Klima kühlen Novembertag, an dem man gerade noch im Freien sitzen konnte, ohne aufzufallen, spazierte ich zum verabredeten Treffpunkt.

Es war das erste illegale Treffen, das ich seit 1938 hatte. Dementsprechend war ich voll Erwartungen, gleichzeitig aber auch etwas nervös. Wie sah ich aus? Ich hatte mich bemüht, nicht aufzufallen und deshalb einen dandyhaften Anzug gewählt, in dem die Polizei sicherlich keinen Kommunisten vermutete.

Der junge Annamite, der allein auf einer Bank an der Seepromenade saß, wirkte gepflegt und adrett. Sein Anzug war unauffällig, ein wenig abgetragen, aber nicht schäbig. Ich ging erst einmal an ihm vorbei, um die Umgebung zu erkunden, und während ich vorbeispazierte, ließ er die Zeitung sinken. Unsere Blicke kreuzten sich und ich merkte sofort, dass er mich als „seinen Mann" identifiziert hatte.

Genosse Tuc stellte sich als Abgesandter des Zentralkomitees vor. Aus seinem Lagebericht erkannte ich, dass ich an der richtigen Adresse war. Er berichtete, dass der Polizeiterror der

Partei enorm zu schaffen machte. Die Foltermethoden waren vielfältig und grausam – Nägel-Ausreißen, Brennende-Zigarettenstummel-auf-die-Haut-Drücken, Wasserprobe und Magnèto. Bei der Wasserprobe wurde so lange Wasser eingeflößt, bis der Bauch zu Ballongröße anschwoll, und beim Magnèto jagte man den Gefangenen Stromstöße verschiedener Stärke durch den Körper. Die Partei hatte viele Ausfälle zu verzeichnen, und gegenwärtig befanden sich mehr Funktionäre auf der berüchtigten Sträflingsinsel Poulo Condore als auf freiem Fuß. Tuc selbst war drei Jahre lang dort inhaftiert gewesen, davon die Hälfte der Zeit im so genannten „Tigerkäfig", einem Drahtverlies, in dem man weder stehen noch sich bewegen konnte. Ich vermutete, dass seine Nervosität und das leichte Stottern die Folgen dieser Internierung waren.

Das Hauptziel der Kommunistischen Partei Indochinas war die Befreiung der Völker Indochinas von der Kolonialherrschaft, und zwar sowohl von der französischen als auch von der japanischen. Eine Einheitsfront mit den Gaullisten und den französischen Sozialisten, wie es sich Caput vorstellte, war, so Tuc, zumindest so lange nicht denkbar, so lange sie nicht die Unabhängigkeit dieser Länder anerkannten.

Tuc und ich diskutierten heftig. Ich war von seinen Argumenten nicht restlos überzeugt, aber er blieb unerbittlich. Laut Parteilinie war die nationale Unabhängigkeit vorrangiges Ziel, und er weigerte sich strikt, an Einheitsfrontverhandlungen teilzunehmen, würde dort nicht auch das Ende des Kolonialstatus besprochen. „Wenn wir uns nicht jetzt die Unabhängigkeit holen, wann dann?", fragte er mich, und ich musste ihm die Antwort schuldig bleiben.

Bei der nächsten Versammlung der Hanoier Widerstandsgruppe berichtete ich von den Forderungen der einheimischen

Kommunisten, was Caput aber als utopische Wunschträume abtat. Er hatte Dutzende von Argumenten zur Hand, warum es unmöglich sei, den Annamiten die Unabhängigkeit sofort und vollständig zu geben – den Mangel an Führungskräften in administrativer und in technischer Hinsicht, an erfahrenen Diplomaten für die Auslandsvertretungen, Offizieren für das Heer, Lehrern für die Schulen, Direktoren für die Fabriken, Agronomen für die Landwirtschaft usw. Nur ein behutsamer, langsamer Loslösungsprozess würde, so Caput, dem Land Nutzen bringen.

Dadurch, dass er kein einziges Argument anführte, das die KP Indochinas unterstützte, hatte er es geschafft, mich von der Richtigkeit ihrer Forderungen zu überzeugen. Caput glaubte felsenfest an die Kraft des zukünftigen, demokratischen Frankreich und die schrittweise, unblutige Befreiung der Kolonien; ich aber war davon überzeugt, dass die französische Armee gegen die Unabhängigkeitsbestrebungen Annams mit aller Macht vorgehen würde.

Und daneben ging der Krieg weiter. Je länger er sich hinzog, desto tiefer steckten wir drin. Die von den Japanern verhöhnten amerikanischen Spitfire-Angriffe gehörten längst der Vergangenheit an. Inzwischen war die Spitfire lediglich Geleitschutz für die schweren Bomber, die im Sturzflug Flakstellungen angriffen. Tonnenweise wurden 100- und 500-Kilogramm-Bomben abgeworfen, ein Alarm jagte den anderen. Merkwürdig war nur, dass die Japaner auf die Luftangriffe nicht reagierten. Ich konnte mir das nur so erklären, dass sie die Luftabwehr entweder der französischen Armee überließen oder aber nicht wagten zurückzufeuern, um ihre Stellungen nicht zu verraten.

Auch wir versuchten, keine Angriffe auf uns zu ziehen, und schossen deshalb nicht, damit uns das Mündungsfeuer nicht verriet. Trotzdem rechneten wir täglich mit einem Angriff, entweder auf dem Landweg vom Süden her oder per Schiff irgendwo an der rund 2.000 Kilometer langen Küste. Doch wann immer die Offensive auch einsetzen würde, wir hatten bereits beschlossen, uns auf die Seite der indochinesischen KP zu stellen.

Das Februartreffen mit Tuc fiel buchstäblich ins Wasser, weil es in Strömen regnete. Erst einen Monat später klappte es, und Tuc war über unseren Entschluss, die Partei bedingungslos zu unterstützen, hocherfreut. Wir stellten einen formellen Aufnahmeantrag in die Kommunistische Partei Indochinas, und Tuc versprach, für eine positive Erledigung unseres Ansuchens einzutreten.

Beim nächsten Treffen im April tauchte er allerdings nicht auf, auch nicht bei den beiden Ersatzterminen, die wir im Abstand von je 14 Tagen vereinbart hatten. Ich musste also davon ausgehen, dass er aufgeflogen war, zumal auch Caput die Verbindung zur KP verloren hatte. Erst Wochen später konnten wir wieder Kontakt aufnehmen, doch dieses Mal erschien Phong, ein etwa 30- bis 35-jähriger Mann, der noch kleiner und zierlicher war als Tuc. Wie er mir mitteilte, hatte sich am Standpunkt des Zentralkomitees nichts geändert.

Kurz darauf war mein 29. Geburtstag, und dieses Mal gab es genügend Gründe zum Feiern: Da war einmal unsere – und damit auch meine – Aufnahme in die Partei. Seit ich Paris verlassen hatte, war ich mir politisch wie ein herrenloses Strandgut vorgekommen, nun hatte ich wieder festen Boden unter den Füßen. Ein weiterer Grund war die geglückte Landung der Alliierten in der Normandie, die uns alle in einen wahren Siegestaumel versetzte, mit Ausnahme von Silva. Er hielt es nicht länger aus, im indochinesischen Dschungel untätig herumzusitzen, während die Deutschen in Frankreich und

Russland geschlagen und in unserer Nähe eine Großoffensive zur Rückeroberung Birmas vorbereitet wurde. Er wollte nach China, um dort gegen die Japaner zu kämpfen. Wir versuchten, ihn zurückzuhalten, doch Silva war fest entschlossen zu desertieren.

Schweren Herzens ließ ich mich zu einem Vertrauensbruch bewegen: Unter dem Siegel größter Verschwiegenheit hatte mir Phong anvertraut, dass die Partei in verschiedenen Gebieten Teilaufstände vorbereitete und unter Umständen auch auf unsere Unterstützung angewiesen war. Zum gegebenen Zeitpunkt würden wir Genaueres erfahren, bis dahin sollte ich aber Stillschweigen bewahren. Silva erklärte sich nun bereit, seinen Fluchtplan bis zu meinem nächsten Treffen mit Phong zu verschieben. Allerdings brachte ich von dort keine guten Nachrichten mit. Phong hatte den bevorstehenden militärischen Einsatz nicht einmal erwähnt, die Partei setzte also doch auf die politische Karte.

Nun konnte Silva nichts mehr zurückhalten. Obwohl ich Angst um ihn hatte und ihn auch nicht verlieren wollte, stellte ich einen gefälschten Marschbefehl aus, denn diese Hilfe war ich ihm einfach schuldig. Seit Jahren hatte es in Viêtri keine Desertion gegeben, Silvas Verschwinden erregte daher großes Aufsehen. Zwei Tage später wussten wir, dass ihm die Flucht gelungen war. Ein Legionär hatte bei Lao Cai den Roten Fluss durchschwommen, und obwohl ihm die Grenzposten nachgeschossen hatten, konnte er das chinesische Ufer doch unverletzt erreichen. Das konnte nur Silva gewesen sein.

In diesen Tagen wurde vielen in der Legion immer seltsamer zumute. Es gab keine „Nationale Revolution“ und keinen Marschall Pétain mehr, man wusste nicht einmal, wohin die Deutschen ihn verschleppt hatten. Paris kapitulierte kampflos, und de Gaulle zog in der Hauptstadt ein. Die Pétainfaschisten

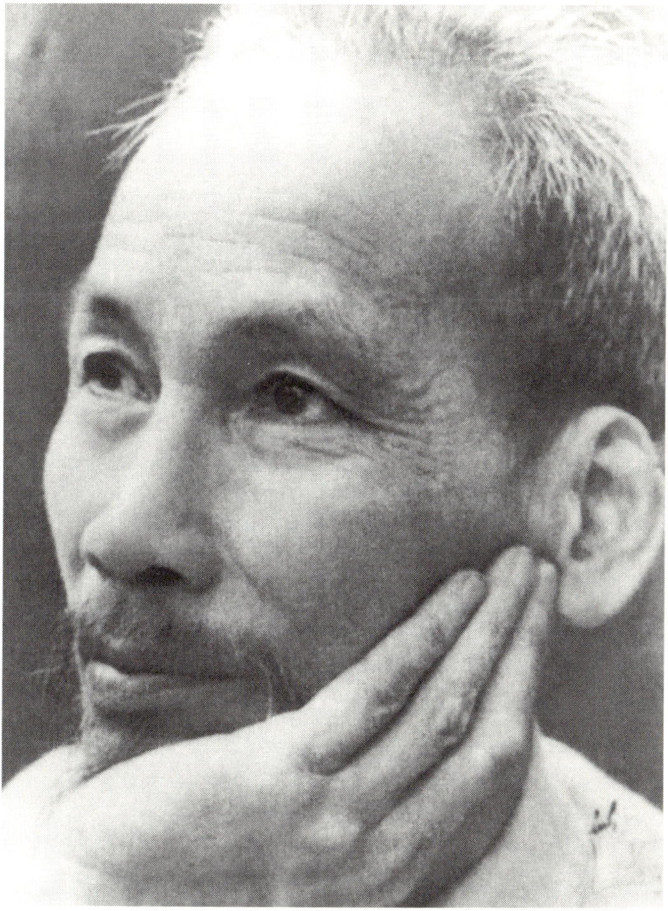

Hô Chi Minh, Begründer der Kommunistischen Partei Indochinas, Symbolfigur des Guerillakampfes gegen die Japaner und die französische Kolonialmacht, ab 1954 Staatspräsident von Nordvietnam

in der Legion beteten Hitler an und erstarben vor Bewunderung für die Größe des Führers, aber hassten die Deutschen weiterhin. Das brachte sie in einen Zwiespalt, denn einerseits waren sie stolz, dass französische Truppen in Paris einmarschierten, aber andererseits fürchteten sie sich vor den Demokraten, Sozialisten, Bolschewiken und Juden, die nun die Stadt überschwemmen würden.

Nach langem Zögern erklärte sich das ZK einverstanden, mit Caput und den Sozialisten zu sprechen. Allerdings bestand immer die Gefahr, dass man entdeckt wurde, deshalb schickte man auch Phong, den „kleinen" Funktionär. Man konnte es sich einfach nicht leisten, einen hohen zu verlieren. „Aber auch ein unwichtiger Funktionär darf Angst um seine Haut haben", meinte Phong lächelnd, was ich ihm ohne weiteres zubilligte.

Caput hatte für dieses Treffen keinerlei Sicherheitsmaßnahmen getroffen. Nach dem Einzug de Gaulles in Paris war er überzeugt, dass die Gefahr gebannt sei. Phong hatte trotzdem Befürchtungen; sollte die Polizei erfahren, dass ein annamitischer Kommunist an dieser Versammlung teilnahm, würde zwar Caput, seinen Leuten und auch uns nicht viel passieren, ihn brächte es aber ins Internierungslager auf Poulo Condore.

Das Treffen fing also nicht besonders erfreulich an und wurde zunehmend unangenehmer. Caput forderte die Bildung einer Aktionseinheit aller antifaschistischen Kräfte inklusive der indochinesischen Kommunisten gegen die Japaner und die faschistische Kolonialverwaltung im Lande, Phong wiederum verwies auf die unzähligen Gewaltakte, Vertragsbrüche und Militärexpeditionen, mit denen sich Frankreich das Land gefügig gemacht hatte und aus denen es jetzt Rechtsansprüche ableitete. Die Annamiten wären immer wieder betrogen worden. Frankreich hatte ihnen Schutz versprochen, aber dem Land bisher nur Verheerung und Ausbeutung gebracht.

Die Diskussion wurde immer heftiger. Caput, ganz in der Rolle des Lehrers, argumentierte, dass Annam noch nicht fähig sei, auf eigenen Beinen zu stehen, und plädierte für eine teilweise Autonomie, die schrittweise in eine völlige Souveränität führen würde. Das aber brachte Phong auf die Palme, der Caput vorwarf, den Standpunkt der Kolonialisten zu vertreten, die ihre Beute nicht hergeben wollten.

Caput war bemüht, zu retten, was noch zu retten war. In den nächsten Tagen wurde in Paris unter Einschluss der französischen Sozialisten und unter der Führung von Charles de Gaulle eine provisorische Regierung gebildet. Caput versprach, die Forderung der KP Indochinas nach Frankreich zu übermitteln und schlug vor, die Verhandlungen bis dahin zu vertagen. Einige Wochen später bekam er eine eindeutige Antwort aus Paris: Frankreich war nicht gewillt, auf seine Kolonien im Fernen Osten zu verzichten und würde auch keine diesbezüglichen Verhandlungen mit dem Zentralkomitee der Kommunistischen Partei Indochinas führen.

Bei unseren Zellenabenden wurde aber neben der aktuellen Lage noch ein weiteres Problem diskutiert. Unsere Hauptsorge galt dem „Rengagement", d.h. der weiteren Verpflichtung in der Legion. Mein Fünfjahresvertrag war das erste Mal im Oktober 1943 ausgelaufen. Damals hatte ich ohne Bedenken die Verlängerung um ein Jahr unterschrieben. Nun aber lag die Sache anders. Der Druck jedoch, den das Kommando auf die Rengagementverweigerer ausübte, war enorm. Wer sich nicht länger verpflichten wollte, kam in die „Section Spéciale" nach Ha Giang, in der Soldaten buchstäblich zu Tode kuriert wurden.

Wir mussten uns also etwas einfallen lassen. Es gab die Möglichkeit, gemeinsam zu verweigern und so gemeinsam nach Ha Giang zu kommen. Dagegen sprach allerdings, dass damit unsere Verbindung zur KP, zu Caput und auch zu den Genossen in den Bataillonen abreißen würde. Außerdem wären wir, als eine Art Sträflinge, in Ha Giang nicht bewaffnet, als Legionäre aber sehr wohl. Dagegen sprachen aber auch persönliche Gründe, bei Borchers zum Beispiel seine Familie, an der er mit ganzem Herzen hing, bei Schröder die Vorliebe für Schnaps und ein flottes Leben, was ja in Viêtri möglich war, und bei mir meine besondere Stellung als Unteroffizier, die dann beendet wäre.

Als Kompromiss schlug ich vor, nicht für ein Jahr, sondern nur bis Kriegsende zu rengagieren, was vom Kommandanten aber kurz und bündig abgelehnt wurde. Schröder, Borchers und ich verpflichteten uns deshalb für ein weiteres Jahr, genau bis zum 4. Oktober 1945, nur Zerna weigerte sich. Er war der einzige überzeugte Anarchist unter uns und glaubte, nichts zu verlieren zu haben. Mit seiner Weigerung wollte er eine Tat setzen, die mutig und revolutionär war, und dafür wurde er nach Ha Giang abtransportiert.

Mit Phong sprach ich über die Pläne der Partei. Der Kampf gegen den französischen Kolonialismus stand an erster Stelle, die Japaner waren als Gegner zweitrangig. Sie hatten den Krieg, ebenso wie die Deutschen, längst verloren. Die militärischen Vorbereitungen waren recht weit gediehen. Im Norden gab es bereits einige befreite Zonen, deren Lage und Ausdehnung ich allerdings nicht kannte. Da die Guerillaeinheiten sehr beweglich waren, war es ohne weiteres möglich, dass sie sich bereits in einem anderen, noch immer französisch besetzten Gebiet aufhielten. Ihre Taktik bestand darin, der Kolonialarmee so gut es ging auszuweichen und überall dort präsent zu sein, wo sie es nicht war.

Das war zu meinem großen Bedauern auch der Grund, warum sich unsere Zelle nicht den Guerillaverbänden anschließen konnte. Als Europäern wäre es uns nicht möglich gewesen, uns nach den Kämpfen in harmlose Zivilisten zu verwandeln, im Gegenteil, wir wären überall sofort aufgefallen. Phong tröstete mich aber damit, dass dies nur die erste Phase einer unaufhaltsamen Entwicklung sei. Sobald eine stabile, befreite Zone gesichert sei, würde man an uns denken.

Das Operationsgebiet der Guerillakämpfer befand sich teilweise in chinesischer Grenznähe, also nahe den Kuomintang-Truppen. Zu ihnen gab es jedoch keine Verbindung, im Gegenteil, Phong sprach sehr verächtlich von ihnen. Offiziell bildeten die chinesische Rote Armee und die Armeen von Tschiang Kai-schek eine Aktionseinheit, in Wahrheit trafen hier aber zwei Erzfeinde aufeinander. Bevor die Kuomintang-Leute mit kommunistischen Freiheitskämpfern zusammenarbeiteten, kollaborierten sie eher mit den Franzosen und Japanern. Im Klartext hieß das, dass die annamitischen Freiheitskämpfer auf sich allein gestellt waren, und uns blieb nichts anderes übrig, als zu warten.

Der Krieg in Europa konzentrierte sich nun ganz auf Deutschland, das von Ost und West mit übermächtigen alliierten Armeen überschwemmt wurde. MacArthur zog in Manila ein, Japan wurde tagtäglich schwer bombardiert. Im sechsten Jahr schleppte sich der Krieg seinem Ende entgegen, und es schien nicht mehr utopisch, sich Gedanken über die Zukunft zu machen. Schröder wollte nicht mehr nach Deutschland zurückkehren, sondern seine Lehrtätigkeit an der Sorbonne fortsetzen. Borchers war unschlüssig und von Skrupeln geplagt; einerseits wollte er nach Deutschland, andererseits konnte er seine Familie, die er hier gegründet hatte, nicht im Stich lassen. Ich aber wollte auf alle Fälle nach Wien zurück, um dort neu anzufangen.

In japanischer Kriegsgefangenschaft

In der Garnison von Viêtri erlebten wir eine kleine Sensation. Die Luftabwehr des zweiten Bataillons in Tong hatte eine amerikanische Kampfmaschine abgeschossen, und ein Besatzungsmitglied, angeblich der Beobachter, konnte sich mit dem Fallschirm retten und wurde gefangen genommen. Nachdem sie in Tong nicht wussten, was sie mit ihm anfangen sollten, überstellten sie ihn in unser Gefängnis. Ich besuchte ihn und fand ihn in fröhlicher Stimmung vor. Es schien, dass er nicht besonders böse darüber war, dass der Krieg für ihn ein so jähes Ende genommen hatte. Er schätzte, dass der ganze Zauber nicht mehr viel länger als zwei, drei Monate dauern würde, eine Vorstellung, die mich vor Freude aufatmen ließ.

Wenige Tage später, ich saß gerade mit meinem langjährigen Legionärskollegen Méry beim Kartenspiel, stürzte ein Rekrut in unser Quartier und teilte uns mit, dass die Japaner den Oberst und Major Lacroix gefangen genommen hätten. Wir rannten auf die Straße, die menschenleer war. In der Kaserne herrschten Aufregung und ein heilloses Durcheinander. Aus Angst vor den Japanern hatten die Offiziere ihre Frauen und Kinder in die Kaserne geholt, die sich malerisch um sie gruppierten und jede militärische Aktivität im Keim erstickten.

Der Hauptmann informierte uns darüber, dass wir, sollte die Kaserne mit Artillerie und aus der Luft angegriffen werden, sie nicht halten könnten. Unser erstes Bataillon befand sich rund 15 Kilometer von Viêtri entfernt, aber anstatt uns schnellstmöglich mit ihm zusammenzuschließen, lautete der Befehl, dass wir die Kaserne zu verteidigen hätten.

Über Nacht wurde der japanische Gegner zahlenmäßig immer stärker. Von meinem Wachposten aus konnte ich beobachten, wie eine Baumreihe seltsame Früchte abschüttelte. Die dunklen Blätter und buschigen Zweige, die dort „herunterfielen", waren gut getarnte japanische Soldaten, und ihre Zahl wurde immer größer. Ich schärfte meinen Leuten ein, das Feuer erst dann zu eröffnen, wenn sie gegen uns vorrückten. Aber es blieb alles ruhig.

Am frühen Morgen gab ich den Befehl, sich langsam in die Kaserne zurückzuziehen -- und war wie vor den Kopf gestoßen über das seltsame Schauspiel, das sich uns dort bot. Ungefähr 60 Legionäre standen in Dreierreihen, flankiert von einem halben Dutzend Japanern mit Bajonetten am Lauf. Es fiel kein einziges Wort, kein Schrei und kein Schuss. Ich riss die Tür zur Kompaniekanzlei auf; die Kinder schrien, die Frauen weinten, die Offiziere waren ratlos. Nur der Hauptmann wiederholte ohne Unterlass, dass er bedingungslos kapituliert hätte.

Je mehr Zeit verging, desto größer wurde die Kolonne der Gefangenen. Noch immer fiel kein lautes Wort, alles wurde in Zeichensprache geregelt. Die Japaner hatten keine Eile; geduldig warteten sie, bis alle Gefangenen in einer Reihe aufmarschiert waren. Es war der 10. März 1945, als der Kommandant der kaiserlichen japanischen Truppen offiziell und feierlich die Übernahme sämtlicher militärischer und ziviler Gewalten in Indochina verkündete. Damit war die Herrschaft Frankreichs in Indochina beendet und die französische Indochinaarmee gefangen genommen.

Als die Japaner schließlich ihre Tarnung beseitigten, legten sie auch ihr Schweigen ab. Hochmütig und brüllend marschierten sie zwischen den Gefangenenreihen durch und kassierten alles, was nicht niet- und nagelfest war: Geld, Wäsche,

Schuhe usw. Das alles störte mich nicht sonderlich, was mich wirklich schmerzte, war der Verlust der Fotos und Briefe von meinen Eltern und Trude. Fast jeder Legionär schleppte Erinnerungen an sein früheres, sein ziviles Ich von Garnison zu Garnison und von Erdteil zu Erdteil. Meine wenigen Habseligkeiten waren nun zerstört. Wie die Eltern und Trude aussahen, konnte ich mir nur mehr vorstellen, und ihre Briefe musste ich im Geiste rekonstruieren. Was hatte Papa geschrieben? „Wir lernen fleißig Italienisch, damit wir in Abessinien Fuß fassen können." Arme Eltern, aus Abessinien war sicherlich nichts geworden.

So lange wir nicht sicher waren, ob die Japaner unsere politische Vergangenheit überprüften, verhielten wir uns vorsichtig, vielleicht sogar ein wenig ängstlich. Es dauerte einige Zeit, bis Schröder, Borchers und ich wieder zusammenrückten. Wir waren uns darüber einig, dass wir harten Zeiten entgegengingen, denn die japanische Soldateska hatte noch weniger menschliche Züge als die Legion, und das wollte was heißen!

Die Abneigung der Japaner uns gegenüber hatte mehrere Gründe; einmal, weil wir Europäer waren, und dann, weil wir nicht bis zum Ende gekämpft und in der Schlacht den Tod gefunden bzw. zumindest Harakiri begangen hatten. Ihrer Meinung nach müssten wir tot sein – aber wir waren am Leben. Deshalb waren sie uns gegenüber schlecht gelaunt und herrisch, schlugen uns nach Lust und Laune und erfanden, nachdem ihnen das Prügeln langweilig geworden war, ausgefeilte Foltermethoden.

Eines Tages gerieten unsere Wachen in einen wahren Freudentaumel. Sie tanzten, lachten und jubelten, und wir hofften, dass dies das Kriegsende anzeigte. Ihr Grund zur Freude war aber ein ganz anderer: Sie feierten den Tod von Franklin

D. Roosevelt. Für sie hatte der Präsident in den USA die gleiche Bedeutung wie Hirohito in Japan, und sie waren überzeugt, dass die Amerikaner nun kapitulieren würden. Als Zeichen des Triumphes erlaubten sie unserem Regimentsorchester, ein Konzert aufzuführen. Für uns war das eine willkommene Abwechslung, so wie der 1. Mai, den wir wenige Tage später heimlich feierten. Schröder, Borchers und ich schwelgten in Erinnerungen und erzählten uns gegenseitig von den Aufmärschen in Köln, Paris und Wien. Wir alle hatten bereits einiges erlebt, aber schmutziger und hungriger als an diesem Tag hatten wir den 1. Mai noch nie gefeiert.

Nicht lange danach bemerkten wir, dass sich Unruhe unter den Japanern breitmachte. Auch dieses Mal erfuhren wir die Neuigkeit von einem schwatzhaften Wachposten: Deutschland hatte kapituliert, Hitler war tot und der Krieg in Europa zu Ende. Jetzt wäre es an uns gewesen, Freudentänze aufzuführen, doch wir hüteten uns wohlweislich davor. Die Japaner hätten uns sofort gezeigt, dass unser Schicksal noch immer in ihren Händen lag.

Allerdings wurden sie ängstlicher und vorsichtiger. Wir merkten das daran, dass ihre Wutausbrüche immer seltener und unerwartete Vergünstigungen in Form von Lebensmittel an die Gefangenen immer häufiger wurden. Es kursierten bereits die wildesten Gerüchte, von einer Kommission des Roten Kreuzes, die bald bei uns auftauchen und uns frei bekommen sollte, aber auch von Soldnachzahlungen, die uns laut Genfer Konvention zustanden. Viele schmiedeten Pläne, was sie mit dem Geld anschaffen würden; an erster Stelle standen Lebensmittel, dann folgten Zigaretten und Schnaps.

Auch ich hatte Träume, doch sie verflogen rasch. Mein Magen begann zu rumoren, wenn ich nur an Essen dachte. Ich hatte das Gefühl, meine Eingeweide würden platzen. Schröder zeigte sich als Erster besorgt wegen meiner Hautfarbe. Angeblich war ich ganz gelb im Gesicht, doch da wir keinen Spiegel hatten, war ich mir meiner Gelbsucht erst sicher, als sich auch meine Hände verfärbten.

Innerhalb kurzer Zeit nahm die Krankheit lebensbedrohliche Ausmaße an. An unsere Verlegung von Viêtri nach Hanoi auf alten LKWs und über unzählige Schlaglöcher kann ich mich nur noch dumpf erinnern. In der Zitadelle in Hanoi wurde ich ins Lazarett gebracht und traf dort einen alten Bekannten wieder. Der Mann im weißen Kittel, der sich über mich beugte und mich untersuchte, war ein Freund von Caput und hatte einige Male an unseren Treffen teilgenommen. Er beschwatzte die Japaner so lange, bis sie ihm ausreichend Medikamente zur Verfügung stellten. Es folgten Dutzende Injektionen und tagelanges Dahindämmern, bis meine Kräfte langsam wieder zurückkehrten. Der Doktor war rührend um mich besorgt und verschaffte mir Bananen, Orangen und Zucker, die ich häppchenweise zu mir nahm.

Einige Tage nach meinem 30. Geburtstag musste ich das Lazarett verlassen, mein Bett wurde dringend gebraucht. Es ging mir auch viel besser als vielen anderen draußen, die unter freiem Himmel dahinvegetierten, von den Schwerkranken und Sterbenden gar nicht zu reden. „Ich schmeiß dich nicht raus, Genosse Frey“, meinte der Arzt, „aber ich wäre froh, wenn du das Bett in ein, zwei Tagen freimachen könntest.“ Natürlich erfüllte ich seine Bitte, schließlich hatte er mir das Leben gerettet. In meinen schlechtesten Tagen, als ich im Koma gelegen war, hatte er mich aufgehoben und versorgt. Damals wog ich rund 38 Kilo, doch nun wurde ich wieder kräftiger und hatte bereits 50 Kilogramm.

Die Kaserne war leer geworden. Viele Gefangene, darunter auch Borchers und Schröder, waren zur Zwangsarbeit abtransportiert worden, andere waren gestorben. Ich wurde ebenfalls zu Außenarbeiten eingesetzt, doch bevor die Arbeit noch richtig losging, wurden wir um fünf Uhr morgens durch Fußtritte geweckt. Etwa 80 bis 100 Mann mussten in die auf dem Hof bereitstehenden Lastwagen steigen, dann wurden die Planen geschlossen. Wohin es gehen würde, wussten wir nicht.

Unsere Reise dauerte fünf unangenehme Stunden. Es war bereits Mittag, heiß und extrem schwül, als wir mitten im Dschungel anhielten. Das hügelige, dicht verwachsene Gelände erinnerte mich an die Gegend zwischen Bac Quang und Ha Giang im Norden des Landes nahe der chinesischen Grenze. Ob wir aber wirklich dort waren, konnte ich nicht sagen.

Wir mussten sofort mit der Arbeit beginnen, mit dem Bau einer Befestigungsanlage auf einer Anhöhe. Als Erstes waren unsere eigenen Unterkünfte dran, einfache Hütten, die nur aus vier Wänden und einem Dach bestanden. Das Anfertigen der Bambuswände war eine eigene Kunst, die uns von den Japanern unter vielen Schlägen beigebracht wurde. Bis zum Abend sollten wir zwei große Hütten fertiggestellt haben, doch das schafften wir nicht.

Normalerweise ließen sich japanische Offiziere nicht dazu herab, Kriegsgefangene zu schlagen, das war Aufgabe der Unteroffiziere und der Mannschaft. Das „Schlägerprinzip“ in der japanischen Armee frappierte mich immer wieder aufs Neue: Die Offiziere schlugen die Unteroffiziere, die Unteroffiziere die Korporäle und die Korporäle die gemeinen Soldaten. Am Ende der Kette wurde jeder Tritt von oben hundertfach nach unten an die Gefangenen weitergegeben.

Eines Nachts wurde ich Zeuge eines Vorfalls, den ich nie vergessen würde. Ich konnte nicht schlafen und lag mit offenen Augen auf meiner Matte am Boden. Unser Wachposten, ein junger Japaner, war eingeschlafen, im Schneidersitz saß er an einen Pfosten gelehnt, den Kopf tief gesenkt. Plötzlich tauchte ein junger, aristokratisch aussehender Leutnant auf, der, das wussten wir, besonders gerne zuschlug. Ganz ruhig sah er auf den Wachsoldaten hinunter, dann zog er langsam seine weißen Handschuhe aus der Jackentasche und streifte sie sich über. Danach, ebenfalls ganz langsam und bedächtig, zog er lautlos seinen Samuraisäbel, umfasste mit beiden Händen den Griff und ließ ihn niedersausen. Der junge Wachposten sprang in die Höhe. Mit der rechten Hand griff er nach der abgehackten linken Hand, die am Boden lag, und lief, ohne den Offizier zu beachten, wankend zum Wachzimmer.

Erst später erfuhr ich, was es mit diesem Sanktionsritual auf sich hatte. Wenn ein Posten seine Pflicht vernachlässigte und von einem Offizier auf frischer Tat ertappt wurde, durfte ihn dieser entweder sofort töten oder je nach Belieben verwunden. Der verwundete Soldat musste dann dem Postenkommandanten im Wachzimmer Bericht erstatten. Gelang ihm das, wurde er verarztet, gelang es ihm nicht und brach er auf der Strecke zum Wachzimmer zusammen, ließ ihn der Kommandant an Ort und Stelle verbluten.

Wir schufteten von frühmorgens bis zum Abend. Nach einer Woche war der Weg bis zum Gipfel geschlagen. Wir schleppten Baumaterial hinauf und errichteten eine kleine Hütte fürs Werkzeug. Einen Tag lang hatte es geregnet, und obwohl unsere selbstgebaute Unterkunft nicht wasserdicht war, bedeutete die unerwartete Ruhepause eine Erholung, besonders für die eitrigen Wunden an den Händen. Krankwerden durfte man hier nicht. Wer morgens nicht aufstehen konnte, wurde ins Lazarett geführt, und es war ein offenes

Geheimnis, dass es kein Lazarett gab. Niemand war je aus diesem japanischen Urwaldspital zurückgekehrt.

Der Stellungsbau auf unserem „Feldherrenhügel“ ging den Japanern zu langsam, uns jedoch zu rasch. Es war Anfang August und die Hitze so unerträglich, dass die Japaner die Mittagsruhe von einer auf zweieinhalb Stunden ausdehnten. In dieser Zeit war fast ohne Unterbrechung Gefechtslärm zu hören, schweres Maschinengewehrfeuer und dumpfes Krachen von Granatwerfern. „Annamites“, meinte unser Wachposten und machte die Gebärde des Halsabschneidens.

Abend für Abend malte ich mir aus, wie die Genossen das Lager stürmten und mich befreiten, aber von Tag zu Tag wurde das Artilleriefeuer schwächer und verstummte schließlich ganz. Die Hoffnung auf Befreiung konnten wir also begraben. Der Gedanke, dass die Japaner offensichtlich vor dem Zusammenbruch standen, wir aber trotzdem in letzter Minute vor dic Hunde gingen, quälte jeden Einzelnen von uns.

Mitte August erfuhren wir, dass die Sowjetunion Japan den Krieg erklärt hatte und bereits einen großen Teil der Mandschurei besetzt hielt. Jetzt konnte es nicht mehr lange dauern. Wir fingen an, bei der Arbeit zu trödeln, standen mit Hacken und Schaufeln in der Hand herum, ohne etwas zu tun. Die Posten starrten teils böse, teils verlegen in die Luft, sagten aber nichts.

Am Morgen des 1. September gingen wir nicht mehr zur Baustelle; wir hatten, wenn auch verspätet, erfahren, dass Japan Mitte August kapituliert hatte. Der japanische Gegner war geschlagen, „Groß-Ostasien“ hatte genauso zu existieren aufgehört wie das Dritte Reich.

Die Amerikaner hätten die Japaner mit einer neuen, furchtbaren Waffe in die Knie gezwungen, hieß es. Mit einer einzigen Bombe hätten sie eine ganze Stadt vernichtet, Hiroshima oder so ähnlich. Ich wusste nicht, wo dieser Ort lag, meine Kenntnisse japanischer Städte beschränkten sich auf Tokio, Osaka und Yokohama. Vorstellen konnte ich mir unter dem Begriff Atombombe nichts, und bis zum Beweis des Gegenteils glaubte ich weiter, dass die Japaner durch das Eingreifen der Roten Armee zur Kapitulation gezwungen worden waren.

Am Nachmittag desselben Tages wurden wir auf offene Lastwagen verladen, im wahrsten Sinne des Wortes, denn viele Gefangene, darunter auch ich, waren nicht mehr imstande, die Fahrzeuge aus eigener Kraft zu besteigen. Die Einfahrtsstraßen nach Hanoi waren von aufständischem annamitischen Militär blockiert, die uns, so unser japanischer Dolmetscher, sofort umbringen würden, sollten sie uns erwischen. Die einzige Möglichkeit war, unsere Wagen mit Planen abzudecken. An sich war dagegen nichts einzuwenden, doch da der Aufbau zu niedrig war, konnten wir nicht mehr stehen, sondern mussten uns hinlegen. Um aber die gleiche Zahl von Gefangenen unterzubringen, wurden wir aufgefordert, aufeinander zu liegen. Wir protestierten lebhaft und weigerten uns, woraufhin uns der Kommandant fragen ließ, ob wir es vorziehen würden, an Ort und Stelle erschossen zu werden. Also legten wir uns übereinander, passierten in stickiger, stinkender Luft einen annamitischen Vorposten und fuhren über zahlreiche holprige Straßen, bis der Wagen endlich langsamer wurde und anhielt. Wir waren im Innenhof der Zitadelle in Hanoi.

Die Japaner waren nervöser, als ich sie je gesehen hatte. Die nackte Furcht zeigte sich in ihren Gesichtern. Wir wurden aufgefordert, die LKWs zu verlassen. Ich konnte erst aussteigen, als mich jemand von dem Toten befreite, der über mir lag. Anschließend setzten sich die Japaner in die leeren Autos und fuhren davon, uns ließen sie zurück. Auch der Tote war allein. Er lag steif und kalt am Wegrand und niemand kümmerte sich um die Leiche.

Wir begannen, die Lebensmittel zusammenzusuchen, die die Japaner zurückgelassen hatten. Sie hatten auch Rinder gehalten, die wir sofort schlachteten und über offenem Feuer grillten. Wir hatten weder Geschirr noch irgendwelche Zutaten, und unser Hunger war so groß, dass wir uns wie wilde Tiere darüber hermachten. Wir stopften alles in uns hinein, was wir in die Finger bekamen. Im Laufe der Nacht starben etliche Legionäre; sie hatten sich buchstäblich zu Tode gefressen.

In der Zitadelle traf ich Schröder und Borchers, beide abgemagert und in schlechter körperlicher Verfassung, aber am Leben. Von ihnen erfuhr ich auch mehr über die Gerüchte, die seit einiger Zeit kursierten. Die Annamiten, die sich selbst Vietnamesen nannten, hatten die Unabhängigkeit ausgerufen und die projapanische Marionettenregierung gestürzt. Die neue Regierung war anscheinend kommunistisch, der Präsident ein prominenter Kommunist namens Hô Chi Minh. Man munkelte, dass es sich um den legendären Widerstandsführer Nguyên Ai Quôc handelte.

Unser Gespräch wurde durch Motorenlärm unterbrochen. Eine Dakota ratterte über unsere Köpfe hinweg und warf Flugblätter ab. General MacArthur würde noch am selben Tag auf dem US-Schlachtschiff Missouri die bedingungslose Kapitulation Japans entgegennehmen, hieß es da, und dieser Kapitulationsakt galt auch für die in Indochina stationierten japanischen Verbände. Sobald die Japaner in Indochina gefangen genommen waren, würden auch wir frei sein.

Langsam begannen wir uns zu organisieren. Die Offiziere wollten selbstverständlich wieder das Ruder in die Hand nehmen, die Unteroffiziere jedoch, die das vergangene halbe Jahr der Mannschaft völlig gleichgestellt gewesen waren und jede Autorität verloren hatten, versuchten nicht einmal, ihre alten Positionen wieder einzunehmen. Das war mir recht, denn ich verspürte nicht die geringste Lust, diesen müden Haufen zu kommandieren, ganz abgesehen davon, dass mein Vertrag in 34 Tagen auslief. Diesmal würde ich mich für kein weiteres Jahr verpflichten. Der Krieg war beendet und die Legion hatte keinen Vorwand mehr, mich noch länger unter Waffen zu halten.

Mit der Ankunft der Amerikaner Anfang September erhielten wir auch genauere Informationen über Europa. Die Nachrichten über die Judenverfolgungen stellten meine schlimmsten Befürchtungen in den Schatten. Bei der so genannten „Endlösung“ hatte man die Menschen millionenfach in Gaskammern getrieben und getötet. Ich machte mir keine Hoffnung, dass meine Eltern überlebt hatten.

Über das Rote Kreuz war es möglich, Kontakt mit Verwandten in Europa aufzunehmen. Ich war mir anfangs nicht sicher, an wen ich mich wenden sollte, denn selbst wenn meine Eltern noch lebten, würde ich sie sicher nicht unter der alten Adresse finden. Dorthin zu schreiben war also sinnlos. Wo Trude genau war, wusste ich auch nicht, also blieb nur der Major. Ihm schickte ich meine Rot-Kreuz-Karte und schrieb, dass ich mit meiner baldigen Rückkehr rechnete. Nun konnte mich ja nichts mehr daran hindern, Klara wiederzusehen und zu heiraten, wenn sie noch frei war. Gute Partie war ich freilich keine mehr, denn ich besaß nur wenig, eine sechsmonatige Soldnachzahlung und die Zusicherung des französischen Kriegsministeriums, für die Zeit der Gefangenschaft den doppelten Sold zu erhalten.

Wir alle machten uns Gedanken über die Zukunft. Borchers war immer noch unentschlossen, denn seine Frau war mit den Kindern in Hanoi. Schröder hatte in Erfahrung gebracht, dass sein Kölle ein einziger Trümmerhaufen war. Nur der Dom stand noch, allerdings schwer beschädigt. „Ick wöö dat nu nich aufbaun, wat de Jääke durch ihre eigene Schuld valorn ham, ick geh nach Paris", entschied er. Und ich? Ja, wenn alles gut ging, konnte ich theoretisch noch vor Weihnachten 1945 in Wien sein.

Die Demokratische Republik Vietnam

Obgleich strengstes Ausgehverbot galt, durften Schröder und ich die Kaserne verlassen. Vor der Zitadelle erwartete uns ein Mittelsmann, um uns zu Caput zu führen. Wir waren etwas enttäuscht, denn insgeheim hatten wir gehofft, dass die Partei unsere Freilassung betreiben würde.

Das Wiedersehen mit Caput war herzlich, aber nicht überschwenglich. Er lud uns zu einem üppigen Festmahl ein, mit Schweinsbraten, Süßkartoffeln, Salat und Ananaskuchen, die erste richtige Mahlzeit nach rund einem halben Jahr. Caput wartete mit seinem Anliegen, bis wir mit dem Essen fertig waren. Wahrscheinlich dachte er, dass es sich mit satten Kommunisten leichter reden ließ als mit ausgehungerten.

Zu meiner großen Freude verfügte er auch über Informationen über Österreich. Er erzählte, dass Karl Renner an der Spitze des neu gegründeten Staates stehe und unter Einbezug der Kommunisten und der ehemaligen Christlichsozialen, die sich jetzt Volkspartei nannten, eine provisorische Regierung gebildet habe. Von unserem Traumziel, Sowjet-Österreich zu errichten, waren wir demnach nicht allzu weit entfernt. Nach der Befreiung durch die Rote Armee war die österreichische Bevölkerung sicherlich prokommunistisch eingestellt.

Caputs weiterer weltpolitischer Rundblick zerstörte jedoch einige meiner Theorien. Japan hatte nicht aufgrund der Stärke der Sowjetunion kapituliert, sondern die Amerikaner hatten diesen Krieg alleine gewonnen. Auch die Atombombe, das zerstörte Hiroshima und andere Gräuel waren keine Gerüchte, sondern entsprachen der Realität. Caput lieferte uns die Ereignisse des letzten halben Jahres frei Haus, angefangen von dem in England abgesetzten Winston Churchill über die Ereignisse in Indien und Birma, die energisch ihre Unabhängigkeit verlangten. Das Gleiche galt für die holländischen Kolonien und für die Philippinen. Aber sie alle würden, so Caput, ihre Freiheit nur durch Verhandlungen erreichen, niemals durch Gewalt, und das treffe auch auf Indochina zu.

Dann kam er endlich zur Sache: „Zum Verhandeln gehören zwei", meinte er, „aber die Annamiten spielen verrückt und lehnen es ab, sich mit uns an einen Tisch zu setzten." Doch Frankreich war noch immer nicht bereit, die Unabhängigkeit Vietnams anzuerkennen. Es beharrte auf seinem „rechtmäßigen" Anspruch auf das Gebiet und wollte diesen Rechtsanspruch auch mit militärischer Gewalt verteidigen. In Kalkutta stand bereits ein französisches Expeditionskorps unter dem Oberbefehl von Admiral Thierry D'Argenlieu, der zum Hochkommissär der französischen Republik in Indochina ernannt worden war. Als Kommissäre unterstanden ihm Jean Sainteny in Hanoi für den Norden und Robert Cédile in Saigon für den Süden. Oberkommandant der Truppen war der legendenumwobene General Leclerc. Dieses „Corps Expéditionnaire Francais d'extrême Orient" konnte jeden Tag in Indochina eintreffen. Würde man die Truppen nicht freiwillig und ungehindert an Land gehen lassen, würden sie sich ihren Weg freischießen – und das bedeutete Krieg.

Schröder und ich wechselten einen Blick. Auch in den Köpfen der französischen Sozialisten spukten noch immer „L'Indochine Francaise" und „La Grandeur de la Nation" herum. Von uns wollten sie nun, dass wir die Vietnamesen von der Notwendigkeit der Verhandlungen überzeugten.

Wir wussten, dass ein völliges Ignorieren der französischen Verhandlungsvorschläge große Gefahren in sich barg. Außerdem hatte es den Anschein, dass Caput uns mit den Genossen von der KP erst in Verbindung bringen würde, wenn wir auf seine Linie einschwenkten. Deshalb signalisierten wir ihm unsere Bereitschaft, in seinem Sinne zu vermitteln. Allerdings sollte es noch vieler Gespräche bedürfen, bis Caput mich wirklich zum Hauptquartier der Kommunistischen Partei führte, das in einer Villa außerhalb des Stadtzentrums von Hanoi untergebracht war.

Nach einem kurzen Gespräch mit dem Portier wurden wir in einen Vorraum geführt, in dem mehrere Personen in Gruppen zusammenstanden und sich mit gedämpfter Stimme unterhielten. Es herrschte lebhafter Betrieb, aber keine Nervosität. Ein junger Mann kam auf mich zu, betrachtete mich interessiert und meinte dann: „Genosse Truong Chinh lässt sich vielmals entschuldigen. Er wird sich eine Viertelstunde verspäten." Da ich schon lange auf diesen Kontakt mit der Partei gewartet hatte, kam es mir auf ein paar Minuten mehr auch nicht an. Allerdings hatte ich keine Ahnung, wer Truong Chinh war. Auf meine diesbezügliche Frage reagierte der junge Sekretär entgeistert: „Nach Präsident Hô Chi Minh ist Truong Chinh der höchste Parteifunktionär. Er ist Generalsekretär der Kommunistischen Partei Indochinas."

Ich entschuldigte mich für meine Unwissenheit und beteuerte, dass ich in der japanischen Kriegsgefangenschaft so gut wie keine Informationen bekommen hätte. Das wiederum machte den jungen Genossen verlegen, er hatte mich ja nicht beleidigen wollen. Freundlich bot er an, mir das Manifest der Unabhängigkeitserklärung, die Hô Chi Minh am 2. September am Ba Dinh-Platz vor einer halben Million Menschen vorgetragen hatte, zum Lesen zu bringen.

Die Erklärung beeindruckte mich. Sie war stark an der amerikanischen Unabhängigkeitserklärung ausgerichtet, was natürlich kein Zufall war, sondern politische Absicht. Ausgehend von den Menschenrechten erklärte die provisorische Regierung des neuen Staates Vietnam, dass sie im Namen des gesamten vietnamesischen Volkes jede Beziehung zum imperialistischen Frankreich abbrechen und alle Verträge, die von Frankreich abgeschlossen worden waren, annullieren würde. Die Vietnamesen, ein Volk, das 80 Jahre lang einen unerschütterlichen Kampf gegen die französische Herrschaft geführt und jahrelang mutig in den Reihen der Alliierten gegen den Faschismus gekämpft hatte, habe das Recht auf Freiheit und Unabhängigkeit.

Man ließ mich so lange warten, dass ich das Dokument einige Male lesen konnte. Dann öffnete sich die Tür – und ich blieb wie vom Blitz getroffen stehen. Vor mir stand mein alter, guter Freund Phong, den das Zentralkomitee für würdig befunden hatte, mit Caput und mir über die Aktionseinheit zu verhandeln. Wir umarmten uns und konnten beide vor Rührung und Wiedersehensfreude einige Minuten lang nicht sprechen.

Ich erzählte ihm, dass ich Genosse Truong Chinh vorgestellt werden sollte. Aber eigentlich müsse ich den Generalsekretär gar nicht stören, Phong könne mir ja auch alles Wichtige berichten. „Sicher kannst du alles mit mir erledigen“, meinte er lächelnd, „doch ohne Truong Chinh wird es leider nicht gehen, ich bin's nämlich selber“. Damit hatte ich nun wirklich nicht gerechnet! Und es wäre mir auch nie in den Sinn gekommen, dass sich der Generalsekretär der Kommunistischen Partei Indochinas zu Geheimverhandlungen persönlich in die Höhle des Löwen begibt, genauso wenig, wie ich gedacht hatte, dass er persönlich den Kontakt zu einer relativ kleinen Zelle aufrecht hielt.

Truong Chinh klärte mich darüber auf, warum die Partei

so großen Wert auf die Verbindung zu uns legte: Wir waren nicht nur die ersten europäischen Kommunisten, die sie zu Gesicht bekamen, sondern überdies Armeeangehörige. Hätten die Japaner angesichts der bevorstehenden Niederlage nicht alles über den Haufen geworfen und am 9. März 1945 selbst ein unabhängiges Vietnam ausgerufen, hätten sie uns in den folgenden bewaffneten Auseinandersetzungen eingesetzt.

Politisch war die Revolution schon lange Zeit vorbereitet. Seit dem Beginn der vierziger Jahre war die gesamte demokratische Opposition unter der Führung der kommunistischen Partei in einer Unabhängigkeitsliga zusammengefasst, die sich „Vietnam Doc Lap Dong Minh Hôi", abgekürzt Viêt Minh, nannte. Und innerhalb weniger Jahre konnte sich diese Liga in allen Dörfern, Städten und Provinzen verankern, angefangen von Lao Kay im Norden bis Mui Ca Mau an der äußersten Südspitze des Landes.

Am 18. August 1945 war es den Vietnamesen geglückt, in einer friedlichen Revolution die Macht im Land zu übernehmen. Truong Chinh war stolz darauf, man konnte es ihm ansehen. Seine Augen leuchteten, es schien, als würde er noch immer nicht fassen, dass es Realität geworden war. Mir ging es ebenso; noch vor wenigen Tagen war ich ein halbverhungerter, schmutziger, kranker Kriegsgefangener gewesen, der um sein Leben fürchtete. Seit damals war eine Woche vergangen, und nun saß ich hier in der Schaltzentrale des Parteiapparats, bei meinem Du-Freund, dem zweitmächtigsten Mann des neuen Staates Vietnam.

Allerdings war, wie Truong Chinh weiter ausführte, der 18. August eine Revolution des Viêt Minh und kein Aufstand der kommunistischen Partei wie im Jahre 1917 in Russland. Hô Chi Minh bekannte sich deshalb auch nicht öffentlich als Kommunist, obgleich jeder wusste, dass er Nguyên Ai Quôc

Truong Chinh, Pseudonym Phong, Generalsekretär der Kommunistischen Partei Indochinas und später Präsident der Generalversammlung Vietnams

war, der Gründer und unbestrittene Chef der Kommunistischen Partei Indochinas. Truong Chinh und die anderen Genossen des ZK nannten Hô Chi Minh ehrfurchtsvoll den „Alten Ho", Cu Ho. Im Vietnamesischen hatte dies eine doppelte Bedeutung; Cu konnte sowohl Onkel als auch ehrwürdiger alter Herr heißen. Jeder Mann, der das 50. Lebensjahr überschritten hatte, verdiente die Bezeichnung Cu, ungeachtet dessen, ob er Straßenkehrer oder Universitätsprofessor war. Mit Erreichung dieses „Greisenalters" erwarb er auch das Recht, sich einen Bart wachsen zu lassen, wenn auch nur einen aus sieben Haaren, wie ihn Hô Chi Minh und tausende andere Vietnamesen trugen.

Ich berichtete Truong Chinh von den Gesprächen mit Caput und den militärischen Vorbereitungen des französischen Expeditionskorps, sollte es zu keinen Verhandlungen kommen. Damit erzählte ich ihm nichts Neues, doch vorerst war er noch zu keiner Antwort bereit.

Wir aßen gemeinsam zu Mittag, und anschließend holte uns ein schwarzer Buick ab. Ich fühlte mich wie ein König. Ich hatte schon immer ein Faible für Autos gehabt, aber seit der Juli-Amnestie 1936, als Mama mich vom Gefängnis abgeholt hatte, war ich nicht mehr in einem Privatauto gefahren. Wir kamen am „Petit Lac" im Zentrum von Hanoi vorbei, an dem Truong Chinh und ich uns früher oft getroffen hatten. Damals hatten wir uns wohl beide nicht vorstellen können, eines Tages auf dem Weg zur vietnamesischen Regierungszentrale zu sein, „und das Beste daran ist", meinte Truong Chinh und wandte sich mir zu, „die Regierung sind wir!"

Vor dem schmiedeeisernen Tor der ehemaligen Résidence Supérieure standen bewaffnete Posten. Auf ihren Mützen prangte ein gelber fünfzackiger Stern im roten Feld. Die Patronentaschen, die sie trugen, waren französischer Herkunft. Auch die Gewehre erkannte ich wieder; es waren die viel gerühmten und oft geschmähten 86/93.

Truong Chinh war hier bekannt, und wir wurden sofort und ohne Passierschein eingelassen. Die Haltung der Torposten schien eher lax, militärisches Grüßen war nicht ihre Stärke. Neugierige Blicke streiften mich, viele davon schienen unfreundlich. Wir setzten uns und warteten, allerdings wusste ich weder auf wen noch worauf. Ein älterer, ärmlich gekleideter Mann, der eine rote Armbinde mit gelbem Stern trug, führte uns in ein Beratungszimmer. „Kennst du die Zusammensetzung unserer Regierung?“, fragte mich Truong Chinh. Ich kannte sie nicht, und selbst wenn mir die Namen geläufig gewesen wären, hätte ich darunter keinen Bekannten ausfindig gemacht. In der Illegalität hatte ich nur mit Phong alias Truong Chinh Kontakt gehabt. „Wenn wir den ‚Alten‘ mit seiner Sonderstellung ausnehmen, sind im Exekutivkomitee des ZK drei Personen ausschlaggebend, die Genossen Pham Van Dong, Vo Nguyên Giap und ich. Mich kennst du bereits, die beiden anderen werde ich dir vorstellen“. Truong Chinh musste wirklich einen Narren an mir gefressen haben, er hatte tatsächlich gesagt, dass er mir die beiden vorstellen würde – und nicht umgekehrt.

Ich war tief gerührt. Ich wusste, dass es eine große Ehre war, ZK-Mitglied zu sein, obwohl das nicht unbedingt mit einer Machtposition verbunden war. Die wichtigen Entscheidungen wurden im Exekutivkomitee gefällt, und das bestand aus dem Triumvirat Truong Chinh, Giap und Dong. Giap war als Innenminister für die gesamte Landesverteidigung verantwortlich, Pham Van Dong für die Propaganda und Truong Chinh hatte als Generalsekretär zwar kein Spezialressort, doch lagen die Koordination, die Oberaufsicht und die „vorletzte“ Entscheidung in Parteiangelegenheiten in seinen Händen. Die „letzte“ Entscheidung hatte natürlich der „Alte“, der sich aber eigentlich nur um die Generallinie kümmerte.

Kurze Zeit später betraten Giap und Dong das Zimmer, kamen mit ausgestreckten Händen auf mich zu und begrüßten mich herzlich. Pham Van Dong war der älteste, Truong

Chinh lag altersmäßig in der Mitte, Giap war der jüngste. Er war 33 Jahre alt, sah aber sehr viel jünger aus. Alles an ihm war eher zart, und obschon aristokratisch für einen Kommunisten nicht schmeichelhaft ist, muss ich seine gesamte Erscheinung mit diesen Worten benennen. Früher war er Mittelschulprofessor mit dem Hauptfach Geschichte gewesen, und sein Französisch war dementsprechend gepflegt und gewählt.

Pham Van Dong war von der Statur her viel bulliger und breiter. Nur sechs oder sieben Jahre trennten ihn von Giap, aber er sah um so viel älter aus, dass man ihn für Giaps Vater halten konnte. Er sprach langsam und bedächtig, mit tiefer Stimme und ohne den Enthusiasmus der beiden anderen.

Truong Chinh bat Dong, die Haltung der Partei in der Verhandlungsfrage zu präzisieren, was dieser auch in einem knappen, präzisen und fehlerfreien Französisch tat. Das Volk stand ganz hinter Hô Chi Minh und seiner Politik, allerdings drohte Gefahr durch die „Viêt Nam Quôc Dân Dang", die vietnamesische Nationalpartei, die sich programmatisch und politisch sehr an der chinesischen Kuomintang orientierte. Die Q.D.D. hatte zwar nur geringen Rückhalt in der Bevölkerung, doch planten die Chinesen, in Vietnam einzumarschieren und das Land bis zum 16. Breitengrad zu besetzen. „Wenn wir jetzt mit den Franzosen verhandeln, sind wir in den Augen der ganzen Bevölkerung diskreditiert", meinte Dong, „und außerdem verhandeln wir nicht über unsere Unabhängigkeit, basta".

Ich war ganz auf der Seite der Partei; ich wollte zu den Vietnamesen überlaufen, doch dazu mussten wir einen Weg finden, der es meinen Genossen in der Legion und mir ohne großes Aufsehen ermöglichte, aus der Zitadelle rauszukommen. Truong Chinh entwickelte einen Plan. Ich würde Caput berichten, dass die Verhandlungen mit der Partei äußerst hart und langwierig wären und der einzige Fortschritt bislang darin bestünde, dass die Vietnamesen die Vermittlerrolle meiner Zelle akzeptierten. Allerdings verlangten sie von uns, dass wir jederzeit erreichbar seien, deshalb wäre ein unbegrenzter Urlaub die Vorbedingung für weitere Gespräche. Für die Legion war es ein harter Brocken, fünf Kommunisten in die Stadt zu „entlassen“, während sie selbst im Lager festsaß, doch für uns war es die einzige Möglichkeit, straflos wegzukommen.

Truong Chinh war sich so sicher, dass sein Plan funktionieren würde, dass er noch am selben Tag begann, Quartiere für uns zu besorgen. Schröder und Borchers sollten zusammenwohnen, ebenso Ulbrich und Wächter, und ich bekäme ein Zimmer für mich allein. Bereits am nächsten Tag sollten wir unter Pham Van Dong und Giap arbeiten. Eine offizielle Funktion in der Regierung könnten sie uns zu diesem Zeitpunkt noch nicht anbieten, meinte Truong Chinh, zu groß sei noch der Hass, den die Bevölkerung Europäern, insbesondere Franzosen, entgegenbrachte. Aber es würde für uns innerhalb der Partei, so versicherte er, mehr Arbeit geben, als uns lieb sei.

Ich übergab Caput das Schreiben von Truong Chinh, der sich sofort mit Sainteny in Verbindung setzte. Erstaunlich schnell traf von dort auch die Antwort ein, und Caput teilte mir freudestrahlend mit, dass eine unbefristete Dauererlaubnis zum Verlassen der Zitadelle für meine Genossen und mich in dem Moment beim zuständigen Kommandanten deponiert würde.

Der Abschied von der Kaserne und insbesondere von „unserem Vaterland“, der Legion, fiel uns nicht schwer. Ungeduldig erwarteten wir den nächsten Tag, jede Minute, die wir weiter hier verbrachten, war verlorene Zeit. Wir ließen niemanden zurück, den wir besonders vermissen würden. Ich musste mich einzig von meinem alten Freund Méry verabschieden. Wir hatten schon unsere militärische Ausbildung gemeinsam absolviert, und wenn wir auch nicht die engsten Freunde waren, so waren wir einander doch über einen langen Zeitraum vertraut geworden. Méry war nicht dumm, er merkte sofort, dass ich mich für immer verabschieden wollte. Dass ich dabei der Legion Adieu sagte, wunderte ihn nur wenig, dass ich aber auf den gesamten ausständigen Sold plus der Nachzahlung für die Kriegsgefangenschaft verzichten wollte, konnte er nicht begreifen. „Du bist verrückt! Ich hab's immer gewusst, trotz deinem Wissen und deiner Bildung bist du einfach verrückt", meinte er immer wieder. Als er mich umarmte, stiegen ihm Tränen in die Augen. Ich versuchte ihn zu beruhigen, denn dort, wo ich nun hinging, war meine Zukunft, davon war ich überzeugt.

Vor der Zitadelle wartete ein Chauffeur auf uns, der uns in unser neues Quartier brachte. Bald schon berieten wir über unsere zukünftige Tätigkeit. In Hanoi gab es keine einzige Publikation in französischer Sprache, und Truong Chinh schlug uns vor, eine eigene Zeitschrift herauszugeben. „Le Peuple", so ihr Name, sollte den Franzosen zeigen, dass die vietnamesische Regierung und der Viêt Minh keine Rebellen waren, sondern legale, demokratische Organisationen. Jeder Versuch, das Land mit Gewalt zurückzuerobern, wäre daher eine Verletzung der Menschenrechte.

Wir waren mitten in den Vorbereitungen zur ersten Nummer der neuen Zeitung, als die Chinesen am 12. September in Hanoi einmarschierten. „Einmarschieren" stimmte nicht ganz, vielmehr fielen die Horden des geldgierigen und korrupten Lu Han, des ungekrönten Kaisers von Yünam, wie Heuschreckenschwärme über das Land herein und raubten alles, was sie in die Finger kriegten. Gleich in seiner ersten Proklamation ließ Lu Han keinen Zweifel darüber aufkommen, dass er sich nun als alleiniger Herrscher des Gebiets bis zum 16. Breitengrad betrachtete.

Unter dem Schutz der chinesischen Bajonette wurden auch die Anhänger der „Viêt Nam Quôc Dân Dang" immer anmaßender, und ohne das hohe Ansehen, das Hô Chi Minh in der Bevölkerung genoss, und die organisatorische Verankerung des Viêt Minh im ganzen Land wäre es schlecht um uns gestanden. Die gesamte Lage war wirklich verworren und auch gefährlich. Wir schätzten, dass Lu Han 150.000 bis 200.000 Männer auf seinen Raubzügen durchs Land mitführte. Außerdem waren noch rund 30.000 bis 50.000 großteils bewaffnete Japaner im Land. Und viele der 2.000 bis 3.000 ehemaligen französischen Kriegsgefangenen, die die japanische Hungerkur überlebt hatten, verfügten ebenfalls über Waffen.

Ursprünglich hatten wir geplant, uns in „Le Peuple" mit der chinesischen Besatzung auseinanderzusetzen, doch nun schien es angebracht, die explosive Lage im Süden zu behandeln. Eigentlich hätten die Briten dort die Entwaffnung der japanischen Truppen bis zum 16. Breitengrad durchführen sollen, doch stattdessen bewaffneten sie einen Teil der Franzosen. Ganz still und heimlich hatten sie unter dem Deckmantel der Entwaffnung der Japaner die Stärkung der ehemaligen Kolonialherren vorbereitet.

Verglichen mit diesen Nachrichten war die Situation im Norden harmlos. Die Briten hatten – als Vergeltung gegen die Sekte der Cao Dai, die wehrlose Franzosen niedergemetzelt hatte – dem französischen Expeditionskorps unter Leclerc die Landeerlaubnis erteilt. Die vietnamesischen Regierungstruppen setzten sich dagegen zur Wehr, was wiederum zur Folge hatte, dass Saigon bombardiert und besetzt wurde. Anschließend trat General Gracey, der Oberbefehlshaber der britischen Truppen, seine gesamten Befugnisse an die Franzosen ab.

Hanoi war empört über den britischen Verrat, und ebenso groß war unser Entsetzen über die „Humanité", das Zentralorgan der Kommunistischen Partei Frankreichs, das freudig auf der Titelseite verkündete: „Die Trikolore weht wieder über Saigon". D'Argenlieu und Leclerc wurden als Befreier Französisch-Indochinas gefeiert, Hô Chi Minh und der Viêt Minh als japanhörige Kollaborateure dargestellt. Dass Gracey das Oberkommando abgegeben hatte, konnte ich ja noch verstehen, denn die Engländer hatten genug eigene Probleme – in Indien, wo Gandhi immer populärer und einflussreicher wurde, und in Birma, wo die Bevölkerung miterlebt hatte, wie die Japaner die Briten in wenigen Tagen aus dem Land jagten. Außerdem konnte man ja den eigenen englischen Kolonien anhand des französischen Vorgehens nur zu gut demonstrieren, was passierte, sollten sie es wagen, gegen die Kolonialmacht aufzutreten. Doch in den Pariser und auch in den englischen Zeitungen war davon nichts zu lesen. Dort wurde argumentiert, dass dies ausschließlich der Bekämpfung des japanischen Imperialismus diene.

Im Dreigespann des Exekutivkomitees war Dong trotz seines bäuerlichen Aussehens am weltgewandtesten. Das war sicher auch der Grund dafür, warum Schröder ein besonderes Faible für ihn hatte. Dong verfügte über eine scharfe Intelligenz, lächelnd vorgetragene, beißende Ironie und die Haltung eines altchinesischen Mandarins. Er ermöglichte es Schröder auch, beim offiziellen Regierungssender „Die Stimme Vietnams" als Sprecher und Kommentator mitzuarbeiten.

Diese ehemals französische und später japanische Radiostation war uns intakt in die Hände gefallen, und Schröder fühlte sich im kleinen Stab der vietnamesischen Programmgestalter sehr wohl. Ich schrieb einige Kommentare für die Sendungen, doch viel mehr Freude hatte ich beim Abfassen militärischer Fachstudien, die Giap in Auftrag gab. Ich konnte einfach nicht verheimlichen, dass ich jahrelang Soldat gewesen war.

Giap sprach mich eines Tages darauf an, und ich gestand ihm, dass ich lieber als Soldat in den Nam Bô, das frühere Cochinchina, gehen würde als nur Kommentare zu schreiben. Giap strahlte übers ganze Gesicht: „Gerade darüber wollte ich mit dir sprechen. Du weißt, dass unsere Soldaten schlecht ausgebildet sind. Wir haben weder die Zeit noch die Möglichkeit, sie in langen Kursen zu schulen. Wir können uns also fragen, was uns lieber ist: mangelhaft ausgebildete Unteroffiziere und Offiziere – oder gar keine? Und jetzt kommst du, und von dir möchte ich, dass du sie das lehrst, was ihnen fehlt!"

Zwar war der letzte Satz nicht als Wunsch, sondern als Befehl vorgetragen, dennoch musste ich, wenn ich es mir recht überlegte, Giap zustimmen. Eine unkonventionelle Militärschule entsprach der gegenwärtigen Lage am besten. Das Problem dabei war nur, dass die Mehrzahl der Soldaten der „Vietnamesischen Befreiungsarmee" Parteimitglieder waren und so gut wie keine militärischen Kenntnisse aufwiesen. „Kann ich das militärische Wissen mit Null gleichsetzen?", fragte ich geradeheraus. „Du kannst", antwortete Giap grinsend.

Ich machte mich sofort an die Erstellung eines Kursprogramms. Die geringsten Sorgen bereiteten mir dabei die Waffen. Giap hatte eine Liste mitgebracht, auf der alles verzeichnet war, was der Viêt Minh besaß, vom Gewehr 86/93 über das L.M.G. 24 bis zur Hotschkiss 1914; selbst die Handgranaten waren französischen Ursprungs. Insgesamt gestand mir Giap 70 Tage zu, um aus einem Zivilisten einen Offizier zu machen, eine schier unmögliche Aufgabe, wie es schien.

Die Leitung des Kurses sollte bei Vuong Thua Vu und mir liegen. Genosse Vu hatte jahrelang in China gelebt, dort in der Armee Tschiang Kai-scheks gedient und auch die berühmte Militärakademie von Whampoa besucht. Gemeinsam sollten wir den gesamten Ablauf der Ausbildung überwachen. Vu zeigte mir auf einer Landkarte die Gegend, in der wir den Kurs abhalten sollten, zirka 40 Kilometer nördlich von Thai Nguyên in der Nähe der Ortschaft Phu Luong. Und damit der französische Geheimdienst nicht erfuhr, wo wir uns befanden – denn offiziell waren wir ja noch immer das Verhandlungsteam –, schlug uns Truong Chinh Decknamen vor. Ich wählte den Namen Nguyên Dân, „das erlauchte Volk".

Unsere Abreise erfolgte überstürzt. Ich hatte nicht einmal Zeit, mich von Schröder zu verabschieden, und hinterließ ihm nur einen halbfertigen Artikel für „Le Peuple" mit ein paar Abschiedsworten.

Wir benötigten zwei Stunden für die rund 100 Kilometer nach Thai Nguyên. Als wir in einem kleinen Bistro einkehrten, erregte ich so großes Aufsehen, dass das Lokal in kurzer Zeit überfüllt war. Dutzende Menschen starrten mich an und diskutierten lebhaft. Ihre Haltung war eindeutig feindselig, anscheinend verwechselten sie mich mit einem Kriegsgefangenen. Als sie uns immer mehr bedrängten, rief ihnen Vu ein Wort zu, das ich verstand: bi mat – geheim. Die aufgebrachte Menge ließ sich aber nicht beruhigen, und Vu sah sich gezwungen einzuschreiten. Aus seinem Mienenspiel konnte ich entnehmen, dass er ihnen zuerst Vorwürfe machte und dann erklärte, dass ich auf ihrer Seite stand. An der Häufigkeit des Wortes „Ao", Österreich, konnte ich verstehen, dass es nun

Vo Nguyên Giap, kurz Giap, Mitglied des Zentralkomitees der Kommunistischen Partei Indochinas und General der vietnamesischen Armee, bis 1980 Verteidigungsminister von Vietnam

um meine Nationalität ging. Die Gesichter meiner Belagerer entspannten sich, und einige Kinder, die mich scheu angestarrt hatten, betasteten mich, um sich zu überzeugen, dass ich echt war.

Es dauerte eine Weile, bis auch die Polizei eintraf. Allerdings dachte sie gar nicht daran, die Menschenmenge aufzulösen, im Gegenteil, sie reihte sich unter die Zuschauer ein. Zum Abschluss traten noch einige schwarz gekleidete Herren auf den Plan, das Ortskomitee des Viêt Minh, das allem Anschein nach mit dem Gemeinderat identisch war.

Der Vorsitzende begrüßte mich und entschuldigte sich für das ungehörige Benehmen seiner Landsleute, das er mit der Angst vor einem neuerlichen Vordringen der Franzosen erklärte. Damit war er schon mitten in der Politik. Dass nicht nur ich, sondern auch andere Europäer auf Seiten der Vietnamesen standen, war für ihn ein Zeichen, dass die Revolution siegen würde. Das war sehr geschickt formuliert, denn die Vietnamesen, die keine allzu gute Meinung von Europäern hatten, konnten nicht glauben, dass ein Europäer für eine verlorene Sache kämpfen würde.

Wohl oder übel musste ich eine Antwortrede halten, die Satz für Satz übersetzt wurde. Ich vermied jede Anspielung auf die Kommunistische Partei oder den Marxismus im Allgemeinen, erwähnte jedoch, dass ich schon vor der Augustrevolution Mitglied des Viêt Minh gewesen sei. Das stimmte auch, denn als Parteimitglied war ich automatisch Angehöriger des Viêt Minh – nur hatte ich das damals nicht gewusst. Mit einem Hochruf auf den Viêt Minh von Thai Nguyên, auf die Republik und auf Präsident Hô Chi Minh schloss ich meine Ansprache.

Als wir endlich in Phu Luong eintrafen, war ich doch etwas entsetzt: Es war ein Nest, gegen das Viêtri die Ausmaße einer Großstadt hatte. Unsere Fahrt ging aber noch weiter, rund vier Kilometer tiefer in den Dschungel hinein bis zu einer Lichtung, wo einige Bambushütten standen. Wir fuhren durch eine Art symbolische Pforte mit einem roten Spruchband, auf dem in weißen Buchstaben die Worte aufleuchteten: Doc-Lap, Tu-Do, Hanh-Phuc – Unabhängigkeit, Freiheit, Glück. Die Reihenfolge war nicht zufällig, sondern wohl überlegt: An erster Stelle kam die Unabhängigkeit, aus der die Freiheit entstand, und beide zusammen ergaben Glück.

Das Lager war geräumig und so gut wie leer. Die Wachposten unter dem Torbogen hatten nicht einmal den Versuch unternommen, uns anzuhalten, was die schlechte Laune von Vu noch verstärkte. Aus einer etwas größeren Hütte trat ein Mann, um uns zu begrüßen – es war Tuc, mein erster Verbindungsmann zur Kommunistischen Partei Indochinas, der dann plötzlich verschwunden gewesen war. Nachdem wir uns genügend umarmt und abgeklopft hatten, begrüßte Tuc auch Vu. Es war offensichtlich, dass die beiden sich kannten, aber nicht übermäßig schätzten. Dementsprechend kühl fiel auch die Begrüßung aus.

Für mich war Tucs Anwesenheit eine enorme Erleichterung, denn Vu sprach so gut wie kein Französisch und ich nur gebrochen Vietnamesisch. Dieser Kurs mit ihm als Übersetzer wäre wahrscheinlich gescheitert, doch mit Tuc sah die Sache schon ganz anders aus. Als kompetenter Dolmetscher sicherte er sich eine weitgehende Kontrolle über den Instruktionsplan, den Vu und ich entwickelten. Wir arbeiteten bis spät in die Nacht an den Details, standen aber trotzdem um sechs Uhr morgens auf und fühlten uns sehr wohl bei unserer Aufgabe. Wir wussten, dass dies nicht nur das erste schriftliche Règlement der vietnamesischen Armee war, sondern wohl für längere Zeit auch die Grundlage der Ausbildung der Soldaten bleiben würde.

Vu und ich waren uns einig, dass zuerst das Exerzieren ohne und mit Waffe geübt werden musste. Die vietnamesische Kommandosprache war Vus alleiniges Ressort, weil ich da beim besten Willen nicht mitreden konnte. Bei der Ausführung erfanden wir meist eine Mischung aus dem chinesischen und französischen Règlement, manchmal übernahmen wir aber auch nur eine der Vorschriften. Der gesamte Lehrgang basierte auf einer reinen Infanterieausbildung, das heißt ohne Artillerie- oder Luftwaffenunterstützung. Auch im Nachrichtenwesen waren die Instruktionen auf die Verwendung von Meldegängern zugeschnitten, weil uns weder Telefon noch Radio noch Funk zur Verfügung standen.

Mit rund 200 Mann begann schließlich unser Eröffnungskurs. Meine Sprachkenntnisse waren äußerst rudimentär und beschränkten sich auf einige wenige Parolen wie „Nieder mit dem französischen Imperialismus!“, „Hoch die demokratische Republik Vietnam!“, „Es lebe Präsident Hô!“ und auch „Habt Acht!“, „Das Gewehr über!“ und „Kompanie Marsch!“ Außerdem konnte ich noch „bitte“, „danke“, „essen“ und „trinken“ auf Vietnamesisch sagen, was nicht genug war, um mich zu unterhalten oder meinen Schülern ganz spezifische Anweisungen zu geben. Das galt es zu ändern.

Bei Kursbeginn teilte ich zuerst die militärisch bereits geschulten von den noch völlig unbelasteten Soldaten; bei jenen mit soldatischer Erfahrung fanden sich immerhin 20 Mann. Auch einen Dolmetscher mit einem verhältnismäßig guten Französisch konnte ich auftreiben. Zu meinem Leidwesen war der Mann aber durch und durch Zivilist und konnte zwar mühelos eine hochpolitische Ansprache übersetzen, verstand aber die militärischen Fachausdrücke weder auf Französisch noch auf Vietnamesisch.

Wir starteten mit einem wahren Furioso an Drill und Schliff. Aus eigener Erfahrung wusste ich, wie lächerlich diese Übungen auf jeden Rekruten wirkten, deshalb schwächten wir den nervenaufreibenden Kommissionszauber durch eine pädagogische Maßnahme ab. Der Trick war ganz einfach: Jeder, der ein Kommando erfasst hatte, musste selbst kommandieren. Vu und ich überwachten die Soldaten und fuhren wie die Wilden drein, wenn das Kommando zu zaghaft oder leise erfolgte. Hier gab es zwischen uns keine Differenzen; Vu war in gewisser Hinsicht ein chinesischer Kommissknopf und ich ein französischer.

Die Ausbildungstage waren lang, was mir aber nichts ausmachte. Ich war so glücklich wie schon lange nicht mehr und grübelte darüber oft nach – ich saß hier, mitten im unwirtlichen Dschungel Nordvietnams, vielleicht nicht allzu weit entfernt von der Stelle, wo ich als japanischer Kriegsgefangener Schützengräben ausgehoben hatte, in einem feuchten Klima, das jeder freundlichen Beschreibung spottete, in einer mit Bambus und Bananenblättern gedeckten Hütte und mit einer einfachen Pritsche als Bett, wobei sich mein persönlicher Besitz auf die Sachen beschränkte, die ich am Leibe trug – und fühlte mich glücklich. Vor noch nicht einmal zwei Monaten war ich ein Häufchen Elend gewesen, und nun wollte ich um nichts in der Welt mit einem anderen Menschen tauschen.

Die Zeit raste. Ich kam kaum zur Ruhe, denn Vu überließ mir allein das Kapitel Waffenkunde, da er mit den französischen Waffen nicht besonders vertraut war. Die schriftliche Zusammenstellung machte mir einige Schwierigkeiten, weil ich nicht kontrollieren konnte, ob die Übersetzungen stimmten. Doch die Schüler hielten ihr Versprechen und büffelten, bis die Köpfe rauchten. Daneben waren sie trotzdem fröhlich und guter Stimmung; egal, wie anstrengend der Tag gewesen war, am Abend waren sie erstaunlich frisch und zu jedem Spaß bereit. Dabei gab es keinen einzigen Tropfen Alkohol, nur bitteren Blättertee.

Nach 14 Tagen gab es zum ersten Mal einen freien Tag. Vu und ein Großteil der Leute fuhren nach Hanoi, im Lager blieben nur die Wache, die Küchenmannschaft, Tuc und ich. Das war nach langer Zeit die erste Möglichkeit, mich ungestört mit Tuc zu unterhalten. Tuc erzählte mir, warum er damals nicht zu unserem Treffen gekommen war. Er war aufgeflogen, von einem Spitzel verraten. Die Franzosen hatten ihn geschlagen, gepeinigt und in Dunkelhaft gesperrt. Sie hatten ihn an die Magnéto angeschlossen und Holzstücke unter seine Fingernägel getrieben. Aber trotz aller Folter und Qual hatte er nichts verraten. Bei der Augustrevolution wurden er und die anderen politischen Häftlinge befreit, und Ende September nahm ihn die Partei auch wieder als einfaches Mitglied auf. Früher war er Spitzenfunktionär und ZK-Mitglied gewesen, jetzt musste er wieder von vorne anfangen. Ich wollte ihn trösten und verwies auf seine wichtige Aufgabe als Politkommissär bei der Ausbildung der Soldaten, aber Tuc meinte nur: „Sie haben mich nicht zurückgenommen, weil sie mir vergeben haben, sondern weil sie mich brauchen. Sie brauchen jeden, der politisch aktiv war und etwas vom Marxismus-Leninismus versteht. Wir haben im August die Macht übernommen und im ganzen Land etabliert. Aber was glaubst du, wie viele Mitglieder die Partei am 15. August hatte?"

Ich konnte es nicht sagen, die Partei war ja illegal gewesen, von den Franzosen verfolgt. Ich schätzte ihre Zahl auf zehntausend. Tuc brach in Lachen aus: „Tausend Mann, nicht mehr als tausend Mann. Das ist nicht einmal genug, um in je-

Giap (vorne rechts) auf Inspektion im Viêt Bac, 1946

dem größeren Dorf ein Parteimitglied zu haben. Heute ist praktisch jedes Parteimitglied ein hoher Funktionär in der Verwaltung, der Armee oder der Polizei. Man kann es sich aussuchen.“ Ich war sprachlos; dass die Partei beim Aufstand zahlenmäßig so schwach gewesen war, hätte ich nie für möglich gehalten. Für Tuc war das natürlich ein Glück, weil er dadurch eine zweite Chance bekam.

Nach weiteren 14 Tagen legten wir wieder eine Kursunterbrechung ein. Diesmal wollte ich nach Hanoi fahren. Von Truong Chinh und Giap war ich zum Essen eingeladen worden, und anschließend wollte ich Schröder treffen und ihm einen Artikel für die Zeitschrift „Le Peuple“ geben.

Truong Chinh und Giap hatten ein Festessen vorbereitet, bestehend aus Ente, Huhn, Rind- und Schweinefleisch, dazu reichlich Reis und Blättertee. Ich genoss die vietnamesische Küche und war in der Zwischenzeit auch schon sehr geübt, mit Stäbchen zu essen.

Das war der erfreuliche Teil der Zusammenkunft, der unerfreuliche war die politische Lage. Der innenpolitische Druck durch Lu Han verstärkte sich. Seine Anhängerschaft, die beiden bürgerlichen Parteien „Vietnam Quôc Dáng“ und „Vietnam Cach Ménh Dông Minh Hôi“, wurden zusehends aktiver und lauter. Bislang waren das zwar nur Nadelstiche, aber unangenehme. Im Nam Bô, wo es schon lange nicht mehr möglich war, den Franzosen reguläre Kämpfe zu liefern, war man zur Guerillataktik übergegangen. Aber trotz aller Schwierigkeiten wollte das Zentralkomitee die für den 6. Januar 1946 angesetzten Wahlen termingemäß abhalten. Die Vorbereitungen liefen bereits, und Truong Chinh und Giap hatten eine besondere Bitte. Sie wollten mich und die Teilnehmer des Ausbildungskurses die letzten Wochen vor der Wahl als Agitatoren durchs Land schicken, um die Bevölkerung für die Viêt Minh-Kandidaten zu begeistern.

Grundsätzlich interessierte mich diese Aufgabe, was mir aber Sorge bereitete, war die Verkürzung der militärischen Ausbildung. Vu und ich hatten den Kurs auf zweieinhalb Monate angelegt, eine Verkürzung würde uns nur schaden. Mit dem Stimmzettel konnten die Leute ja schließlich nicht auf die Franzosen schießen. Truongh Chinh und Giap hörten sich meine Argumente zwar an, gaben aber schlussendlich nicht nach. Der Kurs wurde gekürzt und alle Teilnehmer inklusive meiner Person zur Agitation eingesetzt.

Nach dem Treffen mit Truong Chinh und Giap schlenderte ich durch die Straßen von Hanoi. Es war bereits später Nachmittag und die Straßen waren bevölkert von Chinesen in verschmutzten Uniformen. Französische Soldaten sah man nur ganz selten, und sie waren alle unbewaffnet. Die japanischen Soldaten waren völlig von der Bildfläche verschwunden; sie waren in Haiphong konzentriert und wurden von dort nach China in die Kriegsgefangenschaft verschifft. Angeblich behandelten die Chinesen sie sehr schlecht.

Ich hatte Lust auf einen Kaffee und betrat ein Bistro. Das Lokal bestand aus zwei langgestreckten, engen Räumen, die Tische waren in Doppelreihen an der Wand und an den Fenstern aufgestellt. Auf den ersten Blick sah ich, dass das Lokal gut besucht war, auf den zweiten, dass die Gäste durchwegs Legionäre waren, also lauter wohlbekannte Gesichter. Das Vernünftigste wäre gewesen, so rasch wie möglich zu verschwinden, aber aus purem Stolz blieb ich stehen.

Der Gesprächslärm verstummte und Dutzende Augenpaare richteten sich auf mich. Ich bestellte einen Kaffee und musterte die Gäste. Viele wichen meinem Blick aus und begannen, sich flüsternd zu unterhalten. Ein Korporalchef machte Anstalten, sich zu erheben. Die Hand in der leeren Hosentasche, markierte ich mit ausgestrecktem Zeigefinger den Lauf einer Pistole. Der Korporalchef setzte sich wieder. Wäre auch zu blöd gewesen, jetzt, wo ich die Gefangenschaft hinter mich gebracht hatte, von einem verrückten Sergenten niedergeschossen zu werden. Ich betrachtete mein Spiegelbild im Fenster. Grimmig und wild entschlossen sah ich aus, es fehlte nur das Messer zwischen den Zähnen.

Irgendwie musste ich hier wieder rauskommen, also erhob

ich mich langsam und machte ein paar Schritte Richtung Ausgang, die Hand mit dem ausgestreckten Zeigefinger noch immer in der rechten Hosentasche. An der Tür drehte ich mich um und blickte in die Gesichter meiner ehemaligen Regimentskameraden. Keiner war aufgestanden oder versuchte, mir zu folgen. Schnell verließ ich das Lokal und nahm mir vor, bis zum Treffen mit Schröder nirgends mehr einzukehren.

Das Wiedersehen mit meinem Freund verlief erfreulich. Er hielt mich auch über die letzten Neuigkeiten unserer Freunde auf dem Laufenden. Ulbrich war in den Truong Bô, ins frühere Annam, versetzt worden, um dort Militärarbeit zu machen; Borchers, der mit seiner Familie am Stadtrand von Hanoi lebte, war in der Agit-Prop-Abteilung tätig, und Wächter hatte Hanoi bereits verlassen und sollte eine organisatorische Beraterstelle im Viêt Minh einnehmen. Schröder war noch immer als Sprecher und Kommentator beim Sender „Die Stimme Vietnams" und fühlte sich dort ganz in seinem Element.

Für Vu und mich bedeutete der Entschluss des ZK, den Kurs bereits am 15. Dezember zu beenden, tagelange Mehrarbeit. Einen Monat lang arbeiteten wir wie die Berserker und schlossen die Ausbildung dann mit einem dreitägigen Manöver ab. Ich war ehrlich überrascht, dass wir es geschafft hatten. Wir hatten in nur zwei Monaten absolut brauchbare militärische Kader herangebildet. Über ihren weiteren Einsatz würde nun die Partei entscheiden. Wir stellten zwar Reihungen bei den Abschlusszeugnissen auf, aber wer einen Zug, eine Kompanie, ein Bataillon oder gar ein Regiment befehligen würde, lag nicht in unserer Macht.

Der Kampf um die Unabhängigkeit

Der Abschied von meinen Schülern fiel mir nicht leicht. Ich hatte unter ihnen viele neue Freunde gefunden, doch nun hatten wir alle eine neue Aufgabe.

Tuc machte mich mit dem Genossen bekannt, mit dem ich die folgenden Wahlschlachten schlagen sollte. Tran Van Binh war älter als ich und verfügte über eine gewisse Bauernschläue, war aber gleichzeitig voller Güte und Sanftmut. Er war im ZK neben Giap für militärische Fragen zuständig, allerdings mehr in politischer als in organisatorischer Hinsicht. 1930 war er einer der Mitbegründer der Kommunistischen Partei Indochinas gewesen und hatte dafür mehrere Jahre hinter Gittern verbracht.

Gemeinsam verließen wir das in Auflösung begriffene Ausbildungslager. Die Wahlen waren überaus wichtig, das war uns beiden klar. Sie sollten nicht nur die Bildung einer im In- und Ausland anerkannten Regierung ermöglichen, sondern auch gegenüber Kuomintang-China die Stärke des Viêt Minh demonstrieren. Gleichzeitig waren diese Wahlen aber auch ein Kampf gegen das Analphabetentum. Bereits unmittelbar nach der Augustrevolution hatte eine landesweite Kampagne für Lese- und Schreibkurse eingesetzt, und die Wahlen galten nun als „Zugpferde", das Schreiben bis dahin zu erlernen.

Meine Überlegungen, was ich auf dieser Tour vortragen wollte, stießen bei Binh auf wenig Interesse. Er war mit allem einverstanden, Hauptsache, ich bekannte mich nicht offen zum Kommunismus. Ich konnte ihn verstehen, wichtig waren in diesem Fall nicht so sehr die Worte, sondern dass ein

Europäer auf der Seite des Viêt Minh stand und an die Wähler appellierte, sich für Hô Chi Minh und seine Unabhängigkeitsliga zu entscheiden.

Binh legt mir unser Reiseprogramm vor, das Großkundgebungen in sieben Provinzhauptstädten vorsah. Den Anfang würde Thai Nguyên im Norden des Landes machen, dann würden wir uns Richtung Thanh Hoa zur Südgrenze des Bac Bô, des ehemaligen Tonking, vorarbeiten.

Zwar passte ich meine Wahlreden an die lokalen Verhältnisse an, doch prinzipiell blieben sie einander ziemlich ähnlich. Das galt auch für die Reaktion meines Publikums; zuerst schlug mir überall Misstrauen entgegen, dann erntete ich Anerkennung und Applaus. Die Präsidenten der Provinzkomitees waren durchwegs Parteimitglieder, hatten größte Hochachtung vor Binh und überschütteten auch mich mit Freundschaftsbezeugungen, sobald sie erfuhren, dass ich schon vor der Augustrevolution der Partei angehört hatte. Ich wurde allerorts mit feinsten Speisen verwöhnt und regelrecht verhätschelt.

Nach einigen Wahlversammlungen erreichte uns der Befehl, sofort nach Hanoi zu kommen. Hals über Kopf reisten wir ab, ahnungslos, was uns erwartete. Truongh Chinh teilte uns mit, dass auf Lu Hans Anordnung Giap und Tran Huy Liêu entführt worden waren und nun ein enorm hohes Lösegeld für sie gefordert wurde. Die Lage war prekär, und vorerst wusste niemand, was zu unternehmen war.

Am nächsten Tag traf das ZK eine Entscheidung. Die Kommunistische Partei Indochinas hatte beschlossen, sich selbst aufzulösen. So konnte Lu Han nach außen einen spektakulären Erfolg verbuchen, aber die erhoffte Geldquelle war versiegt. Mit den Entführten konnte er nun nichts mehr anfangen und ließ sie frei. Die Regierung würde aber weiter im Amt bleiben, und die Wahlen, bei denen die KP ohnehin nicht kandidierte, fanden termingemäß statt. Damit war es der Partei innerhalb eines halben Jahres gelungen, zwei Fliegen mit einer Klappe zu schlagen: einmal, mit tausend Mann die Macht in einem Land mit 30 Millionen Menschen zu ergreifen, und dann, sich selbst vom Sockel zu stürzen und dennoch oben zu bleiben.

Unser anfängliches Entsetzen verwandelte sich in Staunen und Heiterkeit. Truong Chinh verbarg nicht, dass die Idee vom „Alten“ kam und anfänglich im ZK auf großen Widerstand gestoßen war. Schließlich waren die meisten Genossen mehr als zehn Jahre in der Illegalität gewesen; es leuchtete ihnen nur schwer ein, dass es besser war, die hart erkämpfte Position der wichtigsten Partei des Landes öffentlich aufzugeben.

Auch an der Fortsetzung des Wahlkampfes hinderte uns die neue Situation nicht, weil weder Binh noch ich in den Versammlungen ein Bekenntnis zur KP abgelegt hatten. An unserem Beispiel wurde praktisch belegt, dass der Trapezakt Hô Chi Minhs zwar spektakulär war, aber an den realen Gegebenheiten nicht ein Jota veränderte. Wir verkrafteten den Schock sehr rasch und gewöhnten uns daran, wieder „illegal“ zu sein, vor allem, da diese neue Art der Illegalität keine negativen Konsequenzen hatte. Weder wurden wir von der Polizei gejagt noch in Gefängnisse gesteckt oder gefoltert. Und auch auf den Wahlausgang hatte der Auflösungsbeschluss nicht den geringsten Einfluss, denn unsere Genossen kandidierten sowieso auf den Viêt Minh-Listen.

Silvester 1945/46 verbrachte ich im südlichsten Ort unserer Wahlreise, in Thanh Hoa. Der Empfang war herzlich, aber das Aufsehen, das ich als Europäer erregte, keinesfalls so groß wie erwartet. Bald stellte sich heraus, dass Ulbrich hier bereits durchgekommen war und unter seinem vietnamesischen Namen Hô Chi Công gesprochen hatte. Da für die Vietnamesen ein Europäer aussah wie der andere, wurde ich mit ihm verwechselt. Doch wir sahen uns überhaupt nicht ähnlich: Ulbrich war blond, ich braunhaarig, außerdem war er einen Kopf größer als ich. Kein Europäer hätte bei uns je eine Ähnlichkeit festgestellt, doch bei den Vietnamesen waren Haar- oder Augenfarbe keine Unterscheidungsmerkmale. Sie sahen nur unsere relativ großen Nasen und bedachten uns deshalb, wie alle Weißen, mit dem Spitznamen „Langnasen".

Die Unterscheidung der Menschen war ein Problem, das ich im umgekehrten Fall ebenfalls hatte. Ganz zu Beginn meiner Zeit in Indochina konnte ich einen Einheimischen nicht vom anderen auseinanderhalten. Erst nachdem ich gelernt hatte, andere Kriterien zu verwenden, die Gesichtsform, die Feinheit der Gesichtszüge usw., sah jeder anders aus. Jetzt konnte ich auch nicht mehr verstehen, dass ich sie irgendwann einmal verwechselt hatte.

Die Wahlen fanden programmgemäß am 6. Januar statt. Selbst in den von den Franzosen besetzten Städten des Nam Bô wurde gewählt, und das Ergebnis war überwältigend: Die Kandidaten der Unabhängigkeitsliga, also des Viêt Minh, erhielten über 80 Prozent der abgegebenen Stimmen, der höchste Stimmenanteil von mehr als 90 Prozent fiel auf Hô Chi Minh in Hanoi. Für die zwei prochinesischen Parteien „Vietnam Quôc Dáng" und „Vietnam Cach Ménh Dông Minh Hôi" hagelte es Abfuhren. Ihre Macht war nicht im Volk verankert, sondern wurde einzig von Lu Han und seinen in Uniform verkleideten Räuberbanden behauptet.

Die Selbstauflösung der KPI war auch mit einer Regierungsumbildung verbunden, bei der die gegnerischen Parteien den Vizepräsidenten und den Außenminister stellten. Nach außen bot diese Zusammensetzung das Bild einer friedlichen, auf breiter Basis ruhenden Konzentrationsregierung, hinter den Kulissen tobten jedoch Kämpfe. Für uns ging es nun darum, den bei den Wahlen erzielten Erfolg nicht nur zu behaupten, sondern weiter auszubauen.

Bei meinem nächsten Treffen mit Giap, Pham Van Dong und Truong Chinh lernte ich den Genossen Son kennen. In unserem Kreis fiel er in Bezug auf sein Temperament so sehr auf wie ein Sizilianer in einem Haufen schwermütiger Finnen. Er sprach laut und voller Emotionen, war von verblüffender Offenheit, besaß Witz und Ironie, vertrat seine Meinung hartnäckig und kompromisslos, und jede Gefühlsbewegung, ob Zorn, Heiterkeit, Verachtung oder Wohlwollen, spiegelte sich in seinem Gesicht wider. Er war wirklich der unvietnamesischeste Vietnamese, dem ich bis dahin begegnet war.

Son gehörte dem Zentralkomitee an und befehligte das Gebiet Khu IV, das man flächenmäßig mit der Größe Österreichs vergleichen konnte. Ganz Vietnam war in acht Zonen bzw. Khus eingeteilt, die politisch, militärisch und administrativ selbstständige Einheiten bildeten. In jedem Khu gab es ein Komitee mit einem Vorsitzenden, dem „Zonenführer" oder Khu Truong. Die Zone IV war das größte der acht Gebiete und erstreckte sich von der Grenze des Nam Bô im Süden bis nach Quang Tri nördlich von Hue. Mehr als die Hälfte des Truong Bô, des früheren Annam, gehörte zum Khu IV und schloss auch die so genannte „Ebene der Tonkrüge“ mit ein.

Son war im Truong Bô aufgewachsen und schon sehr jung zur revolutionären Bewegung gestoßen, musste dann aber flüchten und gelangte nach China. Unter den vietnamesischen Revolutionären war das ein normales Schicksal, kaum der Rede wert; was aber Sons Erfahrungen so einzigartig machte, war, dass er Zugang und Aufnahme in die Kommunistische Partei Chinas gefunden hatte. Er machte Karriere, avancierte bis ins ZK und nahm an der Seite Mao Tse Tungs als einziger Nichtchinese am langen Marsch nach Jenan teil.

Seine Rückkehr nach Vietnam erfolgte im Spätherbst 1945, also erst nach der geglückten Augustrevolution. Die Heimreise vollzog sich jedoch nicht so einfach, wie man eigentlich annehmen sollte. Son war in der Zwischenzeit ein richtiger Chinese geworden, und so sehr ihn der Sieg seiner Landsleute freute, so bezweifelte er doch, seiner alten Heimat nützlich sein zu können. Der enorme Kadermangel zwang aber die Kommunistische Partei Indochinas, Son von den Chinesen zurückzufordern. Der Bruderpartei kam dieser Wunsch höchst ungelegen, zumal Son selbst von diesem Plan nicht allzu begeistert war. Das chinesische ZK fand schließlich eine salomonische Lösung – es verborgte den Genossen Son und gab ihm so die Möglichkeit, jederzeit nach China zurückzukehren, sollte seine politische Akklimatisation im neuen alten Vaterland nicht gelingen.

Mit Feuereifer pries Son nun die Vorzüge des Khu IV. Die Provinzhauptstadt Quang Ngai war bekannt für ihre legendäre Revolutionstradition. Auch Pham Van Dong, der freudig in das Loblied einstimmte, stammte aus dieser den Franzosen gegenüber so aufsässigen Provinz. Schließlich wurde mir klar, warum mir dieser Teil des Landes so sehr ans Herz gelegt wurde – Son wollte, dass ich ihn nach Truong Bô begleitete.

Das war ein wirklich verlockendes Angebot, da es zwischen uns, abgesehen von der Ähnlichkeit unseres Temperaments, noch die Gemeinsamkeit der „Fremdheit" gab. Son, der zwar hier geboren war, aber so lange in China gelebt hatte, dass er zeitweise sowohl mit seiner Muttersprache als auch mit den Landessitten Probleme hatte, wurde von seinen Landsleuten mit dem halb spöttischen, halb tadelnden Spitznamen „der

Chinese“ belegt. Ich war sowieso ein Fremder, und obwohl ich mich sehr bemühte, das Land und seine Menschen kennenzulernen, wusste ich doch, dass mir noch vieles unverständlich war.

Ich nahm das Angebot an, und bereits die Reise nach Quang Ngai in Begleitung des quirligen Son wurde zum unvergesslichen Erlebnis. Bis Thanh Hoa waren mir die Gegend und viele Funktionäre von meinem Wahlkampfzug mit Binh bekannt, dann begann für mich Neuland. Wir fuhren durch die Provinzhauptstädte Vinh, Hà Tinh, Dông Hoi und Quang Tri bis nach Hue, der ehemals prunkvollen alten Kaiserstadt.

Son und ich verstanden uns gut, und sein Französisch war nach kurzer Zeit so aufgefrischt, dass wir uns mühelos unterhalten konnten. Außerdem hatte ich finanziell an seiner Seite keine Sorgen, denn er war sehr großzügig und verfügte über beträchtliche Mittel. Ich selbst besaß ja noch immer so gut wie nichts; von den Franzosen hatte ich kein Geld bekommen, und die Vietnamesen bezahlten nur sehr wenig, weil sie selbst sehr geringe Ansprüche hatten. In der Zwischenzeit hatte ich mich daran gewöhnt, doch manchmal hätte ich mir gerne etwas geleistet.

Son benützte die Rückreise nach Quang Ngai, um mit den Provinzverantwortlichen die letzten ZK-Beschlüsse zu diskutieren. Man rechnete mit dem baldigen Abzug der Chinesen und dem Versuch der Franzosen, in Haiphong zu landen. Aus Saigon wurden bereits entsprechende Vorbereitungen gemeldet. Im Nam Bô wurde seit der Landung des Expeditionskorps noch immer gekämpft, und dieser Kampf drohte nun auf den Norden überzugreifen. Wir wussten, dass unsere schlecht ausgerüstete Armee einem massiven französischen Angriff nicht gewachsen war, deshalb war auch die Verteidigungsbereitschaft der Bürger und der Dorfgemeinschaften von größter Bedeutung.

Wir versuchten, die Dörfer auf einen solchen Angriff vorzubereiten und wiederholten ohne Unterlass, dass wir uns den Franzosen stellen und siegen mussten, eine kampflose Kapitulation kam nicht in Frage. Haiphong musste so lange wie möglich gehalten werden, Hanoi ebenfalls. Es galt zu verhindern, dass sich die Chinesen, sollten die Franzosen wirklich in Haiphong landen, auf deren Seite schlugen.

Unsere Aufklärungskampagne in den Dörfern löste keine Panik aus, im Gegenteil. Wortreich wurde beteuert, dass man es den Franzosen schon zeigen würde, sollten sie den Versuch einer Rückeroberung machen. Diese Einschätzung stand in krassem Gegensatz zum Verteidigungspotential der Milizen, und wir konnten sie uns nur so erklären, dass sie auf einem gewaltigen Schuss Leichtsinn und Phlegma beruhte. Vor allem dieses Phlegma ging Son und mir auf die Nerven. Andauernd wurden Versammlungen abgehalten, Beschlüsse gefasst und Resolutionen angenommen, aber mit der Realisierung ließ man sich Zeit. Die Lücke zwischen Wollen und Können, zwischen Plan und Verwirklichung war erschreckend groß.

Son wurde nicht müde, Fehler aufzuzeigen, Missstände anzuprangern und Verbesserungen vorzuschlagen. Je näher wir aber seiner Kommandostelle kamen, desto unruhiger und nervöser wurde er. „Ich war schon zu lange weg, sie werden in meiner Abwesenheit sicher einen Haufen Blödsinn produziert haben“, befürchtete er, und hatte damit, wie sich später zeigen sollte, Recht.

Quang Ngai war eine verträumte Kleinstadt, ähnlich den anderen Provinzhauptstädten, die ich bis dahin gesehen hatte. Hier störten aber weder Chinesen noch Franzosen die politische, militärische und wirtschaftliche Führung, die fest in der

Hand des Genossen Son lag. Ihm machte es auch nichts aus, dass Lu Hans Banditen das ehemalige Regierungsgebäude bis auf die nackten Mauern geplündert hatten, es wurde trotzdem sein Amtssitz. Doch außer roh gezimmerte Tische und Stühle für Repräsentationspflichten bewilligte er keinerlei Luxus; geschlafen wurde auf Matten, die er und seine Leute jeden Abend auf dem Boden ausbreiteten.

In Quang Ngai traf ich auch Ulbrich alias Công wieder. Seine Freude über meine Ankunft war echt, aber nicht ungetrübt. Trotz der Begeisterung über die revolutionären Aufgaben und Aktivitäten fühlte er sich oft einsam und verlassen. Ich war jemand, mit dem er sprechen konnte und der ihn verstand. Andererseits hatte er sich unter dem klingenden Namen Hô Chi Công Popularität und großes Ansehen erworben; seine bedächtige Art, seine Fähigkeit zuzuhören und zu schweigen machten ihn überaus beliebt. Nun kam ich unvermutet daher und brachte Unruhe in seine Tätigkeit, besser gesagt in seine Untätigkeit.

Công wurde von Son verhätschelt und verwöhnt. Seine politische Vergangenheit lag im Dunkeln, und ich war nicht der einzige, der an seiner Mitgliedschaft in der KPD zweifelte. Sollte er ihr jedoch angehört haben, dann eher als Außenseiter und Mitläufer. Im Umgang mit Son und anderen führenden Genossen verhielt er sich klug und nichtssagend, im wahrsten Sinne des Wortes. Er war der große Schweiger, und sobald er irgendwo auf Widerstand stieß, zog er sich zurück und verharrte in abwartender Ruhe.

Ulbrich und ich waren also grundverschieden. Ich war immer angeeckt und hatte auch immer Feinde gehabt. Aber das war in unserem momentanen Verhältnis nicht wichtig; von Bedeutung war, dass wir eine bestimmte Aufgabe zu erfüllen hatten und ich Ulbrich in der Parteihierarchie eindeutig übergeordnet war. Diese Position wollte ich nun nicht aufgeben. Es kam zu Verstimmungen zwischen Ulbrich und mir, aber Ulbrich war nicht der Typ, der lange Widerstand leistete. Stillschweigend einigten wir uns auf unsere neuen Positionen und bereisten gemeinsam das Land, um für den Viêt Minh zu werben.

Die Kunde unserer Tätigkeit verbreitete sich wie ein Lauffeuer, und mit ihr auch die Legendenbildung. Aus dem Namen Hô Chi Công schlossen die Menschen, dass es sich bei Ulbrich um einen Adoptivsohn des Präsidenten handelte, dem sie dementsprechend Achtung und Verehrung entgegenbrachten. Und mich sah man, obwohl ich mich überall als Nguyên Dân vorstellte, als Bruder von Công und nannte mich Hô Chi Dân. Anfänglich dementierte ich dieses Gerücht, doch es war zwecklos. Nichtsdestotrotz störte es mich.

Dieses Ärgernis war aber nur eine Bagatelle angesichts der weitreichenden Ereignisse, die zur gleichen Zeit passierten. Son bestellte uns zu sich, sein Gesicht war blass vor Schrecken. Es musste etwas Außergewöhnliches geschehen sein. Wir setzten uns und sprachen kein Wort, sondern warteten auf Sons Ankündigung. Er räusperte sich mehrmals, zündete sich dann eine Zigarette an und inhalierte nervös. „Wie soll ich es euch sagen", begann er schließlich, „es ist schwer, sehr schwer. Auf Vietnamesisch oder Chinesisch könnte ich die Worte nicht über die Lippen bringen, auf Französisch geht es leichter. Es ist aus, versteht ihr mich, es ist aus!"

Wir starrten ihn entgeistert an. Was sollte aus sein? „Der Traum von der Unabhängigkeit", antwortete Son tieftraurig, mit einem Zucken um den Mund. Die Franzosen hatten Haiphong besetzt, die vietnamesische Armee konnte so gut wie nichts dagegen ausrichten. Son zeigte uns das Abkommen, das Jean Sainteny für Frankreich und Hô Chi Minh und Vu

Hong Khanh für Vietnam abgefasst hatten. Im ersten Punkt wurde festgehalten, dass die französische Regierung die Republik Vietnam als freien Staat anerkannte, der über eine eigene Regierung, ein eigenes Parlament, eine eigene Armee und ein eigenes Budget verfügte. Nicht schlecht, dachte ich mir, doch die bitteren Pillen kamen erst.

Die Republik Vietnam war Bestandteil der indochinesischen Föderation und der „Union Francaise". Was die Vereinigung der drei Landesteile Tonking, Annam und Cochinchina anbelangte, verpflichtete sich die französische Regierung, die durch ein Referendum zu treffenden Entscheidungen der Bevölkerung anzuerkennen. Die Selbstständigkeit war also beschnitten, denn zuerst würde eine „indochinesische Föderation" geschaffen, danach Vietnam dem „Vereinigten Frankreich" unterstellt. Außerdem, so hieß es weiter, würde sich die vietnamesische Regierung verpflichten, die französischen Truppen, die zur Ablöse der chinesischen bestimmt waren, freundschaftlich zu empfangen.

Die Modalitäten der Durchführung des Abkommens, insbesondere die komplizierten militärischen Fragen, waren in einem speziellen Anhang fixiert. Demnach sollten die französischen Ablösekräfte von 15.000 Mann jährlich um 5.000 verringert werden, das hieß, dass 1951 der letzte französische Soldat Vietnam verlassen würde.

Ich las das Abkommen wieder und wieder. Es gab meines Erachtens einen, wenn auch kleinen Vorteil für uns. Die Franzosen hatten mit uns verhandelt und ein Abkommen geschlossen, wir waren also keine Rebellen mehr. Son glaubte aber nicht, dass die Franzosen die vietnamesische Regierung wirklich anerkennen würden. Sie würden versuchen, Vietnam zurückzuerobern, und zwar vom Süden her. Im nördlichen Bac Bô, dem frühere Tonking, hatten sie bereits Haiphong besetzt, der mittlere Teil des Landes, Truong Bô, das frühere Amman, lag noch in unserem Machtbereich, aber den südlichsten Landesteil Nam Bô, das ehemalige Cochinchina, würden sie, so vermutete Son, zur Ausgangsbasis für eine Rückeroberung machen.

Für Son war das Abkommen vom 6. März 1946 nichts anderes als eine Kapitulation. Und wirklich, wie sollten wir in diesem Moment die Bevölkerung mobilisieren und ihren Widerstandswillen wachrufen, wenn sie das Gefühl haben musste, dass er an der Spitze verlorengegangen war?

Gefechte am Pass von An Khê

Seit einem halben Jahr hatten wir unaufhörlich verkündet, dass es bei der Unabhängigkeit keine Konzessionen gab, dass die Zugehörigkeit des Nam Bô zur Demokratischen Republik Vietnam außer Frage stand und wir das gesamten Territorium der Republik mit Zähnen und Klauen verteidigten würden. So predigten wir Tag für Tag, Woche für Woche und Monat für Monat. Und nun kam die „Convention Préliminaire“, die uns völlig unvorbereitet traf und lähmendes Entsetzen verbreitete.

Am nächsten Morgen erhielt Son genaue Anweisungen des Zentralkomitees: Alle Viêt Minh-Organisationen wurden aufgerufen, loyale Mitarbeit in der „Französischen Union“ zu zeigen, zu gegebener Zeit würde man die volle Unabhängigkeit fordern. Son war plötzlich wie ausgewechselt. Mit Feuereifer stürzte er sich in die Arbeit, und gemeinsam überzogen wir das gesamte Gebiet des Khu IV mit einem Netz von Meetings; innerhalb der nächsten zwei Wochen sollte jeder, vom Kind bis zum Greis, über dieses Abkommen Bescheid wissen.

Wir besuchten die dichtbesiedelte Küste, wo sich eine Ortschaft an die andere reihte, und fuhren ins unwegsame, urwaldbedeckte Landesinnere, um die Menschen zu informieren. Auf der Straße nach Minh Long hatten wir eine Reifenpanne, bei der uns ein alter Bauer seine Hilfe anbot. Seine Hütte war rund 100 Meter von der Straße entfernt, mitten in kleinen, stufenförmig angelegten Reisfeldern. Seine Familie war bei der Arbeit und er hütete das Haus. Der schönste Tag in seinem Leben war der 2. September 1945 gewesen, als Hô Chi Minh die Unabhängigkeit Vietnams verkündet hatte und er frei geworden war. Und jetzt, was würden die Folgen des Abkommens sein? Mit Tränen in den Augen wollte er wissen, ob die Franzosen wiederkommen und alles besetzen würden wie früher. Ich war nahe dran, ebenfalls in Tränen auszubrechen.

Das Waffenstillstandsabkommen im Nam Bô legte den 13. Breitengrad als Demarkationslinie fest. Die Hafenstadt Tuy Hoa lag genau auf dieser Linie, weiter südlich begann das französisch besetzte Gebiet des Nam Bô mit Flottenbasen in Nha Trang und Cam Ranh. Der Khu IV wurde also nicht nur von der Landseite her bedroht, sondern auch von der Küste. Die Verteidigung dieses 50 bis 150 Kilometer breiten Streifens war schwierig, da das Gebiet in Küstennähe dicht besiedelt war.

Wir verbanden die politische Aufklärung über die neue Situation mit der Überprüfung und Erweiterung der lokalen Abwehrmöglichkeiten. Ich gewöhnte mich an einen Arbeitstag von 16 Stunden, von 6 Uhr früh bis ungefähr 22 Uhr abends. Am anstrengendsten waren die Touren ins Landesinnere, weil die schmalen, holprigen Urwaldpfade nicht befahrbar waren. Eine Woche lang waren wir mit Pferden unterwegs, und während Công keinerlei Schwierigkeiten hatte, war diese Art der Fortbewegung für mich eine einzige Qual.

Ende Mai 1946 fuhren Son und ich erneut nach Hanoi. Diesmal gab es einen erfreulichen Anlass – die Chinesen waren samt ihrem Führer Lu Han abgezogen. Zurück blieben die Franzosen, was für uns unangenehm genug war. Unterwegs sahen wir all die ausgeraubten Gebäude und Provinzresidenzen. Die Chinesen hatten geplündert, was zu plündern gewesen war. Doch trotz ihres desolaten Zustandes wurden die verlassenen Gebäude sofort von uns okkupiert, und auf der früheren Residenz des französischen, dann des japanischen und später des chinesischen Provinzgouverneurs wehte nun die rote Fahne mit dem gelben Stern.

Nach vier Tagen erreichten uns alarmierende Nachrichten; anscheinend bereiteten die Franzosen die Besetzung des zentralen Hochlandes vor. Mit den Städten Plây Cu und Kontum bildete dieses Gebiet die so genannte „Ebene der Tonkrüge“, und ihre Eroberung bedeutete auch eine Bedrohung des Küstengebiets.

Son und ich reisten überstürzt ab. Wir schafften die über tausend Kilometer lange Strecke Hanoi-Quang Ngai in der Rekordzeit von 36 Stunden. Unsere Blitzbesuche in den Residenzen von Thanh Hoa, Vinh, Hà Tinh und Dông Hoi benützte Son nur zum Telefonieren. Die Situation hatte sich nicht zum Besseren verändert, das konnte ich an seiner Miene sehen, die weiterhin düster und besorgt war.

Um 5 Uhr früh erreichten wir das letzte Flusshindernis 40 Kilometer nördlich von Quang Ngai bei Binh Son. Wenn alles klappte, waren wir in zirka zwei Stunden im Khu. Doch die Fähre lag bewegungslos und menschenleer auf der Südseite des Flusses Tra Bong vor Anker. Weder unser Schreien noch Hupen lockte jemanden hervor. Son wurde blass vor Wut und fluchte ununterbrochen vor sich hin. Diese unfreiwillige Warterei zerrte an unseren Nerven, genauer gesagt an Sons und meinen, denn der Chauffeur nützte die Pause zu einem Nickerchen.

Im Grunde wäre es hier idyllisch gewesen, hätten wir es nicht so eilig gehabt – eine Nacht mit einem romantischen Mondschein, Froschgequake, Grillengezirpe und den langsam verblassenden Sternen im Osten über dem südchinesischen Meer. Während Son alle möglichen Tiraden losließ, bei denen er über die Vietnamesen und die Franzosen gleichermaßen schimpfte, erfuhr ich, dass die Franzosen bereits eine Offensive auf das Hochplateau gestartet hatten. In Vinh hatte er noch mit unserem Kommando in Phu Nhon telefoniert, einige Stunden später meldete sich diese Kommandostelle nicht mehr. Und auch die Verbindung mit Plây Cu war zusammengebrochen.

Nun wurde auch ich ungeduldig. Es mussten sofort Gegenmaßnahmen getroffen werden, jede Minute war kostbar. Aber die Zeit verstrich und wir warteten auf einen idiotischen Fährmann, der sich von niemandem in seinem Schlaf stören ließ. Erst mit den ersten Sonnenstrahlen kam Leben auf das Boot. Bedächtig lösten die Fährleute die Vertäuung des Schiffs und ruderten mit langsamen, kräftigen Schlägen an unser Ufer. Mit zufriedenem Lächeln stiegen sie an Land und wurden zu ihrem Erstaunen sofort von Son beschimpft. Ihrem Gesichtsausdruck entnahm ich, dass sie seine Worte zwar gehört, den Sinn aber nicht verstanden hatten. Das lag wohl daran, dass weder unser Benehmen noch unsere Aufregung den landesüblichen Sitten entsprachen. Wegen einer Stunde Wartezeit, die wir zum Schlafen hätten nützen können, solch einen Wirbel zu machen, war für sie absolut unverständlich.

Endlich, um fast 9 Uhr, kamen wir in Quang Ngai an. Die letzten Nachrichten vom Hochplateau waren niederschmetternd. Son verlor die Beherrschung und beschimpfte seine Untergebenen lautstark. So hatte ich ihn noch nie erlebt. In seinem Arbeitszimmer erklärte er mir dann die Lage. Sein Zorn war verflogen und hatte einer schmerzlichen Traurigkeit Platz gemacht. Er war dem Weinen nahe: „Ich weiß, dass mein Wutausbruch falsch war, aber ich konnte nicht anders", meinte er bedauernd, „wenn sie etwas falsch gemacht hätten – kein Wort des Tadels wäre über meine Lippen gekommen. Aber sie haben nichts gemacht, gar nichts, nur auf meine Rückkehr gewartet!"

Diese Apathie, diese Unschlüssigkeit waren ihm unbegreiflich. Die Franzosen hatten, aus allen Rohren feuernd, unsere

Truppen in die Flucht geschlagen und waren bis Plây Cu und Kontum vorgestoßen, ohne auf irgendwelchen Widerstand zu treffen. Damit war das Hochplateau verloren, und von Plây Cu bis zum Pass von An Khê waren es nur mehr rund 120 Kilometer. Wenn wir sie dort nicht aufhalten konnten, war unsere letzte Chance vertan. Dann konnten und würden sie ungehindert weiterziehen bis an die Küste, zuerst nach Qui Nhon und Tuy Hoa und dann nach Quang Ngai, da war ich mir sicher.

Son und ich wussten jedoch beide, dass der Pass auf Dauer nicht zu halten war, dazu waren unsere Truppen zu schwach. Aber wir mussten die Franzosen dort zumindest eine Zeitlang stoppen, um so das Herzstück des Khu IV, den Küstenstreifen mit Quang Ngai, zu schützen.

Son übertrug mir diese Aufgabe. Ich sollte mit einer Truppe von rund 500 Mann, die aus einem in Binh Khê liegenden Bataillon und zwei Kompanien bestand, die innerhalb eines Tages zusammengestellt wurden, den Pass von An Khê verteidigen. Auch ein japanisches 20-mm-Flak-Maschinengewehr, ein so genanntes SMG, stellte er mir dafür zur Verfügung, das war unsere ganze Artillerie. Das Flakgeschütz wurde übrigens von einem Japaner bedient, was mich wunderte. Ich hatte nicht gewusst, dass beim Viêt Minh Japaner waren, aber wie ich später erfuhr, hatte er den gemeinsamen Kampf mit den ehemaligen Feinden der Kriegsgefangenschaft zu Hause vorgezogen.

Son war glücklich, dass ich den Auftrag annahm, und übertrug mir alle Vollmachten, die ich brauchte. Ich wollte sofort aufbrechen, denn ich rechnete damit, dass es Stunden dauern würde, bis wir dort waren. Ich bat Son, seine Leute zu benachrichtigen, die Zufahrtsstraße zum An Khê für Autos unpassierbar zu machen; ich selbst und meine Truppe würden entweder zu Fuß oder auf Maultieren aufsteigen. Unsere Ankunft hatte ich für etwa 7 Uhr morgens festgelegt. Die Männer sollten vor dem endgültigen Aufstieg noch etwas schlafen, damit wir in besserer körperlicher Verfassung auf dem Pass ankamen als die Franzosen.

Am Nachmittag traf ich in Binh Khê ein. Die Soldaten waren bereit zu kämpfen, ihre Ausrüstung war es weniger. Wir hatten ganze sechs Maschinengewehre für ein Bataillon, bei den Franzosen waren es zwölf pro Kompanie, und auf drei Mann kamen zwei Gewehre. Nur Handgranaten gab es in ausreichender Menge; kein Wunder, denn die erzeugten wir selbst. Daneben hatten wir noch besagtes Prunkstück, das SMG samt Japaner. Allerdings haperte es mit der Munition. Was auf den ersten Blick wie Projektile aussah, entpuppte sich bei genauerem Hinsehen als Leuchtspurmunition. Sie wollte ich auf keinen Fall verwenden, weil sie unseren Standort verraten würde. Telefonisch beauftragte ich Công alias Ulbrich in Qui Nhon, Nachschub zu besorgen.

Um 3 Uhr morgens begann die erste Kompanie gemeinsam mit dem Nachrichtenzug mit dem Anmarsch, das Gros folgte um 4 Uhr, eine halbe Stunde später kam der Train unter der Leitung von Công mit den Lebensmitteln und der Munition. Als Ankunftszeiten für die drei Abteilungen war 6 bis 8 Uhr morgens vorgesehen.

Ich wog unsere Chancen ab, nüchtern und illusionslos. Die Habenseite der Franzosen schien erdrückend. Sie hatten viel mehr Männer und würden wahrscheinlich mit mindestens zwei Bataillonen, Panzerspähwagen, Schützenpanzern und einer Unmenge automatischer Waffen anrücken. Weiters verfügten sie über Grabenmörser, leichte Artillerie und Luftaufklärung und auch über Soldaten, die schon in Afrika, Italien, Frankreich oder Deutschland gekämpft hatten.

Die quantitative und qualitative Überlegenheit des Gegners war so groß, dass es wahnwitzig schien, sich ihm zu stellen. Nach Mao Tse Tungs Guerillathesen war es unsinnig zu versuchen, die Franzosen unter allen Umständen aufzuhalten und dafür die letzten verfügbaren Reserven zu mobilisieren. Wollte ich also keinen Don Quichotte abgeben, musste ich aus unseren Pluspunkten das Maximum herausholen. Und solche Positiva gab es wirklich: Erstens ging ich davon aus, dass wir den Franzosen bei der Besetzung des Passes zuvorkommen würden. Das war zwar eine etwas kühne Hypothese, da ich keine Ahnung hatte, wo die Franzosen gegenwärtig gerade standen, trotzdem glaubte ich daran. Den zweiten Vorteil bot der Pass selbst. Das Terrain fiel in Richtung Plây Cu sanft ab, war daher relativ leicht zu überschauen und bot insbesondere im Straßenverlauf große, freie Schussfelder. Der Geländevorteil würde also eindeutig auf unserer Seite liegen, da wir ja die Ersten auf der Anhöhe sein wollten.

Und einen dritten Vorteil versprach ich mir in psychologischer Hinsicht. Bislang hatten die Franzosen nicht einmal den Hintern eines Viêt-Kämpfers gesehen, so rasch waren wir gelaufen. Ihr Vordringen ins Feindesland schien bisher eine Spazierfahrt gewesen zu sein, und ich hoffte, dass sie dadurch übermütig und unvorsichtig geworden waren. Am Pass von An Khê sollten sie nun eine Überraschung erleben. Nicht nur, dass es uns gab, wir würden sie auch angreifen. Zum ersten Mal seit dem Beginn der Offensive gegen die „Ebene der Tonkrüge“ würde die Initiative auf unserer Seite sein.

Wir hasteten vorwärts. Ich merkte, wie meine Leute keuchend versuchten, mit mir Schritt zu halten. Der Wahnsinn, in Indochina Cross-Country zu laufen, hatte sich schon im Ausbildungslager in Phu Luong bezahlt gemacht, an diesem Tag war er Goldes wert.

Kurz nach 5 Uhr morgens erreichten wir die Passhöhe. Wir

hatten zweieinhalb Stunden gebraucht und legten eine Verschnaufpause ein. Ich gab den Soldaten genaue Instruktionen, wie sie sich gegenüber der Bevölkerung bzw. den Flüchtlingen verhalten sollten. Jeder würde aufgefordert werden, sich uns anzuschließen; lehnten die Leute das ab, ließen wir sie unbehelligt weiterziehen. Allerdings würden wir sämtliche Waffen und Munition beschlagnahmen, wenn nötig auch mit Gewalt.

Um 6 Uhr waren alle Soldaten unsererseits eingetroffen. Ich hatte inzwischen das Gelände inspiziert, und meine Erwartungen erfüllten sich zur Gänze. Der Pass war ideal zu verteidigen, dicht bewaldet und halbkreisförmig von steilen Anhöhen umgeben. Die aus Plây Cu heranführende Straße war gut einzusehen und schlängelte sich in einer sanften Steigung durch freies Gelände. Am Scheitelpunkt, zirka 20 Meter nördlich der Durchgangsstraße, befand sich am Fuß des Hügels eine natürliche Höhle, in der zehn Männer bequem Platz fanden. Diese Höhle drängte sich förmlich als Kommandoposten auf. Ungefähr 30 Meter über dem Eingang war eine geeignete Stelle für das Flakgeschütz, die vom Japaner sofort in Beschlag genommen wurde. Ich ließ ihm völlig freie Hand, denn in dieser Hinsicht war seine Erfahrung sicherlich größer als meine.

Nach etwa zwei Stunden kamen die ersten Flüchtlinge. Panik, Furcht und Ermüdung spiegelten sich in ihren Gesichtern. Innerhalb einer Stunde kamen rund 200 Männer durch, denen wir ein Dutzend Gewehre und 50 Handgranaten abnahmen. Jede Gruppe behauptete, dass die Franzosen dicht hinter ihnen wären, doch es kamen immer neue Scharen von Flüchtlingen. Es sollte noch Stunden dauern, bis wir auf den Feind stießen.

Um zirka 9 Uhr morgens erlebten wir ein kleines Wunder. Ein mit Gewehren bewaffneter Zug von Vietnamesen näherte sich in Gefechtsformation unserem gut getarnten Auffangposten. Vorsichtshalber ließ ich mich nicht blicken, sie hätten mich wahrscheinlich für einen Franzosen gehalten und erschossen. Es war die erste Formation, die sich diszipliniert und ohne Materialverlust abgesetzt hatte, ein geordneter Rückzug also, der hier aber als Sensation galt.

Der Zugführer sprach ungehalten auf unseren Postenkommandanten ein. Er wollte sich uns weder anschließen noch die Waffen samt Munition abgeben. Die Diskussion zog sich in die Länge und wurde immer heftiger. Schließlich verließ ich meine Deckung und stellte mich direkt vor den wild schimpfenden Zugführer. Der starrte mich einige Sekunden lang erstaunt an, dann stellte er sich Habtacht und brüllte auf Vietnamesisch: „Zugführer Trang Van Lê meldet sich mit 28 Mann und ersucht darum, weiterziehen zu dürfen". Endlich erkannte ich ihn auch; er war einer meiner Schüler aus Phu Luong. Lê berichtete, dass er und seine Männer vor Plây Cu in eine Schießerei mit den Franzosen verwickelt worden waren. Sie flüchteten mit einem LKW, hatten aber 40 Kilometer vor An Khê eine Panne. In einem Gewaltmarsch erreichten sie schließlich den Pass und waren nun so müde, dass wir ihnen nicht zumuten könnten, mit uns zu kämpfen. Wir könnten sie aber auch nicht entwaffnen wie gewöhnliche Deserteure, meinte Lê, das verdienten sie einfach nicht.

Ich war ganz anderer Meinung. Bei uns hatte nicht einmal jeder Soldat ein Gewehr, es kam also gar nicht in Frage, dass wir die Waffen, Munition und Handgranaten wieder hergeben würden. Außerdem hatten wir auch nicht vor, den Pass ein paar Stunden zu halten. Wir wollten die Franzosen zumindest für einige Tage aufhalten, Lê konnte sich mit seinem Zug also getrost einen Tag lang ausruhen und dann mit uns kämpfen.

Nach kurzen, aber lautstarken Beratungen und einer Abstimmung, bei der alle die Hand hoben, blieben Lê und sein Zug auf dem Pass. Seiner Meinung nach würden die Franzosen erst in drei bis vier Stunden den An Khê erreichen. Er schätzte, dass sie erst am Morgen Plây Cu verlassen hatten und sich dem Pass mit einem Schnitt von 20 Stundenkilometern näherten. Wenn das stimmte, würden sie gegen Mittag auftauchen.

Um 10 Uhr vormittags hatten wir die Anhöhe komplett besetzt, und die Leute begannen, sich einzugraben. Das Feldtelefon war in unserem Kommandostand in der Höhle installiert, die Verbindung mit Binh Khê funktionierte. Auch der japanische Soldat mit seinem SMG war in Bereitschaft. Seine Tarnung war perfekt, daneben hatte er aber noch eine Ausweichstellung eingerichtet. Meinen Vorschlag, noch zwei schlecht getarnte Scheinstellungen mit Bambusattrappen zu bauen, quittierte er mit einem höflichen Lächeln. Seine Leute arbeiteten schon daran. Der Teufel sollte ihn holen! Wenn in unserem Verteidigungssystem alles so reibungslos funktioniert hätte wie die Verlässlichkeit des Japaners, hätten wir keinerlei Sorgen gehabt.

Unsere Vorbereitungen liefen gut, doch ich traute der Ruhe nicht. Was, wenn plötzlich das einzige Flakgeschütz eine Ladehemmung hatte? Die Franzosen hätten mehr oder weniger freie Bahn und würden uns überrennen. Damit das nicht passierte, wollte ich in einiger Entfernung an beiden Seiten der Straße einen Hinterhalt legen. Zwei unserer Züge würden dort auf die Franzosen warten und sie angreifen, wobei der Angriff selbst mit Handgranaten erfolgen sollte.

Công war nicht sehr angetan von dieser Idee, und auch mein vietnamesischer Bataillonskommandant nicht. Es war schwer, die beiden von der Richtigkeit meines Plans zu überzeugen, und das lag vor allem an gegenseitigen Sprachschwierigkeiten. Was nützte mir Sons Vollmacht, wenn mich mein Untergebener nicht verstand? Wenn ich diesen Einsatz überlebte, und sicher war ich mir dessen nicht, würde ich Vietnamesisch lernen, das gelobte ich mir.

Wir brachen unverzüglich auf. Ich marschierte am Ende unserer Abteilung, um bei entgegenkommenden Flüchtlingen keine Panik auszulösen. Die Vorsichtsmaßnahme erwies sich aber als überflüssig, denn wir begegneten keiner Menschenseele. Auch die französische Luftüberwachung hatte aufgehört, der Feind musste sich sehr sicher sein.

Ungefähr 700 bis 800 Meter von der Anhöhe entfernt verbarrikadierten wir die Straße. Die Franzosen sollten gezwungen sein anzuhalten, ehe wir das Feuer eröffneten. Nach einer weiteren Stunde bedächtigen Vorrückens kamen wir an eine Stelle, die für den Hinterhalt geeignet schien. Auf einer Geraden von 200 Metern endete das Unterholz beidseitig ungefähr fünf Meter vor dem Straßenrand. Der Dschungel war hier dicht bewachsen, aber nicht undurchdringlich. In Abständen von drei bis fünf Metern besetzten wir die Böschung auf beiden Seiten, wodurch wir eine Länge von rund 100 Metern unter Feuer nehmen konnten. Jeder von uns trug sechs Handgranaten mit; sobald wir sie geworfen hatten, wollten wir uns in den Dschungel zurückziehen.

Der Kompaniechef übernahm das Kommando auf der Nord-, ich selbst auf der Südseite. Rund zehn Meter vom Straßenrand entfernt fanden wir ein gutes Versteck, das auch genügend freien Wurfraum bot. Ich würde mit der ersten Granate das Angriffsignal geben. Sollte dies aus irgendeinem Grund nicht funktionieren, würde das Feuer automatisch beim dritten Wagen eröffnet. Der Plan war also wirklich einfach; das Dumme daran war nur, dass man dabei sterben konnte.

Die Mittagssonne stand bereits hoch und verbreitete eine lähmende Hitze. Ich lag auf der warmen Erde und hoffte, dass die Franzosen bald kommen würden. Die Spannung wurde langsam unerträglich. Mit dem Handrücken wischte ich mir die Schweißperlen von der Stirn und versuchte, nicht an kühles, klares Wasser zu denken. Dass es hier nichts zu trinken gab, war meine eigene Schuld, denn ich hatte die Mitnahme von Feldflaschen verboten.

Plötzlich fuhr ich erschrocken auf. Es dauerte einige Zeit, bis ich wusste, wo ich war. Ich war eingedöst, und der Motorenlärm der anrollenden Kolonne hatte mich geweckt. Es war bereits 2 Uhr nachmittags, die Handgranaten lagen vor uns im Gras. Ein Panzerspähwagen ratterte vorbei, nur wenige Meter hinter ihm der erste Transporter. Ich hörte die Soldaten singen, laut und deutlich. Dann kam der dritte LKW – und ich schleuderte die Granate. Der Motorenlärm ging in einem Inferno von Detonationen unter.

Die Spannung hatte sich gelöst. Innerhalb weniger Sekunden hatte jeder von uns seine Handgranaten geworfen. Es folgte ein Augenblick der Stille, dann ertönten französische Kommandorufe und Schreie von Verwundeten. Ich gab das Zeichen zum Rückzug. Die Franzosen schossen uns nach, aber in einen Wald hineinzuschießen, in dem man außer Blättern und Ästen nichts sah, konnte nur Zufallstreffer bringen.

Die Flucht durch den Dschungel war anstrengend. Die Männer waren müde, doch ich wollte sie so schnell wie möglich von hier wegbringen. Nach einiger Zeit ordnete ich an, wieder zurück auf die Straße zu gehen. Solange die Franzosen damit beschäftigt waren, uns an ganz anderer Stelle zu suchen, waren wir dort sicher. Der Bataillonskommandant war skeptisch, wagte aber nicht zu widersprechen. Drei Kilometer vom Pass entfernt kamen wir wieder auf die Straße zurück; vom

Zug, der auf der Südseite postiert gewesen war, fehlte jede Spur.

Plötzlich stellten die Franzosen das Feuer ein. Es war also möglich, dass sie jeden Augenblick mit den Autos hinter uns auftauchten. Niemand gab einen Befehl, aber alle begannen zu laufen, ich auch. Wieder war ich froh, dass ich vor nicht allzu langer Zeit Langstreckenläufer gewesen war.

Am Pass warteten sie bereits auf uns. Sie hatten Gefechtslärm gehört und sich Sorgen gemacht. Auch Công war froh, mich heil zu sehen.

Der Handgranatenangriff auf die Franzosen hatte den gewünschten Erfolg gehabt. Ihr Vormarsch verzögerte sich, und wir gewannen Zeit, unsere Stellungen am Pass auszubauen. Ob die Franzosen Verluste erlitten hatten, wusste ich nicht. Zwischen den Büschen konnten wir gerade genug sehen, um die Kolonne zu bewerfen, nicht aber die einzelnen Fahrzeuge und Insassen. Auf unserer Seite hatte niemand – trotz französischem Maschinengewehrfeuer, Mörser- und Artilleriebeschuss – einen Kratzer abbekommen.

Wieder und wieder ging ich in Gedanken den Angriff durch. Meine Granate war nicht explodiert, trotzdem waren mir die Soldaten sofort gefolgt. Merkwürdig, bei all den Übungen hatte ich noch nie einen Blindgänger erwischt. Ich rekonstruierte die ganze Situation nochmals. Halb aufgerichtet am Boden liegend, eine Granate in der Hand, fünf vor mir im Gras. Der Panzerwagen rasselte vorbei, dann der Wagen, auf dem gesungen wurde, dann der dritte. Ich entspannte mich und warf die Granate in hohem Bogen Richtung Kolonne. Und dann … nichts! Was zuerst nur ein Verdacht war, wurde bald zur Gewissheit: Ich hatte nicht abgezogen, die erste Granate nicht und auch die fünf anderen nicht. Jahrelang wurde ich trainiert, immer dieselbe Bewegung auszuführen, eine Bewegung, die beinahe zum Reflex geworden war, und nun hatte ich versagt. Mir war dieser Lapsus so unbegreiflich, dass er mir fast unheimlich war.

Um 16 Uhr rollte die französische Kolonne an. Der Motorenlärm war deutlich vernehmbar, unser Zug noch immer verschollen. Die Straßensperre war mit freiem Auge gerade noch sichtbar. Der Panzerspähwagen tauchte auf und hielt an, hinter ihm fünf weitere Fahrzeuge. Menschen stiegen aus und machten sich an der Sperre zu schaffen.

Die französische Vorhut bestand aus einer Kompanie. Wir warteten darauf, dass noch andere nachrückten, doch es kam niemand mehr. Unser Japaner stand in Bereitschaft. Ich nickte ihm zu und er feuerte. Die ersten Salven waren ohrenbetäubend. Zwischen den Feuerstößen des SMG hörte ich das Bellen unserer leichten Maschinengewehre. Wir schossen uns auf die Straßensperre ein. Bei den Franzosen herrschte Verwirrung, viele rannten in wilder Panik davon. Einige Minuten nach unserem Beschuss war von ihnen nichts mehr zu sehen, außer einem Transporter, den wir fahrunfähig geschossen hatten.

Um 17 Uhr begann das erwartete Mörser- und Artilleriefeuer, das den ganzen Pass überzog. Der Lärm war so gewaltig, dass man sein eigenes Wort nicht hören konnte. Wir waren in unseren Unterständen und konnten nichts tun als warten und hoffen, dass unsere eigenen Leute unter dem Schock des Metallhagels nicht flüchteten. Die Franzosen beschossen uns in regelmäßigen Abständen, zehn Minuten Beschuss, zehn Minuten Pause und so weiter, bis es stockfinster war.

Wir verbrachten eine unruhige Nacht. Um 8 Uhr morgens begann ein Trommelfeuer, das fast eine ganze Stunde dauerte. Wir erwarteten einen Angriff, und plötzlich ertönte Motorenlärm. Eine Staffel Spitfires stürzte aus den Wolken und lud ihre Bombenlast ab. Druckwelle um Druckwelle rollte über unsere Köpfe und in die Höhle. War das unser Ende? War von unserem Bataillon noch etwas übrig? Endlich drehten die Flugzeuge ab, und ich konnte mir vorstellen, dass sich die Franzosen die gleiche Frage stellten. Noch während des Angriffs waren sie vormarschiert, hatten mit ihrer Artillerie ein dichtes Sperrfeuer vorgelegt und waren jetzt an der magischen 700-Meter-Grenze angelangt. Der Japaner fing mit seinem SMG zu schießen an, und das Bataillon schaltete sich mit seinen Maschinengewehren dazu.

Der feindliche Vormarsch brach zusammen, die französischen Soldaten liefen zurück in ihr Lager. Zwei Stunden später kehrten die Spitfires zurück, und der Vorgang wiederholte sich. Wir hatten kaum Zeit etwas zu essen – die Franzosen wahrscheinlich auch nicht –, denn um 14 Uhr war die Staffel wieder an der Arbeit, desgleichen auch um 16 Uhr. In der Zwischenzeit absolvierte die Artillerie ihre Schießübungen mit großem Munitionsverbrauch.

Wir konnten vier Infanterieangriffe zurückstoßen, dann waren wir müde und erschöpft. Verluste hatten wir noch immer keine, weder Tote noch Verletzte, und auch der vermisste Zug war zurückgekehrt. Der Kompaniekommandant erging sich in Selbstbeschuldigungen; das französische Maschinengewehrfeuer hatte ihnen so stark zugesetzt, dass sie davongelaufen waren. Alle umliegenden Ortschaften waren jedoch von den Franzosen besetzt, also blieb ihnen nichts übrig, als wieder zum An Khê zurückzukommen.

Am nächsten Tag konnten wir unsere Uhren nach den Bombardements der Spitfires richten. Die Angriffe erfolgten um 9, 11, 14 und 16 Uhr. Wir hatten die ersten Verwundeten und transportierten sie sofort ab. Nachdem um 17 Uhr der letzte Infanterieangriff abgeschlagen war, freuten wir uns auf die Nacht mit ihrer relativen Ruhe.

Gegen Morgen riss mich eine ungewöhnlich starke Detonation aus einem Angsttraum. Ich hatte geträumt, dass die Franzosen die Anhöhe in die Luft jagen wollten. Ich trat vor den Höhleneingang und war innerhalb von Sekunden völlig durchnässt. Sturzbachartig prasselte der Regen vom Himmel. Es roch brandig, in unmittelbarer Nähe musste ein Blitz eingeschlagen haben. Bei diesem Wetter dürfte der übliche Spitfirebesuch ins Wasser fallen, und wirklich verlief der Morgen in paradiesischer Stille. Keine Flieger, nur hie und da eine Artilleriesalve, die uns darauf aufmerksam machte, dass man uns nicht vergessen hatte.

Obwohl unsere Leute in ihren Gräben bis zum Bauch im Wasser standen, waren sie über das Schlechtwetter hoch erfreut. Zu Mittag riss die Wolkendecke auf, und die stechende Sonne trocknete das Terrain in unglaublich kurzer Zeit. Der Urwald dampfte und die Hitze wurde unerträglich. Um 14 Uhr, zur gewohnten Zeit, tauchten die Spitfires auf und überschütteten uns mit einem Bombenhagel. Danach eröffneten die Franzosen ein einstündiges Trommelfeuer, und zwar nicht nur, um uns kleinzukriegen, sondern auch, um uns abzulenken. Die Soldaten kämpften sich währenddessen durch den Dschungel und griffen uns dann auf beiden Flügeln an. Damit hatten wir aber von Anfang an gerechnet und uns darauf vorbereitet. Nach einer viertelstündigen Schießerei war der Zauber vorbei, und die Franzosen zogen sich zurück.

Der Stellungskrieg war zermürbend. Nach drei Tagen intensiver Kämpfe wäre es am besten gewesen, die müden und erschöpften Truppen abzulösen, doch es war niemand verfügbar. Gegen 17 Uhr dieses Tages versuchten die Franzosen erneut, in der Mitte, wo sie ihre Fahrzeuge einsetzen konnten, durchzubrechen. Auch dieser Angriff scheiterte, doch langsam wurde uns die Munition knapp. Công bot an, aus Binh

Khê und Qui Nhon Munition und Verpflegung zu holen. Nach einem Telefonat mit der Nachschubbasis machte er sich mit einigen Männern auf den Weg.

Der nächste Morgen begann mit einem ungewohnten Programm. Um 7 Uhr früh setzte das Trommelfeuer in einer noch nie dagewesenen Stärke ein, kurze Zeit später tauchten auch die Spitfires auf. Offensichtlich gab es bei den Franzosen eine taktische Änderung, sie griffen uns nun auf der Straße und auf den Flügeln zugleich an. Sie hatten also nicht nur Artillerie-, sondern auch Infanterieverstärkung erhalten. Die Feuerstöße unseres SMG waren kurz und die Pausen lang, denn wir mussten jede Patrone sparen. Unser japanischer Schütze ließ die Gegner bis auf 500 Meter herankommen, bevor er die Salven abfeuerte. Zur gleichen Zeit konnten wir einen Angriff auf den linken Flügel und auf unseren Befehlsstand zurückschlagen.

Für unser SMG hatten wir noch 200 Schuss in Reserve, konnten also noch einem Angriff standhalten. Allerdings war das französische Feuer so stark und der Fliegerangriff so heftig, dass wir überlegten, den Pass sofort zu räumen. Wir hatten zwei Tote und 30 Verwundete. Mit vielen Gesten erklärte mir der Bataillonschef, dass es vernünftiger wäre, den An Khê gleich zu räumen und nicht zu warten, bis unsere Leute flüchteten.

Seine Argumente hatten etwas für sich; die Soldaten waren völlig erschöpft und in ihren notdürftig ausgebuddelten Stellungen um vieles schlechter dran als wir Privilegierten in unserer Höhle. Son hatte von mir verlangt, die Franzosen am Pass von An Khê zu stoppen. Das hatte ich erreicht, seit fünf Tagen hielten wir sie hier fest. Wenn Son also weiter um den Pass kämpfen wollte, musste er uns eine Ablöse schicken. Aber die hatte er nicht, und hätte er sie gehabt, hätte er sie wahrscheinlich nicht geopfert.

Ich gab dem Bataillonschef Recht, es war wirklich besser, aufzugeben. Seit der letzten Nacht im Regierungspalast von Hanoi hatte ich nicht mehr richtig geschlafen. Wie lange war das her? Sieben, acht, neun Tage? Ich wusste es nicht mehr genau. Ich wollte nur noch schlafen, richtig schlafen, womöglich in einem Bett, ohne Artilleriefeuer und ohne Luftangriffe. Kaum hatte ich mir das selber eingestanden, reduzierte sich plötzlich alles auf die Frage des geordneten Rückzugs. Nichts, rein gar nichts sollte zurückgelassen werden, weder Waffen noch Munition noch sonstige Ausrüstung.

Die Soldaten freuten sich. Der Telefonist, ein sympathischer Bursche, der während der letzten Tage hunderte Male „Dây Deo" – „Hier ist der Pass" – in den Hörer gebrüllt hatte, gab die Meldung aufgeregt weiter, dann packte er die Telefonausrüstung zusammen. Danach überbrachte ich unserem Japaner die Nachricht vom Rückzug. Mit Händen und Füßen erklärte ich ihm, dass er, sollten die Franzosen nochmals angreifen, seine restliche Munition verschießen und danach schnellstens samt seinem Flakgeschütz verschwinden sollte. Zuerst sah er mich erstaunt an, aber dann hörte ich förmlich zentnerschwere Steine von seinem Herzen fallen. „Hai!", brüllte er in einem Reflex aus Tennozeiten und stand stramm. Und wäre dieser Rückzug nicht ein so trauriges Erlebnis gewesen, hätte ich an dieser Stelle bestimmt gelacht.

Ein letzter Blick in die Höhle, alles war bereits in Sicherheit gebracht worden. Draußen zogen die abgekämpften Verteidiger des Passes in Einzelkolonnen vorbei, und ich schloss mich ihnen an. Auf der Ostseite des An Khê offerierte mir der Kommandant des Trosses ein ungesatteltes Maultier, aber ich war so schwach, dass ich nicht alleine aufsteigen konnte. Auf dem Rücken des Tieres zusammengekauert, muss ich wie der Ritter von der traurigen Gestalt ausgesehen haben.

Oberst Nguyên Dân

In Binh Khê angekommen, fiel ich zuerst in einen 48-stündigen Schlaf. Beim Aufwachen fand ich eine Nachricht von Son vor, der mir zum Sieg gratulierte und mich auf Urlaub schickte. Ich beschloss, für ein paar Tage nach Qui Nhon zu fahren.

Alle waren überzeugt, dass ich eine ruhmreiche Tat vollbracht hatte, alle waren stolz auf mich. Langsam wich die tiefe Niedergeschlagenheit, die ich auf dem Rückzug empfunden hatte. Doch die Gefechte am An Khê hatten mit einer Niederlage geendet, aber außer Công schien das niemand wahrhaben zu wollen. Und der gab mir die Schuld an dieser Niederlage.

Nach drei Tagen ließ mich Son per Chauffeur nach Quang Ngai holen. Zuerst besprachen wir die politische Lage, und er berichtete, dass Hô Chi Minh zu Verhandlungen nach Frankreich gefahren und Pham Van Dong ihm mit einer Delegation gefolgt war. Im Nam Bô hatte D'Argenlieu in der Zwischenzeit eine Marionettenregierung unter Thinh eingesetzt und damit die Bestimmungen des Abkommens eindeutig gebrochen, die vorsahen, dass das Schicksal Südvietnams vom Ausgang einer Volksabstimmung abhängig gemacht werden sollte.

Anschließend kam er auf sein eigentliches Anliegen zu sprechen. Vom Genossen Giap hätte er den ehrenvollen Auftrag erhalten, Công und mir Dank und Anerkennung zu übermitteln. Und in Anbetracht unserer großen Verdienste war er vom Verteidigungsministerium bevollmächtigt worden, mich zum Oberst und Công zum Oberstleutnant zu ernennen. Ich war sprachlos, aber die Freude war noch größer als die Überraschung. Ich war 31 Jahre alt, und ich war Oberst Nguyên Dân, ein Oberst der vietnamesischen Armee.

Son stellte mir auch einen Sekretär zur Verfügung, Genossen Bang, einen jungen, enthusiastischen und wissensdurstigen Mann, der zukünftig nicht nur als mein Dolmetscher fungierte, sondern mich auch zu allen Sitzungen und Gesprächen begleitete. Mit seiner Hilfe war es mir nun endlich möglich, einen oft wiederholten Vorsatz in die Tat umzusetzen: Ich lernte Vietnamesisch.

Anfangs erschien mir diese Sprache genauso undurchdringlich wie der tropische Dschungel, und ich war des Öfteren kurz davor, aufzugeben. Doch sobald ich die Intonation zumindest in den Grundzügen begriffen hatte, merkte ich, wie es vorwärts ging. Bald schon konnte ich kurze Zeitungsartikel nicht nur lesen, sondern auch verstehen.

Ich widmete meinem Sprachstudium viel Zeit und Energie und überließ Công die Betreuung der deutschen Legionsdeserteure, die in Quang Ngai interniert waren. Ihre Geschichten glichen einander wie ein Ei dem anderen: Dienst in der Hitlerarmee, Gefangennahme durch die Franzosen, Lager, Hunger und freiwillige Meldung zur Legion. In unseren deutschsprachigen Flugblättern und Zeitungen forderten wir sie immer wieder zur Desertion auf. Wenn sie kamen, mussten wir sie zuerst politisch erziehen. Zweimal wöchentlich hielt ich einen Schulungskurs ab. Dabei merkte ich, wie bei den deutschen Legionären alles, was nicht mit der Naziideologie vereinbar war, auf taube Ohren stieß. Der Kampf um den Nam Bô, also um die nationale Einheit, bereitete ihnen aber keine Schwierigkeiten; für sie war das ein Kampf für „ein Volk, ein Reich, ein Führer“, wobei hier eben Hô Chi Minh der Führer war.

VIỆT NAM DÂN CHỦ CỘNG HÒA
dôc lâp — tu do — hanh phuc

CHUNG MINH THU DAC BIET
BO QUOC PHONG

Số 74-QP
Cấp cho ông Đại Tá Nguyễn Dân
Chức vụ

Yêu cầu các cơ quan kháng chiến, quân sự đặc biệt giúp đỡ về mọi phương diện: giao thông, vận tải, huy động người, v.v... để công việc được thi hành cấp tốc.

Ngày ... tháng XII năm 1949
Bộ Trưởng Bộ Quốc-Phòng
Ta Quang Buu

Sonderausweis des Verteidigungsministeriums für Ernst Frey alias Oberst Nguyên Dân, unterzeichnet von Verteidigungsminister Ta Quang Buu

Eines Tages meldeten sich zwei Burschen, die wahre Wunder über deutsche Flammenwerfer erzählten und behaupteten, sie für die vietnamesische Armee bauen zu können. Dazu benötigten sie nur einige wenige Materialien. Eigentlich war ich skeptisch, aber da wir dringend Waffen benötigten, wollte ich es zumindest versuchen. Die zwei Ex-Legionäre erhielten von uns eine Werkstätte und begannen mit der Bastelei, die in den folgenden Wochen immer aufwendiger und komplizierter wurde. Um den Flammenwerfer fertigstellen zu können, bräuchten sie, so ließen sie mich wissen, ganz spezielle Druckflaschen und Ventile, die ich aber im Khu IV nicht auftreiben konnte. Also beschloss ich, nach Hanoi zu fahren.

Son weigerte sich mitzukommen. Er war zutiefst besorgt. Die Aussichten auf ein Arrangement mit Frankreich waren auf den Nullpunkt gesunken. Zuerst hatte man Hô Chi Minh in Biarritz wie einen Bittsteller warten lassen, dann waren die Verhandlungen überraschend nach Fontainebleau verlegt worden. D'Argenlieu hatte in der Zwischenzeit in Dalat eine „Indochinesische Gesamtkonferenz" inszeniert, bei der zwar die Marionettenregierung unter Thinh und das von Frankreich abhängige Laos und Kambodscha teilnahmen. Der wichtigste Gesprächspartner aber fehlte: die Demokratische Republik Vietnam. Mit ihr „verhandelte" man in Frankreich.

Dann kehrte Pham Van Dong mit der vietnamesischen Delegation nach Hanoi zurück, doch der „Alte" blieb gegen jede Vernunft in Paris. Offiziell hieß es, dass Hô Chi Minh noch immer die Hoffnung habe, den Frieden zu retten, doch wir fragten uns, ob die Franzosen ihn nicht insgeheim verhaftet oder gar beseitigt hätten. Mit der Konferenz von Dalat hatte Frankreich Vietnam indirekt den Krieg erklärt; wir erwarteten daher auch keinen Frieden, sondern im Gegenteil Kämpfe.

Nach zwei Wochen hatte ich meine Stahlflaschen, Ventile und sonstiges Zeug zusammen und beschloss, unverzüglich abzureisen. In Khu IV erwartete mich bereits eine sensationelle Nachricht: Hô Chi Minh hatte mit den Franzosen doch noch zu einem Übereinkommen gefunden. Der so genannte „Modus vivendi" sollte weitere Feindseligkeiten verhindern bzw. sie zumindest verzögern. Der Passus hinsichtlich des Nam Bô schien dem „Alten" besonders wichtig gewesen zu sein, denn hier wurde nochmals auf die vereinbarte Volksabstimmung hingewiesen. Hô Chi Minh hätte, so hieß es, sofort nach Unterzeichnung des Dokuments die Heimreise angetreten; das wurde auch langsam Zeit, denn er war schon den vierten Monat außer Landes.

Wir mussten nun der Bevölkerung, wie seinerzeit nach dem 6. März, den „Modus vivendi“ erklären. Das Vertrauen in die Verhandlungskunst des „Alten“ war zwar beim Großteil der Vietnamesen ungebrochen, doch hatte sein einsamer Entschluss die Partei überrascht und in ihrer Gesamtheit vor große Probleme gestellt.

Ich reiste also von Versammlung zu Versammlung und hielt Ansprachen, meist mit großem Erfolg, denn ich sprach Vietnamesisch, was mir sofort das Wohlwollen der Zuhörer eintrug. Công war in Quang Ngai geblieben, um sich mit den deutschen Waffenbastlern zu befassen. Die ersten beiden Flammenwerfer wurden nun, nach dreimonatiger Entwicklungszeit und konstanten Fehlschlägen, erprobt, doch das Ergebnis war erschütternd. Der erste Apparat funktionierte überhaupt nicht, und der zweite hatte eine Reichweite von vier Metern bei einer Brenndauer von ein paar Minuten. Jetzt war klar, dass die vietnamesische Armee auch in der nächsten Zeit auf Flammenwerfer verzichten musste.

Als ich in den Khu zurückkehrte, empfing mich Công mit der Neuigkeit, ein Komplott der deutschen Ex-Legionäre aufgedeckt zu haben. Die beiden Flammenwerferkonstrukteure hätten den Unmut der anderen angestachelt, und einige von ihnen hätten geplant, die „undankbare“ vietnamesische Republik zu verlassen und zu den verhassten, aber immerhin „zivilisierten“ Franzosen zurückzukehren. Bei den Verhören stellte sich aber heraus, dass ihr Fluchtplan noch nicht ausgereift genug gewesen war, um in die Tat umgesetzt zu werden.

Wir ließen die „Verschwörer“ schließlich frei. Es hatte sich herausgestellt, dass wir es nicht mit Kapitalverbrechern, sondern eher mit erschöpften und harmlosen Phantasten und Abenteurern zu tun hatten. Als sie zu uns kamen, war ihr oberstes Ziel nicht die vietnamesische Revolution, sondern wegzukommen von den Franzosen und von der Legion. Die erfolgreiche Desertion machte sie glücklich, doch schon bald stellten sich die ersten Enttäuschungen ein. Da waren einmal die „Annamiten", die sich hier Vietnamesen nannten. Bisher hatten sie dieses „Zwergvolk" nur als devote Diener kennengelernt; jetzt aber traten diese Menschen selbstbewusst und ihnen gegenüber äußerst reserviert auf. Außerdem hatte keiner von ihnen im Voraus bedacht, dass es die angenehmen Einrichtungen der Legion wie Alkohol, Amüsement, Kino etc. beim Viêt Minh nicht gab. So wuchs ihre Enttäuschung und Verbitterung von Tag zu Tag, bis schließlich der gleiche Denkprozess einsetzte, der sie seinerzeit zur Desertion von der Legion bewogen hatte. Sie wollten nur noch weg von hier, was immer sie auch auf der anderen Seite erwartete.

Im November erreichte uns die Meldung vom Selbstmord von Dr. Thinh. Als Ursache für den Freitod gaben wir in unserer Presse seine späte Reue über den Verrat an Vietnam an, vor allem weil dieses Motiv wunderbar in unser propagandistisches Konzept passte. Ob es allerdings der Wahrheit entsprach, bezweifelte ich. Doch was immer ihn bewogen hatte, aus dem Leben zu scheiden, der Plan, die nationale Einheit und damit Hô Chi Minh zu verhindern, war gescheitert. Die Franzosen fanden zwar einen Nachfolger für Thinh, den ehrgeizigen Oberst Xuân, doch wir waren davon überzeugt, dass auch er ein schlimmes Ende nehmen würde. Mit Ausnahme der großen Städte stand der Nam Bô geschlossen unter unserer Verwaltung; die Bevölkerung hatte den ersten Schrecken der Reokkupation überwunden und führte einen zähen und erfolgreichen Guerillakrieg gegen die französischen Truppen.

Das waren die guten Nachrichten, die schlechten bestanden darin, dass die Franzosen laufend Verstärkung erhielten und ihre Armee, die ja laut Abkommen vom 6. März nicht mehr als 15.000 Mann haben durfte, bereits auf 35.000 Soldaten angewachsen war. Wie wir erfuhren, war geplant, diese Zahl auf 100.000 zu erhöhen.

Auch der vertraglich festgelegte Aktionsradius der Garnison wurde laufend erweitert. Das brachte uns in eine schwierige Situation; wehrten wir uns dagegen, würden die Franzosen heftig gegen diese „Provokationen" des Viêt Minh protestieren, und nahmen wir die Übergriffe hin, verloren wir bei der Bevölkerung an Glaubwürdigkeit. Auch in der Verwaltung war das zu beobachten; zäh und verbissen versuchten die Franzosen, in den von ihnen kontrollierten Zonen wieder die alte Kolonialverwaltung herzustellen. Wir waren uns zwar nicht sicher, ob Paris diese Politik wirklich billigte, doch hier wurde sie Zug um Zug umgesetzt. D'Argenlieus Ziel war, uns durch ein immer stärkeres Beschneiden unserer politischen und militärischen Positionen so sehr zu schwächen, dass der Niedergang des Viêt Minh unaufhaltsam war. Er und seine Generäle planten unsere schrittweise Kapitulation, und sollte das misslingen, konnte man ja noch immer zum offenen Krieg übergehen.

Während sich die Situation also sukzessive zuspitzte, reiste ich durch das teilweise unwegsame Gebiet des Khu IV. Neuerliche Misstöne in der ohnehin angespannten Beziehung zwischen dem unabhängigen Vietnam und der „Französischen Union" konnten nicht ausbleiben, und sie kamen von französischer Seite. Der in Hanoi und Haiphong kommandierende französische General Morlière ließ ausrichten, dass die vietnamesische Polizei bis spätestens 21. Dezember unter sein Kommando zu stellen sei. Sollte dem französischen Ansuchen nicht Folge geleistet werden, würden die französischen Truppen selbst für Ruhe und Ordnung sorgen. Dieses Ultimatum, das in den Straßen von Hanoi und Haiphong mittels Anschlägen publik gemacht wurde, lief am 11. Dezember ab.

Das Ultimatum war ungeheuerlich; akzeptierten wir die Forderungen Morlières und übergaben den Franzosen den Bereich innere Sicherheit, so verloren wir unsere Eigenstaatlichkeit und kehrten zum Kolonialsystem zurück. Auch die Führungsrolle Vietnams im Unabhängigkeitskampf der indochinesischen Völker hätten wir damit aufgegeben. Lehnten wir die Forderungen aber ab und ließen das Ultimatum verstreichen, so bedeutete das Krieg.

Wir beantworteten das Ultimatum nicht, das war unter unserer Würde. Was nun zu tun blieb, war, uns für den 22. Dezember ab null Uhr auf eine Generaloffensive der Franzosen vorzubereiten.

Ich setzte die Garnison von Quang Tri in Alarmzustand und organisierte Verteidigungsübungen. Während einer solchen Übung erreichte mich Sons Befehl, sofort nach Quang Ngai zu kommen. Er hatte ein Telegramm von Giap erhalten, das mich unverzüglich nach Hanoi beorderte. Mein Marschbefehl war nicht von der Partei an den Genossen, sondern vom Verteidigungsministerium an Oberst Nguyên Dân gerichtet. Es musste sich also um eine militärische Angelegenheit handeln.

Ich verabschiedete mich von Bang. Ich hätte ihn gerne mitgenommen, scheiterte jedoch an der regionalen Parteibürokratie. Da er nicht Mitglied der Armee war, unterstand er auch nicht deren Befehlsgewalt. Mit viel Zeit wäre es möglich gewesen, ihm die Genehmigung zu verschaffen, doch Zeit hatte ich keine. Bang war mir nicht nur ein guter Sekretär, sondern auch ein guter Freund gewesen. Und schlussendlich verdankte ich meine vietnamesischen Sprachkenntnisse und viele wertvolle Aufschlüsse über die Mentalität der Menschen dieses Landes seiner Beharrlichkeit.

So fuhr ich allein in Sons Auto samt Chauffeur auf der durch zahllose Furten unterbrochenen Straße nach Hanoi. Ich hielt wie gewöhnlich in den Bezirkshauptstädten an, um mit den Vorsitzenden der Provinzverwaltungen die neuesten Nachrichten auszutauschen. Darüber, dass wir an der Schwelle zu einem neuen Krieg standen, waren wir uns alle einig.

Der 19. Dezember 1946

Ich freute mich von ganzem Herzen, Giap wiederzusehen. Wir wechselten einige Worte auf Vietnamesisch, bevor er zur Sache kam. Er wollte wissen, wie ich auf das Ultimatum reagieren würde. Ich hielt es, wie gesagt, für das Beste, es verstreichen zu lassen, war aber davon überzeugt, dass man sich in der gleichen Zeit auf einen französischen Angriff vorbereiten sollte. „Und warum willst du diesen Angriff abwarten?", meinte Giap mit einem ironischen Lächeln. „Weil ich eure Vorsicht kenne und nicht in den Verdacht kommen will, abenteuerliche Vorschläge zu machen."

Giap erhob sich. Sein Lächeln war verschwunden, selbst die Grübchen auf seinen Wangen zeigten sich nicht mehr. „Wir haben aber genau diesen Weg gewählt. In zwei Tagen, am 19. Dezember, werden wir die Franzosen angreifen. Beim Stand unserer Ausrüstung und wegen dem Mangel an ausgebildeten Soldaten wäre ein schneller Erfolg zwar ein Wunder, aber wir wollen, dass die Initiative von uns ausgeht und sich die Franzosen nach uns richten müssen, nicht umgekehrt. Der 19. Dezember wird das Ende der französischen ‚Knabberpolitik' sein, aber vielleicht auch der Anfang eines langen Krieges. Und diesen Krieg werden wir gewinnen!"

Die Vorbereitungen für den Sturm auf die Zitadelle liefen bereits auf Hochtouren. Sämtliche Regierungsstellen waren evakuiert worden, und Hô Chi Minh selbst hatte die Résidence Supérieure vor Tagen unbemerkt verlassen und befand sich nun in einem sicheren Versteck in den Bergen. Nur Giap fuhr noch dann und wann in den Regierungspalast, in dem aber nur mehr das Militär und die Polizei untergebracht waren.

Ich bekam immer mehr den Eindruck, dass Giap Angst hatte, die Zitadelle halten zu müssen. Dafür waren seine Soldaten nicht ausgerüstet. Er und seine Truppen kämpften am besten im unwegsamen Bergland; dort hatte Giap vor zwei Jahren auch die ersten bewaffneten Einheiten des Viêt Minh organisiert. Er ahnte wohl, dass Kämpfe in den Städten zu Schlappen führen würden, und ließ für den Fall der Niederlage detaillierte Vorkehrungen ausarbeiten. Hanoi, Haiphong und Nam Dinh sollten, falls die französischen Gegner siegten, sofort evakuiert und mit einer Politik der verbrannten Erde überschwemmt werden. Die Bevölkerung war sodann auf einen langen und schweren Guerillakrieg vorzubereiten.

Giap hatte mich der Artillerie zugeteilt, die einige Kilometer außerhalb von Hadong Stellung bezogen hatte. Sie unterstand meinem alten Bekannten Vuong Thua Vu, der inzwischen ebenfalls Oberst war. Das Wiedersehen mit ihm verlief um einiges herzlicher als unser seinerzeitiger Abschied. Meine Vietnamesischkenntnisse reichten nun bereits so weit, dass wir uns, obwohl Vu kein Französisch sprach, flüssig unterhalten konnten.

Die Artillerie, von der Giap gesprochen hatte, bestand aus zwei Batterien alter, aus dem Ersten Weltkrieg stammender 75 mm-Kanonen. 1914 waren sie der Alptraum der deutschen Infanterie gewesen, doch nun, im Zeitalter der Atomwaffen, besaßen sie nur geringe Abschreckungskraft. Auch hatten sie kleinere Mängel, so zum Beispiel keine Zielvorrichtung; wir stellten die Kanonen deshalb in größter Reichweite zur Zitadelle auf. Wenn man unter 45 Grad abschoss und die Richtung stimmte, mussten die Geschosse haarscharf in der Zitadelle landen.

Eine weitaus schwerwiegendere Unannehmlichkeit war die Munitionsknappheit. Unsere Fabriken konnten zwar, wenn man ihnen die Patronenhülsen zur Verfügung stellte, 8 mm-Gewehrmunition herstellen; Artilleriemunition aber mit ihrem überaus komplizierten Zündsystem konnten sie nicht produzieren. Hier waren wir auf Originalprodukte angewiesen, und die waren eher rar.

Ich war also Vus Hauptquartier zugeteilt, das sich in einem Zweifamilienhaus am Südrand von Hanoi, in Hadong, befand. 20 Mann waren hier auf engstem Raum untergebracht. Obwohl es in der vietnamesischen Armee üblich war, mit den Hühnern schlafen zu gehen, konnte am Abend des 19. Dezember 1946 davon keine Rede sein. Zur Stunde X, in der das Spektakel starten sollte, strömten wir ins Freie, obwohl wir genau wussten, dass auf diese Distanz weder Maschinengewehrfeuer noch Detonationen von Handgranaten zu hören waren.

Um 2 Uhr morgens wurden wir durch ein plötzliches Getöse aus dem Schlaf gerissen. Hätte ich nicht am Boden gelegen, wäre ich wahrscheinlich aus dem Bett gefallen. Draußen zuckten feurige Blitze, und das ganze Haus erbebte. Unsere 75-mm-Geschütze schossen aus allen Rohren. Der Überfall auf die Zitadelle war also – programmmäßig sozusagen – gescheitert.

Die Armee, die dort eingesetzt war, bestand hauptsächlich aus dem Hanoier Hausregiment, das den stolzen Namen „Trung Doah Thu Do" – „Regiment Hauptstadt" – trug. Es war verabredet, dass es sich nach dem Scheitern des Angriffs auf die Zitadelle zu uns nach Hadong zurückziehen sollte, doch wir warteten vergebens.

Die Nachrichtenübermittlung war zusammengebrochen, stattdessen kursierten zahlreiche Gerüchte. Dann, am 24. Dezember, erfuhren wir aus sicherer Quelle, dass das Hausregiment nicht aufgerieben, sondern ihm von den französischen Truppen der Rückzug abgeschnitten worden war. Die Soldaten waren nun von allen Seiten eingeschlossen; das Paradoxe daran aber war, dass sich die Franzosen in Hanoi belagert fühlten. Vor allem durch unser kontinuierliches Artilleriefeuer glaubten sie, einem starken Feind gegenüberzustehen, und gleichzeitig ließen wir dadurch auch unsere Leute lautstark wissen, dass wir sie noch nicht aufgegeben hatten. Unsere beiden lächerlichen Batterien taten also ganze Arbeit. In der Tat war es für einen französischen Militär unfassbar, dass jemand seine Artillerie ohne ausreichende Infanteriedeckung in Stellung brachte. Der Beschuss musste aus acht Rohren stammen, vor denen er ein bis zwei Regimenter Infanterie vermutete. Dass Giap in seiner Genialität – oder auch Ahnungslosigkeit – nur zwei Kompanien vor Hadong stehen hatte, widersprach jeglicher Kriegstaktik.

Inzwischen hatten die Franzosen allerdings herausgefunden, dass sich unsere Operationsbasis in Hadong befand und erwiderten das Feuer mit weitreichenden 105 mm- und 130 mm-Kanonen. Unsere Munitionsvorräte schmolzen in Rekordzeit; wir konzentrierten den Rest auf eine Batterie und sprengten vier wertlos gewordene 75 mm-Geschütze. Daneben hielten wir unsere Truppen in ständiger Bewegung, um so große Massierungen vorzutäuschen. Allerdings hätte es genügt, wenn die Franzosen nur einmal mit Panzern in Hadong aufgetaucht wären, um zu sehen, dass wir gar nicht imstande waren, Hanoi zu belagern. So lange wir aber unser nächtliches Bombardement fortsetzten, dachten sie nicht daran, ihre Bunker zu verlassen.

Weihnachten ging vorbei, dann der Silvesterabend 1946/47. Am Dreikönigstag wurden in meiner alten Heimat die Christbäume abgeräumt, während wir hier unsere letzte Batterie in die Luft jagten. Nach Rücksprache mit Giap beschlossen Vu und ich, die Intervalle unserer Angriffe noch zu vergrößern, um bis zum 12. Januar durchhalten zu können. Dadurch würde sich natürlich auch das Risiko eines französischen Ausbruchs vergrößern, weil unsere Gegner nun wahrscheinlich merkten, dass wir aus dem letzten Loch pfiffen. Aber vielleicht glaubten sie auch, dass es sich um eine Kriegslist handelte.

Über das militärische Vorgehen war ich mit Giap einer Meinung, über die Darstellung der Ereignisse des 19. Dezember in der Presse allerdings nicht. Ich konnte nicht verstehen, dass man sie der Bevölkerung nicht als das erklärte, was sie waren: eine Abwehrreaktion auf das Morlière-Ultimatum und die seit Monaten praktizierte französische „Knabberpolitik". Nirgends wurde geschrieben, dass wir in berechtigter Selbstverteidigung die Franzosen angegriffen hatten, sondern sie uns. Diese Verdrehung der historischen Wahrheit störte mich und hatte einen bitteren Nachgeschmack.

Hässlich war auch das trübe, regnerische Wetter, das die zerschossenen und ausgebrannten Häuser noch trostloser erscheinen ließ, als sie in Wirklichkeit waren. Es nieselte und war für nordvietnamesische Verhältnisse sehr kalt. Gemeinsam mit Vu begab ich mich auf eine Inspektionstour. Bis zu den schwach besetzten Stellungen unserer vordersten Linien waren es rund zwei Kilometer. Nebelschwaden zogen über die brach liegenden Reisfelder und verstärkten den Eindruck nasskalter Melancholie. Wir passierten eine kleine Baumgruppe, die wie eine Oase inmitten des Trümmerfelds zerstörter Ziegelhäuser auftauchte. An jeden Baum war ein Erschossener angebunden. „Viêt Gian – Verräter", meinte Vu und spukte einige Male kräftig aus. Sie mussten bereits seit Tage dort hängen, aber niemand kümmerte sich darum, niemand begrub die Leichen, auch Vu und ich nicht.

Noch am selben Tag begannen die Franzosen mit einem ungewöhnlich starken Bombardement von Hadong. Und noch während das Feuer andauerte, wurden wir Zeugen einer Geisterinvasion, die wir fassungslos und ungläubig bestaunten. Vor uns standen die Männer des seit drei Wochen eingeschlossenen Hausregiments. In mühevoller Kleinarbeit hatten sie Stollen gegraben, durch die sie aus der französischen Umklammerung flüchten konnten. Doch da die Gräben an vielen Stellen nur Platz für je einen Mann boten und das Regiment überdies seine Waffen und Munition nicht zurücklassen wollte, hatte die Evakuierung entsprechend lange gedauert. Doch nun standen sie vor uns – wie Geister, die aus der Versenkung auftauchten.

Jetzt gab es keinen Grund mehr, die unhaltbaren Stellungen an der Front von Hadong weiter besetzt zu halten. Nach diesem dreiwöchigen Kampf um Hanoi gingen wir zu unserer neuen Strategie über, d.h. die großen, schwer zu verteidigenden Städte aufzugeben, unsere Stützpunkte auf dem Land zu konsolidieren, in den besetzten Gebieten Angriffe durchzuführen und allerorts eine Politik der verbrannten Erde zu betreiben.

Hatte ich anfangs noch gedacht, dass es sich beim Begriff „verbrannte Erde" um reine Propaganda handelte, wurde ich bald eines Besseren belehrt. Laut Beschluss des Politbüros war die restlose Zerstörung des bewohnbaren Siedlungsraumes die strategisch wichtigste Aufgabe, und ihre Durchführung wurde bitter ernst genommen. Wo immer die Franzosen hinkamen, nirgends sollten sie intakte Häuser, Straßen oder Brunnen vorfinden.

In Son Tay konnte ich mich wenig später mit eigenen Augen davon überzeugen. Unter Gesang und Jubel rissen die Vietnamesen ihre eigenen Häuser nieder und folgten damit der Parole des Präsidenten, dem Feind nichts zurückzulassen außer Trümmer und verbrannte Erde. Über all dem prangten Spruchbänder mit Parolen von dem noch in Ferne liegenden, aber unumstößlichen endgültigen Sieg, den wir einst erringen würden. Die Stimmung riss alle Dorfbewohner mit; der Gedanke, dass es sich dabei um einen geschickt gelenkten Anfall kollektiven Wahnsinns handeln könnte, kam uns nicht in den Sinn. Es war, als erlebten wir die vietnamesische Revolution und den Widerstandsgeist in einer Intensität wie nie zuvor.

Wir waren uns im Klaren, dass die Franzosen über diese Aktionen Bescheid wussten. Allerdings glaubten sie, dass die Viêt Minh-Kämpfer die Menschen mit vorgehaltener Waffe zwingen würden, die Häuser zu zerstören und die Städte zu verlassen. Dem war nicht so, doch es nutzte nichts, die Wahrheit zu sagen. Dass die Einheimischen die mühsam erworbenen Heime jubelnd in Schutt und Asche legten, nur weil es Präsident Hô Chi Minh verlangte, wollte niemand glauben. Und damit machten sich die Franzosen auch falsche Vorstellungen über unsere militärische Stärke, denn wir hätten niemals genügend Kräfte gehabt, um gegen den Willen der Bevölkerung vorzugehen.

Die Zerstörung von Kasernen, Regierungs- und Verwaltungsgebäuden, Industrieanlagen, Elektrizitätswerken usw. übernahmen Sprengstoffspezialisten, wobei vor allem einer von ihnen Giap Kopfzerbrechen bereitete. Sprengmeister Lê Van Lam war überzeugter Katholik und ehemaliger Pfadfinderführer und vom Kommunismus weiter entfernt als Paris von Hanoi. Für Lam gab es nur drei Sachen, an die er glaubte – an den lieben Gott, an Hô Chi Minh und an die Notwendigkeit, Vietnam dem Zugriff der Franzosen zu entziehen. Mir teilte Giap nun die Aufgabe zu, den Sprengmeister und die ihm zugeteilten Soldaten militärisch zu unterstützen, sie aber auch gleichzeitig politisch zu überwachen.

Mit ein paar Männern brach ich nach Tong auf, und als ich Lam schließlich traf, entsprach er so gar nicht den Vorstellungen, die ich von einem Pfadfinderführer hatte. Er hatte weder militärische Allüren noch autoritäres Gehabe, im Gegenteil. Mit seinen 55 Jahren, seinen hageren Beinen in übergroßen Shorts und der zerbissenen Shagpfeife, die er nicht einmal zum Sprechen aus dem Mund nahm, wirkte er überaus gemütlich und freundlich. Dazu war er hochgebildet, hatte in Frankreich Bergbauwesen studiert und sprach ein nahezu untadeliges Französisch, das mich ob der vielen Fachausdrücke sehr begeisterte.

Theoretisch erschien unsere Aufgabe recht einfach: mit einem Minimum an TNT einen maximalen Zerstörungseffekt zu erzielen. Dazu mussten zum einen die Bohrlöcher dort angebracht werden, wo die statisch größte Belastung wirkte, zum anderen musste die Sprengstoffladung richtig geschätzt werden.

Bald war ich, in der Theorie zumindest, der perfekte Zerstörungstechniker, der es kaum erwarten konnte, sein neues Wissen in die Tat umzusetzen. Lam war von mir begeistert, in mehrerlei Hinsicht. Dass ein Europäer die Anliegen der bislang verachteten und geächteten Vietnamesen unterstützte, versetzte ihn in großes Erstaunen. Er wusste, dass ich Kommunist war, aber ich sei, wie er mir gestand, der erste, der das auch offen zugab. Seine enthusiastische Bewunderung für Hô Chi Minh, für die vietnamesische Freiheitsbewegung und damit auch für die Leistungen des Viêt Minh war echt. In voller Überzeugung erklärte er mir, dass er in dem Augenblick, in dem die Kommunisten Religion nicht bloß dulden, sondern sie als menschliche Notwendigkeit, ja als unabdingbares Bedürfnis jedes Einzelnen anerkennen würden, sofort mit Leib und Seele für den Kommunismus eintreten würde. Dass er unter dieser Voraussetzung niemals Kommunist würde, war ihm nicht bewusst.

Für mich war Lam ein liebenswürdiger und liebenswerter alter Mann, und obwohl nicht die geringste physische Ähnlichkeit bestand, erinnerte er mich doch an den Major. Auch zu ihm entwickelte sich, trotz aller ideologischen Differenzen, ein Freundschaftsverhältnis, wobei unsere unterschiedlichen Weltanschauungen keine Abgründe bildeten, sondern ständig für neue Gespräche sorgten.

Nach jeder gelungenen Detonation, nach jedem mit Seilen und Spitzhacke herbeigeführten Mauereinsturz führten wir Freudentänze auf. Wichtig war, die Mauern so zum Einsturz zu bringen, dass sie dabei weitere Gebäudeteile mitrissen. Wir arbeiteten von 6 Uhr früh bis 18 Uhr abends ohne Unterbrechung, und über uns schwebte konstant eine 20 bis 40 Meter hohe Staubwolke.

Nach der Zerstörung der Garnisonsstadt Tong sollten die beiden Provinzhauptstädte Phu Tho und Vinh Yen folgen, zwischen denen das siedlungsmäßig zwar kleine, aus kolonialistischer und militärischer Sicht aber sehr bedeutende Viêtri lag. Mein Herz machte einen Freudensprung – ich würde Viêtri wiedersehen, jenen Ort, den ich als Korporal der Fremdenlegion kennengelernt und später als privilegierter Sergent bewohnt hatte, jene Stadt, in der ich zu meinen alten, längst verloren geglaubten Idealen zurückgefunden und in der ich die erste und wahrscheinlich auch letzte kommunistische Zelle innerhalb der Fremdenlegion gegründet hatte. Viêtri, das ich vor zwei Jahren als todgeweihter, gelbsüchtiger Kriegsgefangener verlassen hatte, sollte nun unter meinem Kommando in die Luft fliegen, weil ein ehemaliger Pfadfinderführer und Bergbauingenieur mir die Gelegenheit dazu gab.

Ich genoss den Augenblick, als sich das Dach des Foyers, in dem die Offiziersgesellschaft allabendlich ihren Marschall Pétain auf der Leinwand bewundert und später die Japaner ihre Kriegsgefangenen gepeinigt hatten, durch den Druck der Detonation steil in die Luft hob und dann mit einem gewaltigen Krachen zu Boden sauste. Nichts blieb von der Kantine außer Staub, Bergen von Schutt und verbogenen Eisentraversen.

Wir zerstörten jedes einzelne Gebäude der ehemaligen Kaserne, die Offiziersgebäude, die Schlafräume, den Speisesaal, die Küche und auch das Büro des Majors, in dem sich früher die „Reliquien" einstiger Siege befunden hatten, das aber nun völlig leer war. Bei Einbruch der Dunkelheit war alles mit Ausnahme des Lazaretts platt gewalzt.

Auf dem Weg nach Phu Tho holte uns ein Bote mit einem Schreiben von Giap ein, in dem er mich bat, schnellstens nach Hoa Binh zu kommen, wo mich neue Befehle erwarteten. Ich verabschiedete mich von Lê Van Lam; die Zerstörung von Viêtri war mir eine persönliche Befriedigung gewesen, aber es war kein Unglück, wenn solche Aktionen zukünftig ohne mein Zutun durchgeführt wurden.

Ich hatte nicht erwartet, Giap in Hoa Binh zu treffen, dazu war der Ort viel zu exponiert. Es warteten auch bereits zwei Verbindungsmänner auf mich, die mich zu Giap führen sollten.

Meine beiden Begleiter waren bloßfüßig, unbewaffnet und trugen die ärmliche, braune Kalikokleidung der vietnamesischen Bauern. Ich wusste nicht einmal, ob sie aktive Soldaten waren. Es konnte auch sein, dass es sich bei ihnen um Zivilbeamte des Verteidigungsministeriums handelte, die noch im Dezember des Vorjahrs in ihrem Amtssitz im Hanoier Regierungspalast tadellose weiße Kragen und Krawatten getragen hatten. Parteimitglieder waren es auf jeden Fall, denn sie sprachen mich mit Genosse an.

Sie führten mich durchs Dickicht und ich bewunderte die Sicherheit, mit der sie jedes Mal, wenn es so aussah, als wären wir am Ende der Welt angelangt, den Weg wiederfanden. Wir überquerten einige Lichtungen, auf denen stufenförmig kleine Reisfelder angelegt waren. Meine Begleiter hatten wenig Mühe, die dünnen, glitschigen Dämme zwischen den überschwemmten Feldern zu passieren, doch mich behinderte mein schweres Schuhwerk bei jedem Schritt. Am Rande einer Lichtung stand ein Bauernhaus, ein viereckiger, mit Reisstroh und Bananenblättern bedeckter Pfahlbau, dessen Boden und Wände aus starkem Bambusgeflecht gefertigt waren.

Bevor wir das Haus betraten, wuschen sich meine Begleiter die Füße, um den Boden nicht zu beschmutzen, ich zog die Schuhe aus. Das Haus bestand aus einem einzigen Raum, der unmöbliert war. Bei jedem Schritt schwang der Boden mit, und ich hatte Angst, durch das Bambusgeflecht zu brechen. In der Mitte des Raumes befand sich eine offene Feuerstelle, direkt unter dem Giebel des Daches, wo ein kleines Loch als Rauchabzug diente. Auf einem Dreifuß stand ein großer, bauchiger Kessel, in dem Tee, Reis, Gemüse oder Maniok zubereitet wurden.

Nachdem sie den ersten Schreck überwunden hatten, waren die Bauern sehr freundlich und zuvorkommend, aber viel weniger zugänglich als die Menschen, die ich im Khu IV kennengelernt hatte. Bald stellte ich fest, dass sie auch untereinander einsilbig waren; das Geschnatter, das man sonst überall hörte, gab es hier nicht. Die Frau erledigte ihre Küchenarbeit wort- und gesanglos, während der Mann schweigend ein Netz reparierte. Und die beiden Kinder im Alter von sechs und acht Jahren starrten mich zwar unverwandt an, zogen sich aber sofort zurück, wenn ich sie ansprach.

Sie luden uns zu einem Abendessen ein, das für ihre Verhältnisse die Ausmaße eines Festmahls haben musste. Lackiertes Schwein mit Bambusspitzensalat, anschließend Reis, Suppe und dazu reichlich selbst gebrannten Reisschnaps. Der Schnaps machte unseren Wirt etwas gesprächiger, und das Hauptthema war auch hier der Krieg gegen Frankreich. Der Bauer glaubte unerschütterlich an Hô Chi Minh und an den Sieg Vietnams. Und sollten die Franzosen wirklich kommen, würde er sich, wie er beteuerte, mit seiner Familie noch weiter in den Urwald zurückziehen.

Als wir am nächsten Tag endlich in Giaps Versteck ankamen, erwartete er mich schon mit einer ganz bestimmten Aufgabe. Schon seit längerem war uns das behutsame Vorgehen der Franzosen aufgefallen. Eigentlich hatten wir erwartet, dass sie unmittelbar nach unseren letzten Schüssen auf Hanoi eine Konteroffensive beginnen würden, doch sie ließen sich fast eine Woche Zeit, ehe sie das bereits evakuierte Hadong besetzten. Solange sie ihre „Knabberpolitik" betrieben hatten, waren ihre Einsätze minutiös geplant gewesen; nun aber wussten sie anscheinend nicht, wie sie weitermachen sollten.

Ihr Zaudern brachte auch uns eine Atempause, und die wollte Giap nützen – zur Ausbildung einer Elitetruppe für den Guerillakampf, ganz nach dem Motto: Dort, wo der Gegner stark ist, zurückweichen und ihn ins Leere laufen lassen, dort, wo er schwach ist, mit vielfacher Übermacht zuschlagen. Das war auch die Strategie Mao Tse Tungs gewesen, die mir aber in einem Punkt sehr gefährlich erschien. Mao und seine Leute waren von einem gigantisch großen Gebiet ausgegangen, in dem es immer wieder neue Schlupfwinkel und Rückzugsmöglichkeiten gab, ein Territorium, in dem man sich im Extremfall tausende Kilometer vom Gegner absetzten konnte. Vietnam hatte diese Größe aber nicht, deshalb musste die Rolle der regulären Armee eine andere sein als in China. Darin stimmte Giap mir ganz zu, was er aber wollte, war, die beste Truppe des Landes, das „Regiment Hauptstadt", zu einer Eliteeinheit für den Dschungelkrieg auszubilden. Und dabei sollte ich ihm helfen.

Das Angebot war verlockend, denn zum Unterschied vom Kurs in Phu Luong wurde mir hier kein Zeit- oder Ausbildungsplan vorgegeben. Auch gab es keinen Vuong Thua Vu, mit dem ich zusammenarbeiten musste, ich war alleine verantwortlich. Ich schlug Giap eine dreimonatige Kursdauer vor, und er war sofort einverstanden. Am selben Abend begann ich mit der Arbeit am Konzept für das Ausbildungsprogramm.

Der Grundgedanke war einfach: Ich wollte mit der Truppe die gesamte Ausbildung nochmals von der Pike auf durchgehen, und zwar sowohl mit den Offizieren als auch mit den Unter- und Subalternoffizieren. Wichtig war das Erlernen der Angriffstaktik aus dem Hinterhalt. Dafür waren Geländekenntnis, geschickte Tarnung und Orientierungsvermögen im Dschungel unabdingbar. Aber auch der richtige Umgang mit den feindlichen Waffen musste geübt werden, mit Tellerminen, Handgrananten, Gewehren und Maschinengewehren. Im Regiment standen uns nur zwei 81 mm-Grabenmörser zur Verfügung, auf die ich aber verzichten wollte. Sie machten einen solchen Lärm, dass sie eher abschreckend wirkten. Autoritätsprobleme befürchtete ich keine, denn mehr als die Hälfte der Teilnehmer würden ehemalige Schüler aus Phu Luong sein. Wir kannten uns also bereits und freuten uns auf ein Wiedersehen.

Der Krieg geht weiter

Das nächste Mal sah ich Giap im hohen Norden des Landes, wohin man die Regierung aus Sicherheitsgründen verlegt hatte. Ich hatte einen rund 250 Kilometer langen Anmarschweg, denn das Übungsterrain des „Regiments Hauptstadt" lag im Gebiet zwischen Chô Bo südlich von Hoa Binh und Van Yên nördlich von Hanoi.

Mit zwei Mann Geleitschutz brach ich auf, und nach einer Woche Fußmarsch trafen wir in Giaps Versteck ein. Er empfing mich wie den verlorenen Sohn und war noch liebenswürdiger und herzlicher als sonst. Die Ursache für seine ungewöhnlich gute Stimmung wurde mir bald klar. Giap war frisch verheiratet. Seine Frau war jung und zierlich und sprach jenes tadellose Französisch, das den Kindern der gehobenen vietnamesischen Schichten beigebracht wurde. Beide waren sehr verliebt und zeigten ihre Zuneigung auch offen, was normalerweise nicht üblich war.

So rührend dieses Familienidyll im Busch war, es konnte nicht der Grund dafür sein, dass mich Giap hunderte Kilometer weit hatte reisen lassen. Doch es dauerte einige Zeit, bis er mich aufklärte. Zuerst wollte er das Neueste über die Ausbildung des „Regiments Hauptstadt" wissen, ehe er meinte, dass meine Aufgabe damit beendet sei. Ich sollte ab nun bei ihm bleiben und ihm assistieren. Das war zwar überaus schmeichelhaft, doch noch immer war mein größter Wunsch ein aktives Kommando gegen die Franzosen. Aber wie konnte ich ihm das sagen? Ich kannte Giap inzwischen so gut, dass ich wusste, wie sehr ihn eine Ablehnung seines Angebots verletzt hätte.

Also blieb ich an seiner Seite und erlebte in den nächsten Wochen eine Unmenge an Versammlungen, militärischen Konferenzen und Schulungskursen jeder Art. Die kommunistischen Parteien aller Länder schienen unter einer Krankheit zu leiden, die ich insgeheim „Versammleritis" nannte. Giap nahm mich zu der Mehrzahl dieser Treffen mit, nur zu den Versammlungen mit dem „Alten" und dem Politbüro war ich nicht eingeladen.

Vor allem Giaps Frau schätzte diese Treffen im kleineren Kreis, weil ich dann im Lager bleiben und mich mit ihr unterhalten konnte. Unsere Gespräche drehten sich immer um die Gegenwart und Zukunft, nie um die Vergangenheit. Dass Giap seine Frau innerhalb der Partei kennengelernt hatte, wusste ich; wo sonst hätte er auch eine Frau kennenlernen sollen? Ihrem Benehmen und ihrer Bildung nach stammte sie aus guten Verhältnissen, doch sie sprach nie von ihren Eltern. Wahrscheinlich standen sie auf Seiten der Franzosen und nicht des Viêt Minh, doch ich wagte nicht, sie danach zu fragen.

Auch Giap erwähnte seine Eltern nie. Aus seinen Andeutungen konnte ich einen Teil seiner Geschichte rekonstruieren, war mir aber nicht sicher, ob es auch wirklich stimmte. Giap war früher Mittelschulprofessor gewesen, im ehemaligen Französisch-Indochina eine glänzende Karriere. Doch dann hatte er alles hingeworfen und sich den Revolutionären angeschlossen. Ich konnte mir vorstellen, wie enttäuscht und vielleicht auch wütend seine Eltern sein mussten, hatten sie doch all die Opfer umsonst gebracht.

Mit Giap besuchte ich also, wie gesagt, alle Sitzungen, Kongresse und Tagungen des Viêt Minh und der Armee. Das hatte den großen Vorteil, dass ich das Gebiet des Viêt Bac, d.h. den gesamten nördlichen Teil des früheren Tonking, kennenlernte. Bei einer dieser Gelegenheiten stellte mir Giap auch Viêt vor, den Präsidenten des Viêt Minh, einen lieben, bescheidenen Altgenossen, den die Franzosen zum Krüppel geschlagen hatten.

Die vielen Zusammenkünfte hatten jedoch den Nachteil, dass sie enorm viel Zeit verschlangen. Viele Spitzenfunktionäre murrten bereits und wollten ihre Anzahl reduzieren, aber noch war man ratlos, wie das geschehen sollte. Als ich Truong Chinh vorschlug, einen Kongress zu veranstalten, um über die Mittel und Wege zur Eindämmung der Versammlungswut zu beraten, zog er den Vorschlag ernsthaft in Erwägung. Ich war so perplex, dass ich nicht genau wusste, wer nun wen auf die Schippe nahm.

Im Oktober wurde die beschauliche Ruhe unserer Versammlungen und Schulungskurse empfindlich gestört. Die Franzosen hatten unter Oberst Beaufre von Hanoi aus eine Offensive gestartet, bei der sie die Städte Bac Can mit Fallschirmspringern und Tuyên Quang von Kanonenbooten aus überrumpelt und eingenommen hatten. Mein Intimfeind Hoang Van Thai führte unsere Truppen an, konnte aber keine Erfolge erzielen. Im Gegenteil, überall stießen die Franzosen noch weiter vor. Für uns war das eine schwere Niederlage, denn wir hatten geglaubt, dass das Gebiet des Viêt Bac uneinnehmbar sei.

Im November endlich stabilisierte sich die Lage. Thai und seine Leute griffen den Feind nun immer genau dort an, wo er es am wenigsten vermutete. Wir waren uns sicher, dass die Franzosen ihre Stellungen nicht mehr lange halten konnten, als die Nachricht eintraf, dass alle verfügbaren französischen Streitkräfte in den Viêt Bac beordert wurden. Das Beste wäre nun gewesen, sie dort festzuhalten und gleichzeitig die Rückeroberung Hanois in Angriff zu nehmen, doch Thai ging anders vor.

In unserem Quartier hörte man immer öfter Kanonendonner. Die Franzosen waren im Vormarsch, und es schien angebracht, das Lager zu räumen. Wir waren gerade erst aufgebrochen, als wir das Grollen der französischen Artillerie bereits in unmittelbarer Nähe vernahmen. Plötzlich wurden wir unter Beschuss genommen. Die stufenförmig angeordneten Reisfelder gaben uns zwar Deckung, doch wir konnten weder vor noch zurück. Außerdem hatten wir viel zu wenige Waffen; Giap war nicht bewaffnet, und die Ordonnanz lag zu Tode erschrocken am Boden und hätte nicht einmal schießen können, wenn sie ein Gewehr gehabt hätte. Nur ich trug einen Colt. Die Einschläge hinter uns deuteten ein Sperrfeuer an. Wir hatten das alles theoretisch durchexerziert und Giap war ein fabelhafter Schüler gewesen. Es war also anzunehmen, dass er wusste, was nun folgte. Ich entsicherte meinen Colt; sobald sie kämen, sollte er in Richtung Wald losrennen. Ich würde ihm Deckung geben.

Ich wusste, dass ich ein menschliches Schutzschild abgab, doch das machte mir nichts aus. Ich hatte keine Furcht, das wunderte mich schon mehr, denn bisher hatte ich bei jedem Einsatz Angst gehabt. Furchtlos waren nur die Dummen, und meine Vernunft hatte sich immer gegen einen Heldentod gewehrt. Doch jetzt war das anders; ich dachte an die Eltern, die sicher tot waren, und an Trude, von der ich nicht wusste, wo sie war. Und sollte ich bei diesem Gefecht wirklich sterben, so hoffte ich, wenigstens Giap gerettet zu haben.

Beim nächsten Beschuss gab ich Giap das verabredete Zeichen, und er rannte Richtung Wald los. Der Angriff dauerte mindestens 15 Minuten, und die Franzosen verschossen eine Unmenge an Munition. Irgendwann setzte der Beschuss aus; jetzt oder nie, dachte ich, und sprintete los. Die Feuerpause dauerte länger als gedacht, ich hatte genug Zeit, mich ins Ge-

Ernst Frey mit Hoang Quoc Viêt, kurz Viêt, dem Präsidenten des Viêt Minh

büsch zu retten. Hätten die Franzosen gewusst, dass sich Giap in der Nähe aufhielt, hätten sie uns wohl nicht so einfach davonkommen lassen.

Wir schafften es, bis zu unseren Truppen vorzustoßen, und Giap übertrug mir das Kommando. Im Tross der rund 5.000 französischen Soldaten, die überraschend von Bac Can aufgebrochen waren, befanden sich nun auch viele mordende, plündernde und vor allem brandschatzende Banditen. Sie zogen südwärts in Richtung Thai Nguyên. Wir waren uns sicher, dass dies kein normaler Angriff war. Dieses Mal wollten sie nicht nur systematisch alles zerstören, was ihnen in die Hände fiel, sondern sie wollten uns, den Viêt Minh, ausheben und vernichten. Ihr oberstes Ziel war die Gefangennahme des „Alten", der Regierung und auch Giaps. Bei Giap waren sie nahe dran gewesen, hatten ihn aber verfehlt, und zu unserer Beruhigung wussten wir, dass Hô Chi Minh in Sicherheit war.

Allerdings waren den Franzosen Teile der Sendestation in die Hände gefallen, denn die „Stimme Vietnams" schwieg. Ich konnte nur hoffen, dass sie Schröder und Borchers nicht geschnappt hatten.

Mein Plan gegen die anrückenden Franzosen sah vor, sie aus dem Hinterhalt immer dann anzugreifen, wenn sie marschierten, nicht aber, wenn sie kampierten. Davon versprach ich mir, dass sie sich gezwungen sehen würden, sich irgendwo niederzulassen. Eines unserer Bataillone sollte sich via Dschungelroute an den Franzosen vorbeischleichen und sie von vorne angreifen. Verantwortlich für diese Aktion war der mir unterstellte Offizier Quang, den ich eigentlich begleiten wollte, aber Giap bestand darauf, dass ich im Lager blieb.

Inzwischen trafen immer neue Informationen über den Gesamtschaden durch die französische Offensive ein. Vor allem die Zivilbevölkerung hatte es getroffen; überall, wo wir vorbeikamen, erwartete uns das gleiche Bild: Brandruinen, zerstörte Felder und Tierkadaver. Menschen trafen wir meist keine an; sie hatten noch immer solche Angst, dass sie sich nicht aus ihren Verstecken wagten.

Endlich, nach 36 Stunden des Wartens, erhielt ich Meldung von Quang. Er hatte den Feind zweimal in einen Hinterhalt gelockt, bei dem die Franzosen schwere Verluste erlitten hatten. Damit war die französische Viêt Bac-Offensive an einem Wendepunkt angelangt. Wir hatten den Spieß umge-

Truong Hoang Sam, Chef des Khu III, altgedienter Kämpfer der Kommunistischen Partei Indochinas und hervorragender Organisator

dreht und waren nicht mehr die Gejagten, sondern hetzten die Franzosen von Hinterhalt zu Hinterhalt.

Am nächsten Tag überraschte Giap mich mit einer neuen Aufgabe: Um die Aktionen gegen die im Dreieck Tuyên Quang, Bac Can und Thai Nguyên operierenden feindlichen Kräfte zu koordinieren und zu verstärken, schuf das Verteidigungsministerium ein provisorisches Oberkommando, dem sämtliche Truppen in diesem Raum unterstellt waren. Zum Oberkommandanten ernannten sie Oberst Nguyên Dân!

Natürlich war ich sofort Feuer und Flamme. Sorgen bereiteten mir nämlich nicht die primären Aufgaben, wie die Vorbereitungen zu den nächsten militärischen Operationen, sondern weitaus banalere Angelegenheiten. Unter Einbeziehung der örtlichen Guerillaeinheiten rechnete ich mit rund 6.000 bis 7.000 Männern, für die ich etwa fünf Tonnen Reis pro Tag benötigte. Das war eine enorme Menge, und nur mit Hilfe eines Organisators war es möglich, diese Aufgabe zu bewältigen.

Truong Hoang Sam, ein alter, verdienter Kämpfer, der bereits maßgeblich an der Errichtung der ersten befreiten Zone beteiligt gewesen war, besaß nicht nur enormes organisatorisches Talent, sondern auch großes Prestige in der einheimischen Bevölkerung. Ihm gelang es, jedes Dorf, jeden Weiler und jedes Gehöft für unsere Soldaten zu mobilisieren. Er und seine Mitarbeiter erwiesen sich dabei als regelrechte Gedächtniskünstler. Ohne schriftliche Unterlagen stellten sie fest, wie viel Reis im Umkreis von 30 Kilometern aufgebracht werden konnte. Der Versorgungsplan umfasste dabei zwei Etappen: erstens das Ausdreschen und Schälen der Reiskörner, und zweitens den Transport in die noch zu errichtenden Depots. Dafür konnte ich Sam höchstens eine Woche Zeit zugestehen, aber er schaffte auch das. Das nächste Problem war nun nicht, dass nicht genügend Reis vorhanden war, sondern dass er innerhalb kürzester Zeit essfertig gemacht werden musste.

Das war wiederum vorwiegend Frauenarbeit, und an sie mussten wir uns wenden, wenn wir nicht Gefahr laufen wollten, am Versorgungsproblem zu scheitern. Also zog ich mit einem Dolmetscher von Dorf zu Dorf und erklärte den Frauen die Bedeutung ihres Einsatzes, der die Voraussetzung eines Sieges gegen die Franzosen war.

Inzwischen hatte ich sechs Bataillone mit rund 5.000 Mann und dazu 2.000 Guerillakämpfer auf die Beine gestellt. Die Guerilleros waren zu 90 Prozent mit Handgranaten und zu zehn Prozent mit Gewehren ausgerüstet, bei den regulären Truppen verfügte wir über 4.000 Gewehre, 25 LMG, sechs SMG und vier Mörser.

Die wichtigste Frage aber war, in welche Richtung die Franzosen marschieren würden – zurück nach Tuyên Quang oder nach Thai Nguyên? Für beide Möglichkeiten hatte ich Pläne ausgearbeitet; setzte sich Beaufre in Richtung Tuyên Quang in Bewegung, würden ihn zwei unserer Bataillone von vorne aufhalten und ihm drei in den Rücken fallen. Zog er aber in Richtung Thai Nguyên los, würde eine unserer Kompanien seine Nachhut angreifen und dabei so einen Wirbel veranstalten, dass dies alle anderen Bataillone alarmierte und aufs Schlachtfeld rief.

Ich war mir meiner Sache recht sicher, zumal ich wusste, dass unter den Franzosen bereits die ersten Zweifel aufkamen. Beaufre hatte ihnen versprochen, dass sie Weihnachten in Hanoi feiern würden, doch so, wie es aussah, waren sie davon weit entfernt. Ich rechnete also damit, dass es bald zum Kampf kommen würde.

Vorsorglich hatte ich bereits festgelegt, welche Einheiten

und Guerillatruppen mit dem Gefangenentransport, der Errichtung und Bewachung von provisorischen Lagern und der Versorgung betraut würden. Ich rechnete mit 2.000 bis 3.000 Gefangenen und wollte schon im Voraus alles geplant haben, damit es mich später nicht behinderte. Ich hatte also alles bedacht – doch damit es funktionierte, musste Beaufre mir den Gefallen tun und endlich marschieren.

Aber noch immer geschah nichts. Und als es endlich passierte, verschliefen die Späher es. Um 2 Uhr nachts rückten die französischen Truppen klammheimlich aus, und als die Wachposten endlich wagten, sich zu rühren und Meldung zu erstatten, war die Kolonne schon kilometerweit entfernt. Ich spürte, wie Zorn in mir hochkam. Alle Anstrengungen waren umsonst gewesen, für nichts und wieder nichts waren unsere Leute wochenlang marschiert, umsonst hatten sie im Freien übernachtet, und für nichts und wieder nichts hatten wir die Depots für die Kriegsgefangenen, aber auch für den Reis errichtet. Ich war so wütend, ich hätte weinen können!

Doch gleichzeitig erkannte ich daran auch die Grenzen des Guerillakrieges. Guerillakampf hieß eben nicht nur fast uneingeschränkte Bewegungsfreiheit, sondern bedeutete auch die Unmöglichkeit, große Verbände über weite Distanzen zu kommandieren. In einem regelrechten Verzweiflungsakt könnte ich noch versuchen, mit dem Gros der Soldaten den Franzosen nachzujagen, doch wäre dieses Manöver, das wusste ich, sinnlos. Also schickte ich ein paar Leute aus, um das Gerücht zu verbreiten, dass Thai Nguyên eingekesselt sei. Mehr konnte ich im Moment nicht tun.

Ein Treffen mit Sam bestätigte meine düstere Vermutung. Es würde eine Woche, vielleicht sogar noch länger dauern, um im Umkreis von Thai Nguyên eine ausreichende Verpflegung sicherzustellen. Bis dahin waren die Franzosen längst in Hanoi. Außerdem war das Gelände zum Teil sehr flach und eignete sich nicht für Überfälle aus dem Hinterhalt. Beaufre anzugreifen wäre Leichtsinn, denn dort war er im Vorteil. Allerdings ließ ich eine Kompanie südlich von Thai Nguyên pausenlos rochieren, um so den Eindruck zu erwecken, dass der Weg nach Hanoi von starken Kräften blockiert wäre.

Diese letzte Kriegslist zeigte endlich Erfolg, Beaufre war übervorsichtig geworden. Obwohl die Straße für jeden Transport frei gewesen wäre, ließ er sich aus der Luft versorgen. Aus purem Spaß beschossen wir die Flugzeuge, was wiederum die Piloten so nervös machte, dass sie sich ihrer Lasten allzu hastig entledigten. Ein nicht unerheblicher Teil des französischen Nachschubs fiel in unsere Hände, die meisten versehen mit dem Vermerk „Pacific Ration". Das waren die englischen Liebesgaben für die französische Kolonialarmee in Indochina aus dem Zweiten Weltkrieg, aber jetzt schrieben wir Dezember 1947 – die „Pacific Ration" war also im besten Fall drei Jahre und im schlechtesten vier Jahre alt.

Trotzdem, ich öffnete ein Paket, und zum Vorschein kam Schokolade, ein kleines, in Stanniol gepacktes Würfelchen gesalzener Butter, Zucker, staubtrockene Biskuits, eine Dose mit Instant Coffee und zwei Päckchen englischer „Craven A". Die Zigaretten und die Schokolade behielt ich, den Rest wollte ich lieber nicht probieren.

Am 19. Dezember entschwand die letzte Hoffnung, dass die Franzosen doch noch in den Viêt Bac zurückkehren könnten. Ich erhielt die lakonische Meldung, dass rund 4.000 Mann Thai Nguyên in Richtung Hanoi verlassen hätten. Angeschlagen, aber quicklebendig kehrten sie nach Hanoi zurück. Ihre Eroberungen hatten sie aufgegeben, und auch ihr Kriegsziel, die Zerstörung der vietnamesischen Regierung, hatten sie nicht erreicht, trotzdem ließen sie sich in Hanoi als Sieger feiern. In Wahrheit jedoch hatte diese Offensive die Pattstellung im französisch-vietnamesischen Krieg zementiert: Wir waren nicht imstande, die Franzosen aus den großen Städten zu vertreiben, und sie schafften es trotz ihres enormen Materialeinsatzes nicht, uns in den ländlichen Gegenden beizukommen.

Ich sah darin eine Niederlage, die meisten unserer Kämpfer aber nicht. Die Franzosen hatten sich heimlich an uns vorbeigeschlichen, hatten nicht gewagt, gegen uns zu kämpfen, das hieß für sie, dass wir die Sieger waren. Das war auch Giaps Meinung. Er war, obwohl die Franzosen immer noch in Hanoi saßen, blendender Laune. Und was er mir mitzuteilen hatte, hob auch meine Laune beträchtlich. Im Einvernehmen mit Truong Chinh hatte er beschlossen, dass zu den bestehenden acht regionalen Wehrkreisen, den Khus, ab sofort ein neunter dazukäme. Dieser Khu IX hatte ausschließlich militärische Aufgaben, wobei die vorrangigste die Verteidigung der Regierungs- und Parteizentren war. Zum neuen Wehrkreisleiter, dem im Ernstfall auch die örtlichen Guerillakräfte unterstanden, hatte er mich ernannt.

Ich freute mich von ganzem Herzen. Das Gebiet des Khu IX war mit einer Fläche von etwa 40.000 Quadratkilometern sehr groß und reichte von Haiphong bis ganz in den Norden zur chinesischen Grenze. Giap schwebte vor, das Gebiet mit einer starken Brigade zu kontrollieren und gegebenenfalls mit speziellen Stoßtrupps zu verteidigen. Damit wollte er verhindern, dass sich das Debakel von Viêt Bac, als die ganze Regierung überstürzt flüchten musste, wiederholen konnte. Seine Idee war gut, denn nicht nur, dass er damit die wichtigsten Partei- und Regierungsstellen schützen konnte, baute er gleichzeitig auch eine zuverlässige und gut ausgebildete Reserve auf, die jederzeit kampfbereit war.

Als Erstes überzog ich das gesamte Gebiet des Khu IX mit

einem funktionierenden Netz von Meldegängern. Sie hatten ihre Stützpunkte bei den Bauern, lebten dort wie Familienmitglieder, halfen in der Wirtschaft mit, wodurch auch ihre Versorgung kein Problem war, und waren mit Waffen ausgerüstet. Die Aufnahme der Meldegänger in den Bauernhöfen erfolgte auf freiwilliger Basis ohne jeden Druck und fand bei der Bevölkerung viel Beifall. In der Regel waren die Leute auch gerne bereit, solche Liên Lac zu beherbergen. Denn nicht nur, dass es das revolutionäre Prestige hob, waren sie auch willige Arbeitskräfte. Aber der Hauptgrund war die Gastfreundschaft, die in diesen dünn besiedelten Hochwäldern im Norden des Landes ganz besonders ausgeprägt war. Für die Bevölkerung war es einfach unvorstellbar, einem Soldaten, der für die Unabhängigkeit kämpfte, Quartier und Nahrung zu verweigern.

Die Ernennung zum Wehrkreisleiter, zum Khu Truong, war aber nicht nur eine Ehre, sondern brachte auch einige Macht mit sich. Neben dem Kommando über eine militärische Einheit, in meinem Fall über eine Brigade, war ich auch für die Parteiarbeit in diesem Bezirk verantwortlich. Das hieß unter anderem, dass ich nun, wie alle anderen Wehrkreisleiter auch, Mitglied des erweiterten Zentralkomitees war und bei Wahlen kandidierte.

Noch mehr als bisher war meine Zeit mit Versammlungen, Kongressen und Zellenabenden erfüllt, bei denen wir den Verlauf der Auseinandersetzungen mit den Franzosen beleuchteten und analysierten. Mein Stab, der bei der Gründung des Khu IX sechs Personen umfasst hatte, wuchs in kurzer Zeit auf 16 an. Gemeinsam mit meinen Mitarbeitern entwickelte wir ein eigenes Budget, eine Intendanz, ein Militärgericht und eine Parteizelle. Die Bürokratie und die militärische Kameralistik, die ich nach meinem Legionsdienst endgültig hinter mir geglaubt hatte, holten mich mit Riesenschritten ein. Ich hatte das unangenehme Gefühl, dass die kämpferische Atempause, die uns die Franzosen gönnten, nicht nur zum Aufbau notwendiger politischer, militärischer und wirtschaftlicher Stellungen genutzt wurde, sondern auch zum Ausbau eines kräftigen Amtsschimmels.

Doch generell überwogen die positiven Seiten einer immer effizienter werdenden Verwaltung. Der energisch begonnene Kampf gegen den Analphabetismus war trotz Kriegs, Evakuierungen, Kader- und Materialmangels mit großem Erfolg fortgesetzt worden. In vielen kleinen Betrieben erzeugten wir handgeschöpftes Papier, das nach einem speziellen Verteilungsschlüssel an die verschiedenen Stellen ausgeliefert wurde. Selbst das Papier für unsere Banknoten kam aus den im Dschungel versteckten Werkstätten.

Zu dieser Zeit erreichten uns aufregende Nachrichten von unseren Nachbarstaaten. Die englischen Kolonialherren zogen aus Indien und Birma ab, und wir waren felsenfest überzeugt, daran nicht unbeteiligt gewesen zu sein. Unser Widerstand gegen die Franzosen hatte die Inder und Birmesen sicher darin bestärkt, ihre Freiheit auch mit der Waffe in der Hand zu erkämpfen. Andererseits wirkte der kampflose Abzug der Briten auf uns selbst sehr ermutigend. Wenn schon der mächtige englische Löwe vor den nationalen Freiheitsbewegungen den Schweif einzog, wie würde es dann in Zukunft dem ungleich schwächeren französischen Kolonialreich ergehen?

Große Sorgen machten uns allerdings die Kämpfe im Süden des Landes, im Nam Bô. Dort hatte sich unter dem Schattenkaiser Bao Dai die Regierung Xuân etabliert, und Südvietnam drohte sich endgültig vom Norden abzuspalten. Die Lage war so ernst, dass der Viêt Minh eine gemeinsame Konferenz mit den südvietnamesischen Widerstandskämpfern einberufen wollte. Freiheitskämpfer aller Richtungen und Schattierungen, darunter sogar ein katholischer Priester, sollten hier empfangen werden, um den Gedanken der nationalen Einheit wieder zu festigen. Und um die Bedeutung dieses Zusammentreffens zu unterstreichen, würde Hô Chi Minh persönlich an der Spitze des Begrüßungskomitees stehen.

Auch mich hatte das Zentralkomitee zu diesem Treffen eingeladen. Das war natürlich eine Ehre, doch gleichzeitig fand ich, dass es nach vier Jahren Mitgliedschaft in der KPI auch höchste Zeit war, den obersten Chef der Partei persönlich kennenzulernen.

Mit Spannung wartete ich also auf diesen Tag des großen Nam Bô-Empfanges, zu dem die Regierung fast vollzählig erschien. Die Armee war durch Giap, Vuong Thua Vu und mich vertreten. Truong Chinh, der Generalsekretär der KP, fehlte, was aber kein Lapsus war, sondern volle Absicht, sollte doch der hochoffizielle Charakter der Empfangsfeier nicht von einem sich formal in der Illegalität befindlichen kommunistischen Funktionär gestört werden. Denn wenn man es genau nahm, befand sich die gesamte Partei nach wie vor im Untergrund.

Das Treffen fand in einem geheimen Lager im Dschungel statt. Giap nahm mich am Arm und führte mich zu einer einfachen Hütte. Präsident Hô Chi Minh, der an einem Tisch saß, blickte von seinen Papieren auf, erhob sich und kam mir zur Begrüßung entgegen. Er sah genau so aus, wie ich ihn von Bildern kannte; braune, schlichte Bauernkleidung aus Kaliko, nackte Füße in einfachen Sandalen, ein schütterer, langer Ziegenbart und intelligente, sanftmütige Augen. Für sein Alter – er war immerhin schon 58 Jahre alt – bewegte er sich sehr flink und geschmeidig.

Ich war weder verlegen noch eingeschüchtert, sondern dachte nur daran, dass ich hier vielleicht einem Doppelgänger des Präsidenten gegenübersaß. Doch Giaps Benehmen war so ehrfurchtsvoll, dass es sich nur um das Original handeln konnte. „Rauchst du?", fragte mich Hô Chi Minh auf Französisch. Ohne die Antwort abzuwarten, offerierte er mir eine Camel. Seine etwas zittrigen Finger waren gelblich verfärbt, das sichere Kennzeichen des Kettenrauchers. Nachdem wir uns beide eine Zigarette angezündet hatten, fuhr er fort: „Giap und Truong Chinh haben mich immer über dich informiert. Ich freue mich, dass du mit uns zusammenarbeitest."

Darüber hinaus wusste Hô Chi Minh aber nicht sehr viel über mich. Das lag natürlich auch daran, dass er im Laufe der Zeit den Großteil der konkreten Angelegenheiten Truong Chinh und Giap übertragen hatte und sich selbst nur noch den Verhandlungen und der Außenpolitik im weitesten Sinn widmete. So erschöpfte sich unser Gespräch mehr oder weniger in Banalitäten; Hô Chi Minh erzählte von seinem Aufenthalt in Europa und erwähnte einen Wien-Besuch Mitte der zwanziger Jahre, während ich zuhörte und wusste, dass der „Alte" mich nicht eingeladen hatte, weil er mich unbedingt kennenlernen wollte, sondern als Staffage für die Delegation aus dem Nam Bô. Das war zwar nicht besonders erfreulich, aber meines Erachtens auch nicht beleidigend.

Vor einer aus Bambus gefertigten Halle warteten wir auf das Eintreffen der Volksgenossen aus dem Süden. Ein mächtiges Transparent schmückte den breiten Eingang: „Hoan nghenh doan dai biêu Nam Bô" – „Willkommen der Delegation aus dem Nam Bô". Der kleine, von den Franzosen zum Krüppel geschlagene Viêt, hatte die feierliche Aufgabe, die aus sechs Mann sowie einem Fotografen und einem Zeitungsreporter bestehende Delegation zu begrüßen. Anschließend wurden einander die Minister vorgestellt, man stand in kleinen Gruppen zusammen und unterhielt sich. Selbstverständ-

Hô Chi Minh in seinem „Büro" in einer Bambushütte im Dschungel im Norden Vietnams

lich erregte meine Anwesenheit Aufsehen und Verwunderung, womit der Zweck meiner Einladung erfüllt war. Die Atmosphäre war gelöst und die Teilnehmer des Treffens unterhielten sich ungezwungen miteinander.

In Wahrheit lief alles nach einem genauen Plan ab. Dazu gehörte auch der überraschende Auftritt Hô Chi Minhs, dessen Ankunft von einigen in Gespräche verwickelten Delegierten anfänglich nicht sofort registriert wurde. Der „Alte" ging von Gruppe zu Gruppe, ließ sich die Gäste vorstellen und verweilte besonders lange bei dem katholischen Priester, den er mit auserlesenem Wohlwollen behandelte.

Die Wirkung Hô Chi Minhs auf seine Landsleute war jedes Mal wieder eindrucksvoll. Er war ihr Held und verkörperte jene Eigenschaften, deren sie auch fähig sein wollten. Vom Aussehen her war er ein Bauer, der nicht anders gekleidet war als tausende andere Bauern in Vietnam, einer von ihnen, der mehr mit dem Lande verwurzelt war, als sich ein Europäer vorstellen konnte. Die Natürlichkeit, mit der ein Giap, ein Truong Chinh und noch mehr ein Hô Chi Minh im bäuerlichen Milieu auftraten, war aber nicht gespielt. Das braune Bauernkaliko war kein Kostüm oder Verkleidung, sondern das angemessene Gewand für Nguyên Ai Quôc, in dem er sich wohl fühlte und in dem ihn sein Volk kannte und liebte. Von seiner Ausbildung her war Hô Chi Minh allerdings alles andere als ein Bauer. Er sprach mehrere Sprachen, war weitgereist, verfasste poetische Gedichte und besaß Klugheit, Weitsicht und menschliche Größe. Niemand hätte je seinen Einsatz für die Unabhängigkeit Vietnams angezweifelt; er galt sowohl im Norden als auch im Süden als Führer des Freiheitskampfes und als Symbolfigur für die nationale Einheit.

Nach der Rückkehr in mein Hauptquartier musste ich meinen Leuten ausführlich Bericht erstatten. Sie wollten alles detailgetreu hören, wieder und wieder. Ein Foto, für den internen Gebrauch des Verteidigungsministeriums aufgenommen, machte die Runde und brachte mir viel Bewunderung ein. Nur mein Erzfeind Thai ließ sich durch die Gunstbezeichnungen Hô Chi Minhs mir gegenüber nicht beeindrucken. Im Gegenteil, er intensivierte seinen Kampf gegen alles, was ich tat.

Es war bereits Sommer 1948 und wir mussten mit einer neuerlichen Offensive der Franzosen rechnen. In Frankreich war die Regierung zwar in einige Turbulenzen geraten, doch das änderte nichts an ihren Indochina-Operationen; hier gingen die Kämpfe unvermindert weiter. Wir hatten das Gefühl, je schwächer der Mann an der Spitze in Paris war, desto mäch-

Warten auf das Eintreffen der Delegation aus Südvietnam; Hô Chi Minh vor seinem Büro

tiger wurden die Generäle in Saigon. Das Politkarussell drehte sich aber auch bei den Oberbefehlshabenden der französischen Armee in Vietnam. Nach mehreren Wechseln übernahm schließlich General Alessandri, mein ehemaliger Oberst im 5. Regiment in Viêtri, das Kommando über die französischen Streitkräfte im Norden des Landes.

Ich konnte mir lebhaft vorstellen, wohin Alessandri seine Angriffe lenken würde: vor allem gegen Viêtri, Tong, Son Tay und Hoa Binh, denn dies waren Orte, an denen er früher als Oberst und General tätig gewesen war. Er kannte sie in- und auswendig und empfand es sicherlich als Schmach, dass sie nun in den Händen des Viêt Minh waren.

Thai widersprach heftig, er glaubte, dass Alessandri seine

Offensive gegen Thai Nguyên richten würde. Ob er wirklich von dieser Möglichkeit überzeugt war oder nur gegen mich opponierte, war mir dabei nicht ganz klar, auf jeden Fall arteten die Diskussionen zwischen uns in einen wüsten Streit aus, in den sich schließlich auch Giap einschaltete. Er entschied sich für Thais Verteidigungsvariante, d.h. die Viêt Bac-Offensive Alessandris würde, so die Annahme, gegen Thai Nguyên gehen. Dort sollten zwei Regimenter den Hauptstoß auffangen, während ein weiteres Regiment in Reserve lag.

Ich war verzweifelt, denn ich war mir sicher, dass ich Recht hatte. Doch damit stand ich allein. Ich schäumte vor Wut. Thai hatte nicht nur die Auflösung des Khu IX erreicht, sondern auch meine Versetzung in ein weit entferntes Gebiet, in den Khu IV. Dort, im Truong Bô, im früheren Annam, sollte ich die Funktion des Stellvertreters von Son übernehmen. Hätte Thai noch mehr Einfluss gehabt, hätte er mich wahrscheinlich nach Camau, an die Südspitze Vietnams, abkommandieren lassen.

Meine Wut wich zusehends Enttäuschung; ich wusste, dass Giap, vor die Wahl zwischen General Hoang Van Thai und mich gestellt, aus vielerlei Gründen Thai vorziehen musste, doch es machte mich traurig. Und zum ersten Mal hatte ich Angst vor den Franzosen, deren Offensive ich für Ende des Monats erwartete.

In rasender Eile löste ich den Khu IX auf. Ich verbrannte alle unnötigen Papiere, ausgearbeitete Pläne zu Reservestellungen, zur Bekämpfung der Truppen in der Luft und auf dem Boden, zur Umzingelung der in Tong gelandeten französischen Truppen nach der Vernichtung Viêtris. 45 Seiten taktischer Details gegen Alessandri lagen vor mir, und plötzlich waren sie wertloses Papier.

Am 16. Oktober 1948 verabschiedete ich mich von Giap.

Empfang der Nam Bô-Delegation; in der Mitte mit dunklem Hemd Hô Chi Minh, links neben ihm Giap; hinten (mit Mütze) Oberst Nguyên Dân alias Ernst Frey, 1948

Wir tauschten Geschenke aus, doch noch war die gute Stimmung von früher nicht wiederhergestellt.

Meine Reise würde ein Wettrennen mit Alessandris Truppen werden, doch ich war vorbereitet. Mit Bang und zwei Soldaten machte ich mich auf den Weg, und zwar auf einem Boot entlang des Sông Cam in südliche Richtung. Da es immer wieder Fliegerangriffe gab, beschlossen wir, nur in der Nacht zu fahren. Unbemerkt passierten wir Viêtri und ebenso unbemerkt Son Tay. Nichts regte sich, und wir gelangten zügig weiter. Drei Tage später erreichten wir Hà Tinh, wo wir vom örtlichen Komitee des Viêt Minh zu einem Festmahl eingeladen wurden. Plötzlich stürmte ein Bote herein, und mit ihm kamen die schlechten Nachrichten: Die Franzosen hatten Viêtri, Tong, Son Tay und Hoa Binh besetzt.

Ich war so erschöpft, dass ich den Kopf auf meine Arme legte und zu weinen anfing. Meine vietnamesischen Tischnachbarn waren entsetzt, solche Gefühlsausbrüche waren absolut nicht üblich. Der Ortsälteste wollte mich trösten, klopfte mir auf die Schulter und meinte zuversichtlich: „Wir werden sie genauso schnell verjagen, wie sie gekommen sind, mach' dir deshalb keine Sorgen!"

Es dauerte weitere zwölf Tage, bis wir endlich in Quang Ngai eintrafen. Hier hatte sich wenig verändert, auch die Politik der verbrannten Erde war nur halbherzig durchgeführt worden. Son empfing mich sehr herzlich und fragte sogleich, ob ich Công getroffen hätte, der vor einer Woche nach Norden abgereist war. Wahrscheinlich war er mitten hinein in den Schlamassel von Viêtri geraten.

Im Fegefeuer

Diese Niederlage der vietnamesischen Armee gegen General Alessandri kam für die Partei so überraschend, dass sie sich unverzüglich auf die Suche nach den Schuldigen machte. Mit Hilfe des Geheimdienstes fand sie sie auch. Allein im Bac Bô wurden über 100 Personen angeklagt, Kontakt mit dem Feind gehabt zu haben.

Unter den Verdächtigen befanden sich aber nicht nur kleine Funktionäre, sondern auch ZK-Angehörige, die ich gut kannte. Als ich den Namen des Haupträdelsführers erfuhr, war ich fassungslos; es überstieg einfach meine Vorstellungskraft, dass er wirklich für die Gegenseite spioniert haben sollte. Ich wandte mich deshalb an Truong Chinh und erinnerte ihn daran, wie er kurz nach unserer Machtergreifung aufrichtigen Herzens gemeint hatte, dass die große vietnamesische Revolution irgendwann vielleicht gezwungen sein würde, viel Blut zu vergießen und große Not und Elend über die Menschen zu bringen, eines würde sie aber niemals tun, nämlich ihre Kinder fressen! „Das stimmt", meinte Truong Chinh ungerührt, „damals in der ersten Begeisterung glaubten wir, dass jeder Vietnamese automatisch auf unserer Seite, der Seite der Freiheit, stehen müsste. Heute ist das anders, und wir haben die Pflicht, die Partei rein zu halten, selbst wenn alte und schwache Genossen die Opfer sind."

Ich war verzweifelt, das waren nicht die Ideen, für die ich gekämpft hatte! Zum ersten Mal hatte ich Bedenken, und zum ersten Mal stellte ich die Richtigkeit der Parteientscheidung der KPI in Frage. Als die Partei dann schließlich erneut Nachforschungen anstellte, um den Ursprung dieser Spionageaffäre aufzudecken, besserte das meine Stimmung auch nicht.

Das Resultat der Untersuchung war nicht nur erschütternd, sondern im wahrsten Sinne des Wortes auch tragikomisch. Ein Soldat hatte während eines feindlichen Flugzeugangriffs Wäsche aufgehängt, Unterhosen, Hemden, Strümpfe. Seinen Kameraden fiel dieses sonderbare Verhalten auf und sie zeigten ihn an. Er wurde verhört und schließlich mit Schlägen und Drohungen zum Reden gebracht. Im Klartext hieß das, dass man dem Pechvogel eine Namensliste vorgehalten hatte, auf der alle Leuten aus seiner Umgebung angegeben waren. Mittels Kopfnicken benannte er dann die „Mitschuldigen“, die ebenfalls sofort inhaftiert wurden – natürlich erst, nachdem man auch ihnen unter Folter die Namen von weiteren „Schuldigen“ abgepresst hatte. Auf diese Weise wuchs der Verschwörerkreis auf über 100 Leute. Ein Ende fand das Ganze erst, als plötzlich der Name eines ZK-Mitglieds auftauchte. Da er zu meinen besten Bekannten gehörte, musste ich dankbar sein, dass er mich nicht erwähnt hatte. Einzige Erklärung dafür war, dass mein Name nicht auf der ihm vorgelegten Liste stand.

Zum Abschluss hielt die zweite Untersuchungskommission fest, dass es keinen Verschwörerkreis und keine Verräterorganisation in unseren Reihen gab. Niemand hatte sich mit den französischen Kolonialisten verbündet. Dieser geistig nicht besonders rege Soldat hatte tatsächlich nichts anderes gemacht, als seine Wäsche zum Trocknen aufgehängt, und sein Geständnis war nur zustande gekommen, weil er gefoltert worden war. Aber wie auch immer, diese von einer Wäscheleine ausgehende Verschwörung war der Anlass für die Gründung des ersten Gefangenenlagers in der jungen demokratischen Republik Vietnam.

Und als die Verschwörungstheorie platzte wie eine Seifenblase, blieb ein überfülltes Gefangenenlager zurück. Ich stellte sofort mehrere Anträge, einmal, dass die vietnamesische Armee in Zukunft auf jede Art von Folter verzichten sollte, und zum Zweiten, dass die Schuldigen für diesen Verschwörungswahn zur Verantwortung zu ziehen wären. Doch die Partei kam zu einer ganz anderen Schlussfolgerung: Schuld waren die Franzosen, die diese Vorfälle provoziert hätten, um Verwirrung in unseren Reihen zu stiften.

Dieser Standpunkt wurde auch in die Praxis umgesetzt: Nur die kleinen „Übeltäter", meist Nichtparteimitglieder, wurden enthaftet, die anderen blieben in den Gefangenenlagern. Bei ihnen befürchtete man, dass sie, nachdem man sie unter Folter gezwungen hatte, sich als Verräter und Franzosensöldlinge zu bekennen, nun wirklich zum Feind überlaufen könnten. Also wurden sie, obwohl sie keinerlei Verbrechen begangen hatten, wie Verräter und Verbrecher behandelt. Damit begann die vietnamesische Revolution nun wirklich, ihre eigenen Kinder zu fressen.

Inzwischen wurde die Lage im bis dahin relativ ruhigen Truong Bô zunehmend angespannter. Die Franzosen schienen einen Angriff zu planen, doch ich schloss die Städte Hue und Da Nang aus. Folglich blieb nur das Hochplateau mit seiner vorgeschobenen Stellung, dem Pass von An Khê. Das dünn besiedelte Gebiet zwischen Binh Khê und dem An Khê war längst evakuiert, die Patrouillentätigkeit auf beiden Seiten minimal. Diese optimale Ausgangslage wollte ich für eine großangelegte Überraschungsoffensive nützen. Zudem waren unsere Nachschubbasen so nahe, dass Munition und Proviant mühelos und rasch herbeizuschaffen waren. In den Garnisonen von Binh Khê und Qui Nhon hatten wir insgesamt vier Bataillone, und der Anmarsch auf An Khê konnte unbemerkt im dichten Urwald erfolgen.

Anfang Dezember 1948 berichtete ich Son über die Lage am Pass und den Zustand unserer Einheiten. Er unterstützte meine Wünsche und Vorschläge, übertrug mir den alleinigen Oberbefehl und schaffte es, aus Quang Tri zwei Bataillone zu mobilisieren, während ich von Quang Ngai aus ein Bataillon in Richtung Da Nang in Bewegung setzte. Die Sache schien zu funktionieren; die Franzosen verstärkten zwar ihre Luftaufklärung, hielten sich jedoch mit Bombenangriffen merklich zurück.

In Nachtmärschen verschob ich die Kräfte nach Qui Nhon und Binh Khê, während die im Norden verbliebenen schwachen Einheiten im Kreis marschierten, um Stärke vorzugaukeln. Zehn Tage später hatten wir in und um Binh Khê vier Bataillone und zwischen Binh Khê und Qui Nhon drei Bataillone konzentriert.

Alles lief bestens. Mein Angriffsplan war auf dem Papier einfach, würde aber in der Durchführung schwieriger werden. Ich wollte von drei Seiten gleichzeitig angreifen, frontal und von beiden Flügeln mit je einem Bataillon. Die größte Schwierigkeit würde dabei das Umgehungsmanöver der feindlichen Flügel sein. Wir mussten uns hier einen Weg durch den Urwald bahnen, was viel Kraft und Energie kostete. Mit der konventionellen St. Cyr-Kriegsführung hatte dieser Plan nichts gemein. Dazu hätte ich Artillerietrommelfeuer, Luftbombardement und einen aus beiden Waffengattungen kombinierten Infanterieangriff gebraucht, doch Flugzeug hatten wir kein einziges, und unsere Artillerie bestand aus zwei alten 75 mm-Kanonen, die ich aber nicht zum Pass mitschleppen wollte.

Den Beginn des Angriffs legte ich für zwei Uhr nachts fest, das Ende für sechs Uhr morgens. Damit wollte ich verhindern, dass die gegnerische Luftwaffe Gelegenheit bekam, in die Kämpfe einzugreifen. Auch meine eigene Position musste ich gut überlegen. Es war nicht möglich, die Leute von hinten zu dirigieren, und Funk oder Feldtelefon hatten wir nicht. Das Um und Auf dieses Angriffs war sein überfallsartiger Charakter, davon hing alles ab. Dann erst konnte der weitere Verlauf der Operation befehligt werden, und das hieß, dass ich vor allem den Beginn des Angriffs selbst kommandieren musste.

Ich wählte 30 Mann aus, die mit mir gemeinsam die Spitze bilden sollten, durchwegs Soldaten, die seinerzeit schon auf dem Pass von An Khê gekämpft hatten. Unsere Bewaffnung war zwar einfach, doch effektiv, so hoffte ich zumindest. Wir hatten selbst gebastelte Handgranaten und Bazookas. Sobald wir die ersten Vorposten überrumpelt hatten, sollten die beiden Kompanien mit den schweren Maschinengewehren nachrücken.

Es kam der 24. Dezember, der Angriff war für diese Nacht geplant. Ich befand mich in meinem Hauptquartier, einer verlassenen Hütte zwei Kilometer von der Passhöhe entfernt. Mir war kalt, ich konnte nicht essen und die Zigarette schmeckte scheußlich. Ich wusste, was das war: weder Aufregung noch Angst, sondern der Vorbote eines Malariaanfalls. Mit einer hohen Dosis Chinin versuchte ich, den Anfall zumindest für 24 Stunden zu unterdrücken, doch die Malaria brach aus. Wieder einmal pendelte ich zwischen Eiseskälte und glühender Hitze und wusste bald nicht mehr, was Wirklichkeit war und was Phantasie.

Fürchterliches Hämmern in meinem Kopf überzeugte mich davon, dass ich noch lebte. Es kostete mich viel Überwindung und Energie, die Augen zu öffnen. Ich versuchte, mich aufzurichten, doch alle meine Knochen schienen zerschlagen zu sein. Die Stimme Bangs übertönte mein Ohrensausen: „Es ist fünf Uhr morgens, Bruder Dân, der Angriff ist gescheitert. Wir ziehen uns planmäßig zurück und müssen die Hütte jetzt räumen." Ich wischte mir die Schweißtropfen von der Stirn: „Verluste?", fragte ich kaum hörbar. „Nein. Die Franzosen haben schon geschossen, ehe wir in Reichweite waren."

Später versuchte ich zu erahnen, was sich abgespielt haben könnte. Wahrscheinlich waren die Männer froh gewesen, eine Ausrede zu haben, und hatten den Angriff mehr oder weniger einfach abgeblasen. Vielleicht war es besser so.

Es war nun Anfang des Jahres 1949; die Franzosen saßen weiterhin unbehelligt am Pass von An Khê, hatten Viêtri und Son Tay erobert und regierten mit Hilfe Bao Dais in den Städten des Nam Bô. Vom prophezeiten zehnjährigen Krieg hatten wir erst drei Jahre hinter uns. Doch Son störte meine Niederlage nicht. Sein Blick ging über die Grenze in seine zweite Heimat, nach China. Dort rollte der Vormarsch der Roten Armee unaufhaltsam weiter. Je mehr Material die Amerikaner an Tschiang Kai-schek lieferten, desto stärker wurden die chinesischen Genossen. Sehr oft gelang es ihnen, dieses Material kampflos zu erbeuten, Gewehre, Maschinengewehre, Munition, später auch Kanonen, Panzer und Flugzeuge. Seit kurzem hatte die Rote Armee auch eine Luftwaffe; sie bestand ausschließlich aus amerikanischen Kampflugzeugen, Transportern und schweren Bombern, allesamt Beutestücke.

„Indirekt wird deine nächste Aufgabe mit China oder der Sowjetunion zu tun haben", eröffnete mir Son eines Tages. „Wir erwarten Flugzeuge, wissen aber noch nicht genau, wann sie kommen werden. Ich rechne mit spätestens drei Wochen. Ihre Landung muss vorbereitet werden. Unnötig, hervorzuheben, dass die Sache streng geheim ist. Es werden nur Parteimitglieder zum Einsatz kommen, und du sollst für den Haufen verantwortlich sein."

Flugzeuge, die im Laufe der nächsten Wochen kommen sollten, niemand wusste Genaueres über den Ort, die Anzahl oder ihre Herkunft. Wollte Son mich nur loswerden? Alles, was man mir mitgeteilt hatte, waren Anweisungen für die täglichen Routinearbeiten, Luftdruckmessung, Wind- und Temperaturbestimmung, und mit welcher Bodenbeflaggung ich die Windstärke und -richtung kennzeichnen sollte.

Ich machte mich auf den Weg ins Bergland nordöstlich von Quang Ngai, von dort mit einem Verbindungsmann rund 15 Kilometer auf verschlungenen Urwaldpfaden weiter bis zu einer einsamen Lichtung. In der Nähe einer Steinpagode waren einige gut versteckte Bambushütten, in denen das 40 Mann starke Bodenpersonal untergebracht war. Ihre genauen Aufgaben würden uns erst bei der Landung der Flugzeuge bekanntgegeben. Mit meinem kleinen Stab bezog ich die Pagode und stellte mich auf eine längere Wartezeit ein.

Langsam und eintönig zogen sich die Tage hin, und die Untätigkeit weckte unliebsame Erinnerungen an mein Legionsleben. Ich suchte krampfhaft nach einer Beschäftigung, doch außer Denken konnte ich hier nichts tun. Doch mehr und mehr war ich nicht mehr Herr über meine Gedanken, im Gegenteil beherrschten sie mich. Sie hatten sich verselbstständigt, schritten immer weiter und rissen meine ideologischen Fundamente ein. Wie ein roter Faden zog sich ein Grundelement durch all meine Überlegungen, das Böse. Es gab dieses Element, es bestimmte die Taten vieler Menschen; doch wenn es das Böse gab, musste es auch das Gute geben, und wenn es den Teufel gab, musste es auch einen Gott geben.

Ich schwankte zwischen tiefer Depression und überschwenglichem Glücksgefühl. Plötzlich merkte ich, dass an einer bestimmten Stelle in der Pagode das Unheil lauerte. Ich musste ergründen, was es war, und mich davon befreien. Ich war getrieben von Angst und Verzweiflung, gleichzeitig auch von Abscheu und Trostlosigkeit. Dann sah ich das Böse: Neben meinem Bett lag mein geladener Colt, und ich hatte Angst davor, ihn zu berühren.

Furchtbare Alpträume quälten mich und raubten mir den Atem. Mein ganzer Körper schmerzte, und in meinem Kopf dröhnte es laut. Immer wieder erlebte ich dieselben Szenen, die ich so gerne vergessen hätte: Ein Soldat berichtete mir, verlegen lächelnd, von der Exekution der deutschen Deserteure, die ich angeordnet hatte; Quang stand vor mir und legte die Habseligkeiten der von mir zum Tode Verdammten auf den Tisch; ich befand mich im verlassenen Lager der Franzosen und stieß auf ein hilfloses, am Boden zusammengekauertes Menschenbündel, den verwundeten vietnamesischen Hilfskoch, den ich töten ließ. Immer unheimlicher wurde mir das Land, vor allem die Reisfelder, die zahllose Tote in sich begraben hatten. Überall waren Gräber, das Land glich einem überdimensionalen Friedhof, und ich wollte ihm entkommen. Ich hastete schweißüberströmt weiter, doch ich fand keinen Ausweg.

Ich wollte nicht mehr kommandieren, wollte keine Macht mehr haben. Und ich wollte nicht mehr leben.

Eines Nachts beschloss ich, meiner Einsamkeit ein Ende zu bereiten. Es kostete mich unsägliche Mühe, mich aufzurichten und an den Bettrand zu setzen. Vor mir lag eine Handgranate, ich nahm sie in beide Hände und zog mit den Zähnen ab. Ein leises Summen zeigte mir an, dass der Zündungsmechanismus funktionierte. Lange Sekunden verstrichen, dann blitzte ein Feuerstrahl auf und wich einem Donnerschlag. Zuerst Dunkelheit, dann wurde es hell. Ich saß in einer Wolke scharf riechenden Pulverdampfes, lebendig und unverletzt. Meine Hände waren leer, nur der kleine Finger der rechten Hand war an der äußersten Spitze leicht verletzt. Und auf meinem Oberschenkel bildete sich ein Blutfleck, der immer größer wurde. Mein Selbstmordversuch hatte nicht geklappt, ich war zum Leben verdammt.

Tagelang dämmerte ich mit hohem Fieber dahin. Die Wunde am Oberschenkel war tief, und beim Wechseln des Verbandes sah ich die bloßgelegte weiße Sehne. Man riet mir, das Bein unterhalb der Hüfte amputieren zu lassen, doch ich lehnte ab, ich ließ mich weiterhin mit Penizillin behandeln. Ich träumte von meiner Kindheit in Wien, sah meine Eltern und trat noch einmal zur Matura an. Immer die gleichen Fragen, doch dieses Mal konnte ich sie alle beantworten.

Es dauerte Monate, bis ich wieder zu Kräften kam. Um mich herum tauchten verschiedene Gesichter auf, Bang, Chuc, der Spitalskoch. Niemand verlor ein Wort über das Vergangene, und ich begriff die Spielregeln. Wächter redete den anderen ein, dass ich als Folge von Syphilis an religiösem Wahnsinn litt. Das stimmte nicht, ich hatte keine Syphilis, doch aufgrund dieser Lüge ließ man mich gewähren, ohne mich hinter Gitter zu bringen, wie man es sonst mit Irren zu tun pflegte.

Im Herbst machte ich mich auf den Weg zu Giap in den Norden des Landes. Dieses Mal musste ich keinen Bogen um Viêtri machen, die Franzosen hatten die Stadt bereits geräumt. Alessandris Angriff war stecken geblieben, und zum ersten Mal seit Kriegsausbruch gab es im Herbst 1949 keine französische Offensive im Viêt Bac. Aus gutem Grund, denn am 1. Oktober 1949 war in Peking die chinesische Volksrepublik ausgerufen worden. Damit war der 15-jährige Krieg und Bürgerkrieg beendet, und die Reste der Truppen von Tschiang Kai-schek waren nach Taiwan geflüchtet. Wir in Vietnam jubelten darüber, die Franzosen aber waren wie erstarrt.

Ich wurde von allen mit Glacéhandschuhen angefasst, wahrscheinlich aus Angst vor einem neuen Anfall. Ende des Jahres lud man mich, als einzigen europäischen Genossen, zu einem wichtigen Parteitag ein, der im Februar 1950 stattfinden sollte. Der Grund – und Höhepunkt – dieses Parteitages war, die alte Kommunistische Partei Indochinas, die formell noch immer aufgelöst war, nun im 20. Jubiläumsjahr offiziell neu zu gründen und damit gleichzeitig die Vietnamesische Arbeiterpartei zu Grabe zu tragen.

Innenpolitisch sprach nichts gegen die Legalisierung der KP, und auch außenpolitisch sah Truong Chinh nur Vorteile. Die von den Amerikanern unterstützten Franzosen hatten ihren Krieg zur Wiedereroberung Vietnams schon längst in einen antikommunistischen Kreuzzug umfunktioniert, und es war ihnen völlig egal, ob der Feind dabei Vietnamesische Arbeiterpartei oder Kommunistische Partei Indochinas hieß.

An diesem Partei-Kongress nahmen 200 Delegierte teil. Mitten im Urwald hatte man ein geräumiges Tagungszentrum errichtet und es mit jenen Transparenten und Bildern geschmückt, die die wichtigsten Phasen der Parteigeschichte von der Gründung im Jahre 1930 bis zum Neugründungskongress 1950 aufzeigten. Hinter der Rednertribüne war ein riesiges Porträt von Hô Chi Minh angebracht und daneben zwei kleinere Bilder von Stalin und Mao Tse Tung. Die enorme Größe des Porträts entsetzte mich; hier schien es sich nicht mehr um Verehrung, sondern bereits um nationalen Größenwahn zu handeln.

Ohne dass ich es wollte, wurde ich in diesem Strudel der Begeisterung mitgerissen. Ich applaudierte bei zündenden Reden und schrie „Hoch“, wenn es die Situation erforderte, dann wieder brüllte ich „Nieder“, wenn man es erwartete. Zum ersten Mal seit langer Zeit fühlte ich mich nicht mehr

Auf dem Partei-Kongress im Februar 1950.
Erster v.l.: Truong Chinh; dritter v.l.: Giap; rechts außen: Viêt; dahinter (mit Mütze): Nguyên Dân

bedrückt oder fehl am Platz. Ich war wieder der alte Ernst Frey alias Nguyên Dân, der begeisterte und kompromisslose Kommunist.

Und dann passierte es; der Saal, die Gesichter, die Worte des Mannes am Rednerpult blieben unverändert, nur die roten Fahnen mit dem gelben Stern in der Mitte bekamen plötzlich einen kreisrunden, weißen Untergrund, von dem sich schwarz und drohend das Hakenkreuz abhob. Ich schloss die Augen, und die Fahnen wurden wieder normal, ich öffnete sie, und erneut wuchsen Hakenkreuze aus der Flaggenmitte hervor. Das Schauspiel trieb mir den kalten Schauer über den Rücken, und tödliche Schwermut ergriff mein Herz.

Dann stand ich am Rednerpult, doch das Konzept meiner Ansprache hatte ich vergessen. Auch an meine Absicht, die nationalistischen Tendenzen der Partei anzuprangern, konnte ich mich nicht mehr erinnern. Stattdessen sprach ich über den Krieg, über die Bedeutung unseres Kampfes und über den Frieden. „Wir dürfen nicht in den Fehler verfallen, unseren Kampf an sich zu verherrlichen", mahnte ich, „im Gegenteil müssen wir betonen, dass der Krieg abscheulich ist, dass wir ihn hassen und nur führen, weil man ihn uns aufgezwungen hat. Es lebe der Friede!"

In den Gesichtern meiner Zuhörer sah ich Verwunderung und Erstaunen, aber keine Ablehnung. Ich hörte donnernden Applaus, doch wusste ich nicht, ob er meinen Worten galt oder dem Europäer, der sich für Vietnam einsetzte. Ich war an einem Wendepunkt angelangt.

Oberst Nguyên Dân bei seiner Ansprache vor dem Partei-Kongress

Ein ruhmloser Abschied

In Kürze sollte eine Delegation führender Funktionäre der Kommunistischen Partei Frankreichs der KPI einen Besuch abstatten. Ihr zu Ehren wurde ein eindrucksvoller Empfang vorbereitet, zu dem auch ich eingeladen war. Doch ich lehnte ab; ich hatte nicht vergessen, wie damals die Schlagzeile der „Humanité" gelautet hatte: „Die Trikolore weht wieder über Saigon". Auch Giap wusste das, trotzdem war er schockiert. Mein Verhalten wäre unkommunistisch und disziplinlos; er kritisierte nicht, dass ich die KPF für chauvinistisch hielt, sondern dass ich einer Einladung, die er als Verteidigungsminister und oberkommandierender General in seiner Funktion als Mitglied des Politbüros aussprach, nicht nachkam. Damit wurde der Riss in unserer Freundschaft noch tiefer.

Auch Son, mein ehemaliger Vorgesetzter im Khu IV, hatte Differenzen mit Giap, die aber nicht persönlicher, sondern politischer Natur waren. Diese Meinungsverschiedenheiten waren so gravierend, dass sich Son, der ja als „chinesische Leihgabe" in Vietnam war, von der chinesischen Partei rückfordern ließ. Seine Abreise erfolgte dann aber so überstürzt, dass seine junge Frau und das Baby vorerst zurückblieben. Sie sollten später nachkommen.

Einige Wochen danach besuchte mich Sons Frau und bat mich um Hilfe. Ihr wurde zwar nicht die Auswanderung nach China verwehrt, doch sie war mittellos und konnte die weite Reise nicht finanzieren. Die Partei verweigerte ihr nun, wohl um sich für das Verhalten Sons zu rächen, jegliche materielle Unterstützung. Ich gab ihr das nötige Geld.

Zwar war ich wieder in meinem geliebten Viêt Bac, doch empfand ich den Müßiggang als sehr unangenehm. Durch Jahre hindurch war ich gewohnt gewesen, von früh bis spät zu arbeiten, und nun hatte ich sehr viel Zeit, mit der ich nichts anzufangen wusste. In dieses wenig abwechslungsreiche Einerlei platzte ein Geheimschreiben des Verteidigungsministeriums. Zum ersten Mal seit dem Sieg der Roten Armee in China fand eine gemeinsame Militärkonferenz statt, in der die zukünftige Zusammenarbeit besprochen werden sollte.

Überraschenderweise wollte Giap den alten Politgeneral Binh und mich zu diesem auf chinesischer Seite stattfindenden Treffen schicken. Alles würde ganz geheim ablaufen, genau so, als wären die beiden staatstragenden Parteien KPCh und KPI noch immer in der tiefsten Illegalität. Ich war unschlüssig, welche Haltung ich dabei einnehmen sollte. Seit meiner so genannten „Heilung" saß der Zwiespalt tief in meinem Herzen. Es gab in der Partei viele Fehler und Irrtümer, die es offenzulegen galt, und ich sah meine Aufgabe immer deutlicher darin, diese Missstände beim bevorstehenden Kongress aufzudecken.

Ich beriet mich mit Công, der mir ganz und gar zustimmte. Da wusste ich, dass er, sobald unser Gespräch beendet sein würde, alles an Giap weitertrug. Er würde mich verraten, doch er käme zu spät. In wenigen Stunden würden Binh und ich bereits auf dem Weg nach China sein, und ich dachte nicht daran, von dort wieder zurückzukehren.

Unsere Reise verlief langsamer als gedacht, denn Binh war alt und in körperlich schlechtem Zustand. Wir mussten etliche Pausen einlegen, und es dauerte lange, bis wir an die Grenze kamen. Als wir dem vietnamesischen Grenzposten unsere Papiere überreichten, stutzte er und rief dann einen Kollegen herbei, der Binh ein Telegramm übergab. „Den Genossen Tran

Van Binh und Nguyên Dân wird aufgetragen, unverzüglich umzukehren und sich ins Hauptquartier zu begeben. Unterzeichnet: Vo Nguyên Giap." Binh war völlig konsterniert, ich hatte verstanden. Công war also doch noch rechtzeitig bei Giap eingetroffen, um meinen Verrat zu melden.

Doch ich irrte mich. Als wir wieder im Hauptquartier bei Giap waren, erfuhr ich den wahren Grund: Im Herbst 1948 hatte ich das Ansuchen gestellt, nach Österreich zurückkehren zu dürfen. Das war damals von der Partei abgewiesen worden. Jetzt wurde es bewilligt, oder anders gesagt: Ich wurde gefeuert. Wächter erhielt dieselbe Nachricht; bei ihm waren es vor allem gesundheitliche Gründe, weshalb ihm seine Ausreise nun bewilligt wurde.

Zu meiner Verabschiedung bot Giap die Elite der zweiten Garnitur auf, seinen Stellvertreter, Vizeminister Ta Quang Buu, und den höchsten Politgeneral nach Binh mit einigen seiner Getreuen. Auch die Parteigrößen verabschiedeten sich von mir, jeder auf seine Art. Viêt, seit fünf Jahren Präsident des Viêt Minh, erzählte mir, dass er gerne wieder richtige Parteiarbeit machen würde. Dann musste er selbst lachen, weil er durch diesen Ausspruch seine meist repräsentative Aufgabe im Viêt Minh stärker abgewertet hatte, als sie es verdiente.

Mit Truong Chinh verbrachte ich einen letzten Vormittag. Wir schwelgten in Erinnerungen längst vergangener Tage: von den illegalen Treffs beim Petit Lac in Hanoi, den Geheimkonferenzen mit Caput, der Konstituierung der ersten kommunistischen Zelle der KPI innerhalb der Legion. Und von Hô Chi Minh traf Ende August 1950 ein kurzer Abschiedsbrief ein, in dem er mir alles Gute wünschte. – Das war es gewesen, und ich konnte mich reisefertig machen. Ich verabschiedete mich von Schröder und hatte den Eindruck, dass er gerne mit mir getauscht hätte.

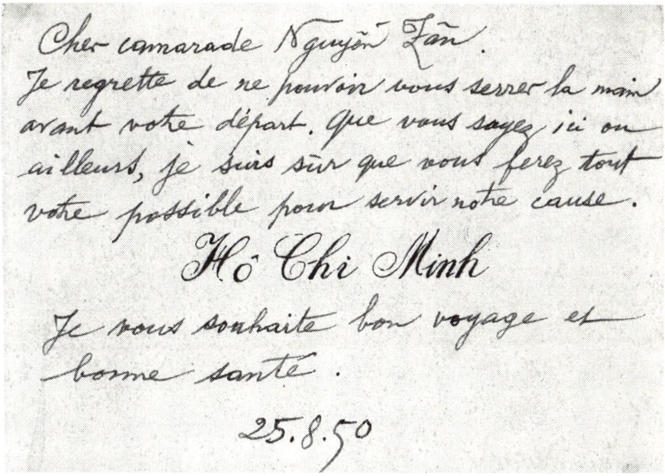

Cher camarade Nguyễn Zân.
Je regrette de ne pouvoir vous serrer la main avant votre départ. Que vous soyez ici ou ailleurs, je suis sûr que vous ferez tout votre possible pour servir notre cause.

Hồ Chi Minh

Je vous souhaite bon voyage et bonne santé.

25.8.50

Abschiedsgruß von Hô Chi Minh an Ernst Frey, August 1950

Am 29. August 1950 machte ich mich zu Pferde mit meinem gesamten Stab auf den Weg, mit Khang, meinem Adjutanten, meinem Sekretär Chuc, dem Koch Thich und den Soldaten Thuy und Thao. Auch mein Hund, der auf den sinnigen Namen Lump hörte, war mit von der Partie.

Kurz vor Ha Giang hatte ich einen schweren Fieberanfall, der mich viel Kraft kostete. Mit Verspätung trafen wir am 12. September im ehemaligen Sitz der „Section Spéciale“ der Fremdenlegion ein. Hier vermoderten die Gebeine von rund einhundert niedergemetzelten Legionären, die der japanischen Soldateska zum Opfer gefallen waren. Mein Berliner Freund und Kumpel Zerna war auch darunter.

Hier traf ich auch Wächter und gemeinsam zogen wir weiter. Je nach Reiseroute waren es 500 bis 600 Kilometer bis ins

Auf der Rückreise nach Österreich am Lac de Kunming in China

chinesische Kunming. Am 22. September erreichten wir Nga-Su-Cai, den letzten Ort auf vietnamesischem Hoheitsgebiet. Ein paar Wochen zuvor war ich bereits hier vor der Grenzhütte gestanden. Damals hieß es umkehren, nun jedoch ließ uns der Posten anstandslos passieren. Vorsichtig trippelten die Pferde weiter über den steinigen, steil abwärts führenden Pfad. Vietnam lag hinter uns, wir waren in der chinesischen Volksrepublik.

Die Reise zurück nach Österreich dauerte Monate und führte uns über Kunming und Peking schließlich nach Moskau. Bis dahin hatten wir alle Reisemöglichkeiten genutzt, deren wir habhaft werden konnten: Pferde, Autos, Eisenbahn, Flugzeug und zeitweise auch kilometerlange Fußmärsche.

Am Freitag, den 25. Mai 1951, nahmen wir um sechs Uhr morgens ein Flugzeug der Linie Aeroflot von Moskau über Kiew und Budapest Richtung Wien, und am Nachmittag desselben Tages landeten wir auf dem Behelfsflugplatz von Bad Vöslau. Nach 13 Jahren war ich wieder in Österreich; der Kreis hatte sich geschlossen.

Nachwort

Eine im April 1938 begonnene Reise um die alte Welt endet am 25. Mai 1951", schrieb unser Vater in der Inhaltsangabe zu seinem Manuskript. Es sollten noch weitere 50 Jahre bis zum Erscheinen dieses Buches vergehen.

1938 musste unser Vater Ernst Frey aus politischen und „rassischen" Gründen seine Heimat Wien verlassen. Über die Schweiz, Paris und Algerien kam er schließlich nach Vietnam, das damalige Indochina. 1951 kehrte er nach Wien zurück. Seine Eltern, Eugen und Irma Frey, und seine Tante, Rosa Singer, waren in Lodz (Litzmannstadt) von den Nazis ermordet worden, nur seine Schwester Trude hatte in England überlebt. 1952 heiratete er unsere Mutter Franzi Preminger-Auerhahn, die selbst erst 1946 nach Wien zurückgekehrt war, nachdem sie 1938 mit einem Kindertransport nach England gelangen konnte. 1953 und 1963 wurden wir, Irma und Silvia, geboren. In dieser Zeit baute sich unser Vater, zunächst als unselbstständiger, später als selbstständiger Handelsvertreter, eine „bürgerliche" Existenz auf.

1968 begann er, an seinem Manuskript zu arbeiten, das er fünf Jahre später beendete. Sein Leben niederzuschreiben wurde für ihn zur unabdingbaren Notwendigkeit. Zunächst diente es ihm wohl dazu, seine Erfahrungen und Gefühle aufzuarbeiten, erst später reifte in ihm der Gedanke, dieses, sein „Lebenswerk", zu veröffentlichen. Bis zu seinem Tod im Jahre 1994 versuchte er vergeblich, einen Verlag zu finden.

40 Jahre lang hatte unser Vater keinerlei Verbindung zu

und mit Vietnam, erst nach dem Fall des Eisernen Vorhangs wurde eine vietnamesische Botschaft in Wien eröffnet. In den letzten Jahren seines Lebens entwickelte sich zwischen unserem Vater und den VertreterInnen der vietnamesischen Botschaft eine intensive Beziehung.

All seine Erinnerungen an Vietnam und die Menschen, die er dort gekannt hatte, wurden mit einem Schlag wieder lebendig; er konnte sich auch, zum Erstaunen aller, noch immer recht gut auf Vietnamesisch unterhalten. Damit wurde uns Töchtern erst richtig bewusst, wie tief verwurzelt seine Liebe zu Vietnam war. In einem Brief aus dem Jahre 1992 schrieb er an General Giap: „Am Ende meines Lebens glaube ich nicht, dass es ein Zufall ist, deine Karte der Versöhnung erhalten zu haben. All die Liebe, die ich für Vietnam und sein Volk empfinde, konzentriert sich in gewisser Weise auf deine Person, und deine herzlichen Zeilen an mich haben mir immense Freude bereitet. (...) Für mich war Vietnam, trotz der Sprachschwierigkeiten, meine Heimat, die ich 1950 verloren habe. Es war auch das einzige Land, für das ich bereit gewesen wäre, mein Blut zu vergießen (...)."

Im Jahre 1996 erfolgte an uns eine Einladung nach Vietnam, und wir konnten dort die Mitstreiter unseres Vaters, vor allem General Giap und den ehemaligen Premierminister Pham Van Dong, sowie viele andere Veteranen kennenlernen. Nach unserer Rückkehr, tief bewegt von den unvergesslichen Begegnungen, beschlossen wir, den „letzten Willen" unseres Vaters zu erfüllen, nämlich seine Memoiren der Öffentlichkeit zugänglich zu machen.

An dieser Stelle wollen wir uns bei Herbert Timmermann, dem langjährigen Freund unseres Vaters, bedanken, der die entscheidenden Weichen zur Bearbeitung dieses Buches gestellt hat. Weiters danken wir Waltraud Fürnwein und Birgit

Kohlwegger für die minutiöse und teilweise mühevolle EDV-Bearbeitung des Rohmanuskripts.

Unser besonderer Dank gilt Doris Sottopietra, der Herausgeberin, ohne deren sorgfältiges Lektorat, bewundernswerte Ausdauer und außergewöhnliches Engagement dieses Buch nicht entstanden wäre.

Irma Schwartz
Silvia Machto-Frey
Wien, im Januar 2001

Namenregister

Anmerkung: Die Familienmitglieder Ernst Freys sowie jene Freunde und Weggefährten, die nur mit Vornamen angeführt sind, wurden in das Register nicht aufgenommen.

Karten aus:
„Atlas International Larousse", Paris 1950
„Encyclopaedia Britannica – World Atlas", Chicago/London/Toronto 1947